大同"文化强市"建设研究报告

张汉静◎主　　编
靳　斌◎执行主编

山西出版传媒集团
山西人民出版社

图书在版编目（CIP）数据

大同"文化强市"建设研究报告 / 张汉静主编. --
太原：山西人民出版社，2021.8
ISBN 978-7-203-11896-1

Ⅰ.①大… Ⅱ.①张… Ⅲ.①文化产业 - 产业发展 -
研究报告 - 大同 Ⅳ.①G127.253

中国版本图书馆CIP数据核字（2021）第163733号

大同"文化强市"建设研究报告

主　　编：张汉静
策划编辑：张慧兵
责任编辑：靳建国　赵　璐
初　　审：靳建国
复　　审：吕绘元
终　　审：张文颖
装帧设计：北京中尚图文化传播有限公司

出 版 者：山西出版传媒集团·山西人民出版社
地　　址：太原市建设南路 21 号
邮　　编：030012
发行营销：0351-4922220 4955996 4956039 4922127（传真）
天猫官网：https://sxrmcbs.tmall.com　电话：0351-4922159
E-mail：sxskcb@163.com 发行部
　　　　　sxskcb@126.com 总编室
网　　址：www.sxskcb.com

经 销 者：山西出版传媒集团·山西人民出版社
承 印 厂：河北盛世彩捷印刷有限公司

开　　本：710mm×1000mm　1/16
印　　张：18.5
字　　数：300 千字
版　　次：2021 年 8 月第 1 版
印　　次：2021 年 8 月第 1 次印刷
书　　号：ISBN 978-7-203-11896-1
定　　价：69.00 元

如有印装质量问题请与本社联系调换

本书编委会名单

主　　任：

王铁梅　中共大同市委常委、宣传部部长

副 主 任：

赵建军　中共大同市委宣传部副部长、大同市社科联主席

张汉静　山西传媒学院教授、博士生导师

成　　员：

孟德昌　大同市文化和旅游局局长

刘建勇　大同市文物局局长

靳　斌　中国传媒大学国家文化创新研究中心副主任、博士

王秀萍　山西传媒学院文创中心主任、教授

魏晓阳　中国传媒大学教授、博士生导师

白桂梅　中共太原市委党校教授

葛振国　山西大学副教授

主　　编：张汉静

执行主编：靳　斌

目 录/
CONTENTS

第一章 大同"文化强市"建设的意义及理论构建

第一节 "文化强市"建设的背景与意义

一、大同"文化强市"建设的背景

党的十九届五中全会对文化建设高度重视，从战略和全局上做了规划和设计，提出要繁荣发展文化事业和文化产业，提高国家文化软实力。《中共中央关于制定国民经济和社会发展第十四个五年规划和二〇三五年远景目标的建议》，明确提出到 2035 年建成文化强国，并部署了三个方面的重点任务：提高社会文明程度、提升公共文化服务水平、健全现代文化产业体系。这为新时代文化建设指明了新方向，制定了新目标。

"十四五"时期是我国全面建成小康社会、实现第一个百年奋斗目标之后，乘势而上开启全面建设社会主义现代化国家新征程、向第二个百年奋斗目标进军的第一个五年。"十四五"时期文化新发展，对推进社会主义文化强国建设具有重要的作用。

习近平总书记视察山西时强调，要充分挖掘和利用丰富多彩的历史文化、红色文化资源，加强文化建设。在云冈石窟考察时强调，云冈石窟体现了中华文化的特色和中外文化交流的历史。这是人类文明的瑰宝，要坚持保护第一，在保护的基础上研究利用好；历史文化遗产是不可再生、不可替代的宝贵资源，要始终把保护放在第一位；要让旅游成为人们感悟中华文化、增强文化自信的过程。习近平总书记的重要讲话为大同市的历史文化传承保护和文化旅游业发展指明了方向。

中共山西省委书记林武同志指出，深入学习贯彻习近平总书记视察山西重要讲话精神，坚定文化自信，加强文化化人，繁荣文化事业，壮大文化产业，改革文化体制，加快建设文化强省，为高质量转型发展提供新引擎、培育新动能。

《中共山西省委关于制定国民经济和社会发展第十四个五年规划和二〇三五年远景目标的建议》提出，2035 年文化发展的远景目标为："文化软实力显著增强，历史文化、红色文化影响更加广泛深入，全社会文明程度达到新高度，全面建成文化强省"；在"十四五"时期经济社会发展战略定位中，提出建设"国际知名文化旅游目的地"，"做优做深文旅融合发展这篇大文章，发展全域旅游，围绕黄河、长城、太行三大旅游品牌，打造核心景区，提升'游山西、读历史'的文化旅游整体形象"。

《中共大同市委关于制定国民经济和社会发展第十四个五年规划和二〇三五年远景目标的建议》基于古都大同的历史文化优势及云冈、古城、恒山、长城等核心景区的引领带动作用，建议稿提出"文化强市"战略。

文化是一个国家、一个民族的灵魂，是一座城市的品牌与标识。大同是中国九大古都之一、山西省第二大城市、全国性交通枢纽城市，有着辉煌的历史和重要的区域影响力。党的十九大以来，大同全面贯彻落实习近平新时代中国特色社会主义思想，以打造国际一流全域旅游目的地为抓手，加快建设"文化强市"已成为转型发展的重要战略目标。

二、大同市"文化强市"建设的意义

建设"文化强市"，对大同市具有重要的战略意义。

（一）增强大同城市文化整体实力，推进社会主义文化强国建设

习近平总书记指出："中国特色社会主义是全面发展、全面进步的伟大事业，没有社会主义文化繁荣发展，就没有社会主义现代化。"[①]"发展面向现代

---

① 习近平：教育文化卫生体育领域专家代表座谈会并发表重要讲话［EB/OL］. 新华网客户端.
（2020-09-22）. https://baijiahao.baidu.com/s?id=1678551728406847331&wfr=spider&for=pc.

化、面向世界、面向未来的，民族的科学的大众的社会主义文化，推动社会主义精神文明和物质文明协调发展。"①这些重要论述明确了文化建设的目标任务。我们要瞄准到 2035 年建成社会主义文化强国的宏伟目标，努力推动国民素质和社会文明达到新高度，不断提高国家文化软实力。

建设社会主义文化强国，城市是重要载体。作为人类文明进步最集中的体现，城市是人类经济、政治和精神生活的中心，是国际文化竞争最活跃的主战场。文化之于城市，是"城市之心"，是城市的灵魂。文化是反映城市内涵特质和竞争力的核心资源，是社会主义现代化城市和国家软实力的主要体现。离开了社会主义现代城市文化的探索与实践，离开了城市文化的大发展、大繁荣，社会主义文化强国战略将无所依托、难以实施。良好的城市文化环境为国家级创新知识和成果的产生、国家文化人才的培养孕育了营养丰富的土壤。社会主义文化强国的发展战略也为城市文化的建设提供了坚实的保障和指引。

习近平总书记指出："要坚定文化自信，推动中华优秀传统文化创造性转化、创新性发展，继承革命文化，发展社会主义先进文化，不断铸就中华文化新辉煌，建设社会主义文化强国。统筹推进'五位一体'总体布局、协调推进'四个全面'战略布局，文化是重要内容；推动高质量发展，文化是重要支点；满足人民日益增长的美好生活需要，文化是重要因素；战胜前进道路上各种风险挑战，文化是重要力量源泉。"②"自觉承担起举旗帜、聚民心、育新人、兴文化、展形象的使命任务。"③"发挥文化引领风尚、教育人民、服务社会、推动发展的作用。"习近平总书记将文化建设的地位和作用提升到前所未有的新高度，我们必须提高政治站位，不断坚定文化自信，深刻把握文化建设的使命任务。

---

① 习近平：决胜全面建成小康社会 夺取新时代中国特色社会主义伟大胜利［EB/OL］.环球网.（2017-10-28）.https://baijiahao.baidu.com/s?id=1582495167355981788&wfr=spider&for=pc.

② 习近平：教育文化卫生体育领域专家代表座谈会并发表重要讲话［EB/OL］.新华网客户端.（2020-09-22）.https://baijiahao.baidu.com/s?id=1678551728406847331&wfr=spider&for=pc.

③ 习近平出席全国宣传思想工作会议并发表重要讲话［EB/OL］.中国文明网.（2020-08-22）.http://www.wenming.cn/specials/zxdj/xcss/.

（二）"文化强市"建设是大同市高质量、高速度转型发展的战略选择

转型发展，就是要使大同从资源型城市的传统发展轨道转向可持续发展的轨道，逐步实现由传统的煤炭能源基地向新型能源基地转变；由传统的文化资源大市向一流的历史文化名城转变；由传统的老工业城市向生态工业强市转变；由传统的商贸集散地向现代物流中心城市转变。绿色崛起，就是按照科学发展观的根本要求，改变落后的生产方式和生活方式，把单纯依靠资源消耗、资本投入、生产要素数量增加乃至牺牲环境的粗放发展方式，转变为主要依靠科技进步、劳动者素质提高、管理创新的集约化发展方式，从而把大同建设成以文化为灵魂，生态为保障，新兴产业为支撑，宜居休闲为特色，可持续发展的资源型城市。从"黑色"到"绿色"，为转型发展提供了强大理论支撑。

文化产业作为天然的"绿色产业"和最具潜力的"朝阳产业"，其在优结构、扩消费、增就业、促发展等方面具有重要作用与深远意义。

首先，是推进转型发展的必然选择。一个地区的经济发展，关键在于充分发挥自己的比较优势，并依托优势做大做强优势产业。从长远考虑，综合分析全市的各种资源，我们就会发现，最丰富、最独特，也最具比较优势的就是文化资源，而且通过开发完全可以成为有市场、有卖点、有看点的文化产品。大同市实施"转型发展，绿色崛起"战略，也应该依托丰富的文化资源，努力把文化产业培育成新的支柱产业，成为全市未来经济社会发展的一条主线。随着经济形势和产业结构的调整，"一煤独大"的传统工业格局被打破，能源产业转型升级成为不可逆转的大趋势。而文化产业所具有的资源消耗低、环境污染小的鲜明特征，不仅自身不消耗或较少消耗自然资源，而且能够改变传统消费观念和生活方式，进而促进节约资源、保护环境，是典型的绿色经济、低碳产业，因此成为产业演变中能源城市转型发展的现实选择。

其次，是文化发展的必然要求。如果说文化资源是发挥城市文化竞争力的重要条件，那么发展文化产业就是发挥竞争力的重要途径。一个没有文化产业的城市是不丰满、不全面的，应该"打好文化牌"，依托文化资源，发展文化产业，以此增添城市文化含量，提高城市文化品质，提升城市文化软实力，为文化强市注入活力。

再次，是激发文化消费的必由之路。随着人民物质生活水平的提高，人们对精神文化的需求日益增长，文化产品和文化服务日益成为消费热点。但应该看到，文化消费的繁荣是以文化产业的繁荣为前提的。一个文化产业不发达，没有消费热点的地方，不仅不可能引来外地的文化消费，而且势必导致本地文化消费的外流，这将严重影响到消费增长和经济发展。我们只有大力发展文化产业，对文化产品进行深度开发，对文化服务进行充分挖掘，形成多门类、多层次的文化产业体系，才能更好地营造文化氛围，在数量上、质量上更好地满足人民群众日益增长的文化需求，留住本地人，引来外地客，扩大文化消费规模，拉动文化消费增长。

（三）"文化强市"是大同市整体发展定位的必然要求

"十四五"时期大同发展的战略定位是：建设"一城五地"。"一城"即省域副中心城市，"五地"即先进制造聚集地、能源革命综改示范地、内陆地区对外开放新高地、晋北和环首都生态涵养地、国际文化旅游目的地。

作为省域副中心城市，不仅仅是经济辐射力带动周边区域发展，还要在文化建设上起到带头、引领和示范的作用，发挥强大的文化影响力。大同市建设全国性综合交通枢纽、陆港型国家物流枢纽承载城市，打造山西省东向对接京津冀、融入环渤海的门户，形成乌大张长城金三角合作区核心枢纽城市。作为重要枢纽城市，要求我们以强烈的使命感、责任感更好地担负起新的文化使命，进一步坚定文化自信，在更大历史跨度上科学规划推进文化强市建设的发展目标和发展路径，推出更加务实有效的新举措，不断开创大同文化建设新局面。

要加强大同市文化建设的高起点和高标准。用大同文化发展的生动实践体现价值追求和使命担当，为区域文化建设创造经验、做出表率。当好文化建设的排头兵，加强与晋冀蒙、京津冀各地的联动，引导文化产品和文化服务、文化人才等各类要素有序流动，推动文化建设成果和资源共享，促进文化建设水平整体提高。按照战略定位，增强传承中华优秀传统文化、弘扬革命文化、繁荣社会主义先进文化的历史担当，自觉肩负起推动全国文化发展的重任，更好地把举旗帜、聚民心、育新人、兴文化、展形象的使命任务融入"文化强市"

建设全过程，实现"十四五"规划的发展目标。

（四）"文化强市"建设对大同市经济社会发展具有重大推动作用

一是助推城市品牌打造，提升城市知名度，塑造城市形象。

"文化强市"建设全面推进城市发展，可以给城市直接带来知名度的提升，有利于城市的宣传，提高市的认可度，赋予城市极大的品牌价值。

二是有利于打造大同独具特色的文化名片，提升大同文化内涵，形成大同文化品牌核心竞争力。

城市文化建设是个综合工程，不但可以提升城市的文化软实力，吸引人、财、物的大量富集，也是促进城市文旅产业发展及提升硬实力的一个关键。

三是有利于完善历史文化资源保护的法律法规体系，加强对于历史文物古迹的保护，制定更科学的城市建设规划，形成历史文化资源保护的长远规划和体制机制，更好地传承历史文脉，保持城市特色与内涵。

四是有利于形成科学合理的历史文化资源保护合力，提升市民对于文化资源的保护意识与自豪感，提升城市文化的凝聚力与向心力。

第二节 "文化强市"建设的内涵与理论构建

一、"文化强市"的内涵

党的十七届六中全会审议通过了《中共中央关于深化文化体制改革、推动社会主义文化大发展大繁荣若干重大问题的决定》，从国家层面提出了文化建设的长远战略，提出了文化强国的战略思想。

党的十八大以来，党和国家高度重视社会主义文化建设，"一个国家、一个民族的强盛，总是以文化兴盛为支撑的，中华民族伟大复兴需要以中华文化发展繁荣为条件"。党和国家立足于为实现中华民族伟大复兴的中国梦提供思想保证、精神力量、价值支撑，提出了坚定文化自信、发展社会主义精神文明、加快建设社会主义文化强国等一系列战略设计，形成了相对完整的国家文化战略布局。

2020年10月，《中共中央关于制定国民经济和社会发展第十四个五年规划和二〇三五年远景目标的建议》指出，到2035年要建成文化强国，并且"繁荣发展文化事业和文化产业，提高国家文化软实力"。这是自2011年党的十七届六中全会确立"建设文化强国"战略愿景以来，第一次从国家规划层面提出了完成文化强国目标的时间表。

进入21世纪，特别是党的十八大以来，我国的文化战略和文化政策形成了三个重要的变化趋势：[①]一是文化建设在国家战略体系中的地位发生变化，实现了从"边缘"到"中心"的转变；二是文化战略和文化政策的目标对象和范围发生变化，实现了从"小文化"到"大文化"的转变、从文化系统内部结构调整到文化＋、"五位一体"全面建设的转变；三是文化行业的性质定位发生变化，实现了从单纯思想和文化资源、辅助性社会资本建设到国家资本和核心战略资源建设的转变。"一个国家，当文化表现出比物质和货币资本更强大力量的时候，当经济、产业和产品体现出文化品格的时候，这个国家的经济才能进入更高的发展阶段，才能具有可持续发展和持续创造财富的能力。"这种新文化观念促动之下的深刻变化，集中体现为国家文化战略及其政策支撑体系的确立与完善。

随着文化强国战略的提出，各省市自治区的"文化强省"战略也持续跟进。

《中共山西省委关于制定国民经济和社会发展第十四个五年规划和二〇三五年远景目标的建议》提出：聚力建设新时代文化强省，熔铸发展软实力。把文化作为强省的载体路径和精神支柱，坚持以社会主义核心价值观为引领，充分挖掘和利用优秀传统文化、红色文化资源，加强文化系统性保护传承，加强文化进军，建设国际知名文化旅游目的地，打造中国文化传承弘扬展示示范区，用璀璨文化之光照亮转型发展之路。分别从提高社会文明程度、推动文

---

① 傅才武.推进文化强国建设的重大战略设计［EB/OL］.人民论坛网.（2020-11-13）.http://www.rmlt.com.cn/2020/1113/598799.shtml.

化和旅游融合发展、培育新型文化业态、加强文化资源保护传承、创新文化服务供给等五个方面指出"文化强省"发展路径。

作为对于"文化强省"战略的呼应，山西省11个市纷纷出台"文化强市"的政策与措施。

《中共大同市委关于制定国民经济和社会发展第十四个五年规划和二〇三五年远景目标的建议（审议稿）》提出"文化强市"战略，加强历史文化保护与传承，深度挖掘大同文化内涵价值，打造大同非遗品牌；大力培育特色文化产业，培育文化创意骨干企业和品牌；进一步推动文化和旅游融合发展，形成文旅、康养新业态。同时要围绕人民群众日益增长的精神文化需求，健全现代公共文化服务体系，提高社会文明程度。

从某种意义上说，"文化强市"战略是"文化强省"战略的具体化，"文化强市"战略实施的有效性直接关系到"文化强省""文化强国"战略的效果。

从"文化强国""文化强省"战略来看，文化建设主要集中在社会文明程度、公共文化服务、文化产业、对外文化交流等方面。①

具体而言，从文化和旅游发展的角度，"十四五"时期推动文化和旅游改革发展方面可以总结为：重点是实施一个工程、建设七大体系，②即实施社会文明促进和提升工程，建设新时代艺术创作体系、文化遗产保护传承利用体系、现代公共文化服务体系、现代文化产业体系、现代旅游业体系、现代文化和旅游市场体系、对外文化交流和旅游推广体系。

近年来，国内部分学者对于"文化强市"的特征与内涵也做了一定的研究。吴冰《文化强市的内涵特征刍议》③指出"文化强市"是文化资源传承的平台，"文化强市"是文化产业的主要基地，"文化强市"是公民文化权利的共享之城，"文化强市"是城市间文化网络的枢纽点，"文化强市"必须有特色、有个

---

① 黄坤明.推进社会主义文化强国建设［N］.人民日报，2020-11-23.
② 胡和平.推动高质量发展 向文化强国目标迈进［EB/OL］.北京文旅合作促进平台.（2020-03-11）.
　https://baijiahao.baidu.com/s?id=1693828096408618269&wfr=spider&for=pc.
③ 吴冰.文化强市的内涵特征刍议［J］.中共福建省委党校学报，2011（11）.

性、有灵魂。卫兴华、侯为民[①]指出建设"文化强市",要立足各地自身特色,整体推进,不能千篇一律。孟建、孙少晶[②]认为城市文化软实力的构成要素应涵盖文化号召力、城市凝聚力、形象传播力、文化产业的支撑能力,同时还需考量文化产业政策、成长机制、产业链等因素。李卓卓《文化强市战略内涵与评价指标体系研究》[③]认为,从立论点、表现形式、区域效应三方面,分析"文化强市"战略与"文化强省"战略内涵的差异性,明晰了"文化强市"战略的内涵。在分析现有的"文化强市"战略评价指标体系的不足的基础上,以文化资源、文化服务、文化市场、文化业态和文化绩效为主的五个子系统,构建出自上而下多层次、系统化的"文化强市"战略评价指标体系。翟琨《文化强市建设的基本理论研究》[④]中认为,"文化强市"战略并不是经济发达地区的专利,并尝试提出"文化强市"的标准、内涵和构成。城市应通过发展文化软实力、文化生产力和文化竞争力,打造精神文明建设工程、公共文化服务工程、新农村文化建设工程、传媒载体建设工程、文化产业振兴工程、文化资源保护工程、文化发展创新工程、文化交流合作工程、文化人才培养工程等,实现"文化强市"建设的新跨越。

究其实质,"文化强市"是一座城市文化综合竞争力的集中体现与展示。城市文化是城市的精神象征,是城市竞争力的精神内核。它是在城市发展过程中形成的、植根于全体市民中的价值观念,它以不同于法律的形式规范着市民的行为,而且反映着每位城市市民的行为方式以及城市特色。

从一定意义上说城市是文化的载体,文化是城市的灵魂。城市价值观、城市精神,作为一种观念上的文化,作用于人们的思想,引导人们的行为,推动城市发展,提升城市竞争力。对其需要对其进行具体的细化,提炼"文化强市"的内涵、核心要素、评价体系指标体系等,并以可量化的指标测量、评价其建

---

① 卫兴华,侯为民.文化事业和文化产业的改革与发展问题 [J].理论探讨,2006(9).

② 孟建,孙少晶.中国城市软实力评估体系的构建与运用:基于中国大陆50个城市的实证研究 [J].对外传播,2010(3):38—39.

③ 李卓卓.文化强市战略内涵与评价指标体系研究 [J].改革与开放,2014(20):80—82.

④ 翟琨.文化强市建设的基本理论研究 [J].中华文化论坛,2011(6).

设水平，为城市文化发展提供可参考的理论依据和评价体系。

二、城市文化竞争力

对于"文化强市"，国内外并没有一个普遍公认的理论体系与评价体系，更多是对于城市文化综合实力的认知、判断与评价。

城市文化竞争力，是由城市竞争力派生出来的概念。城市竞争力是指以城市为竞争主体，涵盖城市自然地理、历史人文、经济建设、制度管理、社会文化等方面的发展能力。

国外较早进行城市竞争力研究的学者分别从经济发展、政府制度、社会环境技术、人才、资金等因素进行了分析（见表 1-1）。

表 1-1

年份	构建者	一级评价指标
2000	道格拉斯·韦伯斯特（Douglas Webster）①	经济结构、区域禀赋、人力资源、制度环境
2002	迈克尔·波特（Michael E Porter）②	生产要素、需求情况、相关和支撑产业、战略和竞争对手、政府职能、机遇
2003	罗伯特·哈金斯③（Robert Huggins）	商业密度（单位企业）、科技企业比重和经济参与率（活动率）、生产率（人均国内生产总值）、工人成果、收入、失业
2012	日本绿色建筑委员会、日本可持续建筑联合会④	环境、社会、经济

城市竞争力的研究为城市文化竞争力指标体系的构建提供了理论框架和思路。区域文化竞争力指标的研究随着创意指数的研究逐渐形成影响力。

---

① Douglas Webster. Larisa M. Urban Competiveness Assessment in Developing Country Urban Regions: The Road Forward［R］.Washington, D.C. : Paper prepared for Urban Group, INFUD, 2000.

② 迈克尔·波特. 国家竞争优势［M］.李明轩，邱如美，译.北京：华夏出版社，2002.

③ Robert Huggins. Creating a UK Competitiveness Index: Regional and Local Benchmarking.［J］. Regional Studies.

④ 干靓，丁宇新. 从绿色建筑到低碳城市：日本"CASBEE- 城市"评估体系初探［C/OL］//中国城市科学研究会. 第 8 届国际绿色建筑与建筑节能大会论文集，2012［2018-09-17］.

文化创意产业这一理念的提出至今不足百年，如何衡量一座城市的文创产业的发展成效，并没有形成一个统一、全面的理论框架和指标体系。在一些文创产业发展相对成熟的国家和地区，有学者提出以创意指数来估测文化创意产业的发展水平，并且积极探索改进和提升城市文化发展的途径。[1] 美国经济学家理查德·佛罗里达在其《创意阶层的崛起》一书中首次提出创意资本论，对美国创意经济发展特色与趋势进行了描述，同时也构建出一套创意产业发展的衡量指标，即"3T"理论。创意指数包括：人才指数（Talent）、技术指数（Technology）、包容性指数（Tolerance）。我国香港大学文化政策研究中心以"3T"为基础，结合香港创意产业的特点，提出了"5C"理论，并根据这一理论编制了香港创意指数（HKCI）。上海创意中心借鉴了美国、欧洲和中国香港地区的创意指数体系，从中国国情出发，编制了一整套包括产业规模、科技研发、文化环境、人力资源、社会环境五大指标在内的评价体系。北京市统计局、国家统计局北京调查总队于 2006 年研究制定了《北京市文化创意产业分类标准》，在此基础上研究建立了北京文化创意产业统计指标体系和北京文化创意指数，分别由文化创意贡献指数、文化创意成果指数、文化创意环境指数、文化投入贡献指数、文化创意人才指数构成。

表 1-2

年份	创建者	一级评价指标
美国创意指数	理查德·佛罗里达[2]	技术指数、人才指数、包容性指数
香港创意指数	香港大学文化政策研究中心	创意效益、结构与制度资本、人力资本、社会资本、文化资本
上海创意指数	上海创意中心	产业规模、科技研发、文化环境、人力资源、社会环境
北京文化创意指数	北京市政府	文化创意贡献指数、文化创意成果指数、文化创意环境指数、文化投入贡献指数、文化创意人才指数

创意指数更加偏向于创意创新层面的指标，对于产业、科技、文化、基础

---

[1] 范周.中国城市文化竞争力研究报告（2017）［M］.北京：知识产权出版社，2018.

[2] 理查德·佛罗里达.创意阶层的崛起［M］.司徒爱勤，译.北京：中信出版社，2010.

设施、人才、资本等评价指标都有涉及，这些指标是构成城市文化竞争力不可或缺的重要元素，在我们构建新的评价体系的过程中具有重要的借鉴意义。

不过，创意指数主要是针对文化产业领域内的相关指标进行测算与衡量，更加注重文化的经济属性。基于这一状况，近年来，国内一些学者在对城市文化竞争力指标的研究中，增加了文化事业、公共文化、文化管理等维度，使得文化竞争力指标的研究更加符合实际要求，见下表。[①]

表 1-3

年份	构建者	所在机构	一级评价指标
2005	祁述裕等[②]	国家行政学院	生产要素、需求状况、相关辅助产业、文化企业战略、政府行为
2005	徐世丕[③]	文化和旅游部	文化资源、文化体制、文化管理、文化市场、文化产业、文化消费力、文化创新力、文化输出力
2006	赵德兴等[④]	南京市社会科学院	经济实力、对外经济交往能力、文化资源、文化产业、文化事业、区位竞争力、城市环境、人民生活水平
2006	赵彦云等[⑤]	中国人民大学	文化实力竞争、市场收益竞争力、文化产出竞争力、公共文化消费竞争力、人才和科研竞争力、政府文化竞争力、文化资源和基础设施竞争力
2008	刘玉芳[⑥]	北京市人大	经济发展、基础设施、社会进步与国际化水平
2008	徐桂菊等[⑦]	山东经济学院	文化资源、文化管理体制、文化市场、文化创新力、文化输出力

---

① 贾文山，石俊. 中国城市文化竞争力评价体系的构建：兼论西安文化价值的开发［J］. 西安交通大学学报（社会科学版），2019（9）.

② 祁述裕，殷国俊. 中国文化产业国家竞争力评价和若干建议［J］. 国家行政学院学报，2005（2）：50—53.

③ 徐世丕. 文化力在城市竞争力要素构成中的地位和作用［N］. 中国文化报，2005-07-26（003）.

④ 赵德兴，陈友华，李惠芬，等. 城市文化竞争力指标体系研究［J］. 南京社会科学，2006（6）：20—25.

⑤ 赵彦云，余毅，马文涛. 中国文化产业竞争力评价和分析［J］. 中国人民大学学报，2006（4）：72—82.

⑥ 刘玉芳. 北京与国际城市的比较研究［J］. 城市发展研究，2008（2）：104—110.

⑦ 徐桂菊，王丽梅. 城市文化竞争力评价体系的构建［J］. 经济与管理评论，2008（5）：10—107.

续表

年份	构建者	所在机构	一级评价指标
2008	李向民等①	南京艺术学院	文化资源力、观光旅游资源、文化价值转化力、文化辐射力、公共文化服务力、文化创新力
2011	齐心等②	北京市社会科学院	总体实力、网络地位与支撑条件
2011	彭　翔③	中国人民大学	生产力、驱动力和影响力
2013	杜鹏等④	广东商学院	智能发展支撑层、智能发展现状层、智能发展创新动力
2015	范　周⑤	中国传媒大学	文化禀赋、文化经济、文化管理、文化潜力、文化交流
2016	刘彦平⑥	山东大学	城市文化品牌、城市旅游品牌、城市投资品牌、城市宜居品牌、城市品牌传播

　　与此同时，近年来国家相关部委对于国家公共文化服务体系示范区、国家文化产业示范园区、国家级文化和科技融合示范基地、国家全域旅游示范区、中国文化传承弘扬展示示范区等的创建工作都制定了具体的标准，成为检验一座城市文化竞争力的重要指标。

表 1-4

文件标准	部门	一级评价指标
国家公共文化服务体系示范区（项目）创建标准(中部)	文化部、财政部	公共文化设施网络建设、公共文化服务供给、公共文化服务与科技融合发展、公共文化服务社会化建设、公共文化服务体制机制建设、公共文化服务保障、其他方面

---

① 李向民，王晨，成乔明，等. 城市文化竞争力及其评价指标［J］. 中国文化产业评论，2008（2）：41—60.

② 齐心，张佰瑞，赵继敏. 北京世界城市指标体系的构建与测评［J］. 城市发展研究，2011（4）：33—36.

③ 彭翔. 中国城市文化产业发展评价体系研究［M］. 北京：中国人民人学出版社，2011.

④ 杜鹏，夏斌，杨蕾. 国家中心城市智能化发展评价指标体系研究［J］. 科技进步与对策，2013（2）：1—5.

⑤ 范周. 中国城市文化竞争力研究报告［M］. 北京：知识产权出版社，2015.

⑥ 刘彦平. 中国城市营销发展报告（2016）：中国战略视野下的城市营销［M］. 北京：中国社会科学出版社，2016.

续表

文件标准	部门	一级评价指标
国家全域旅游示范区验收标准(试行)	文化和旅游部	体制机制、政策保障、公共服务、供给体系、秩序与安全、资源与环境、品牌影响、创新示范
国家文化和科技融合示范基地认定管理办法（试行）	科技部、中宣部、中央网信办、文化和旅游部、广播电视总局	集聚类基地（目标明确、示范性强、管理规范、配套完善）、单体类基地（特色鲜明、主业突出、创新能力强、管理规范）

三、大同"文化强市"的理论模型——"展翼模型"

已有研究中，评价指标关注的是文化产业和文化事业的发展及其给文化市场和经济发展所带来的效益，忽略了对城市文化的整体性映射以及对文化强市战略绩效的评价体系。城市文化竞争力的构成要素是庞杂的。众多要素通过不同的方式，在不同的维度和层次上共同影响着城市文化竞争力大小和强弱，所以构建城市文化竞争力的理论模型时不能仅仅从产业、资源、政府管理等要素中的某一角度出发，忽略其他因素的影响，而应是综合、动态和彼此关联的。从文化内部结构的物质层面、精神层面和制度层面的考虑，生发出与之相应的经济、人文和政府的三个维度；从竞争力的角度来看，城市文化竞争力评估也不能忽视文化发展现状与发展潜力。然而当我们以城市文化作为一个整体考量的对象时，在城市的内部与外部的整体发展中，文化都从以上三个维度与两个方面对城市的整体发展产生作用。

结合城市的内外发展逻辑来看，其文化竞争力体现为城市文化内生与外化的共同作用及其影响效果，从而使我们更为全面地衡量一座城市的文化竞争力。同时，如前文我们所列举指标体系的设计，没有充分体现出文旅融合的因素。另外，对于创意要素的过度强化，并不符合大同作为一个中部地区城市的实际情况。因此，从这一思考出发，我们构建了大同"文化强市"竞争力理论模型——"展翼模型"（见图1-1）。

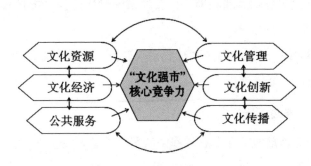

图1-1

　　城市的文化竞争力应从硬要素和软要素两大方面考虑，动态建构城市文化的硬实力与软实力。[①] 硬要素与软要素基本体现了城市文化内生效应，最终目标是通过城市文化要素内部关联和发展，实现城市文化的内生发展，也就是实现城市精神的传承和可持续协调发展，进而提高居民的人文素养及认知改造社会的能力。

　　城市文化竞争力内生体系中的硬要素包括了文化资源要素、文化经济要素、公共服务要素，软要素包括了文化管理要素、文化创新要素、文化传播要素。硬要素与软要素共同构建了城市文化竞争力的两翼。硬要素决定了城市文化竞争力的基本硬实力，软要素是城市文化发展、提升文化竞争力的隐性因素，同时也是增长点，是城市文化竞争力竞逐腾飞进程中逐渐实现超越的必要条件，是城市文化实现可持续发展的决定要素。只有双翼齐飞，共同驱动，相辅相成，协调推进，才能一起形成大同市文化腾飞的不竭动力。

　　作为评价城市文化竞争力的指标体系，代表六大要素的内生体系与外化体系构成了一座城市文化竞争力评价指标体系"展翼模型"完图。

　　城市文化竞争力内生和外化的评价体系不仅仅是平行的关系，还是互补的关系。两者互相促进，内生体系的建设为外化体系打下基础，只有内生要素彼此产生良好的化学反应和连锁效应，城市文化竞争力才能立足根基，外化要素才能显示优势；反之，外化体系又对内生体系的发展起到推动和支撑作用，外

---

① 蔡晓璐.城市文化竞争力评价指标体系理论综述［J］.北京城市学院学报，2015（4）.

化要素对外产生了影响力和辐射力，反过来促进内生体系的自我完善和优化，不断推进城市文化的发展。

两翼诸要素间相互促进、补充、循环、交互，形成合力，带动"文化强市"建设的腾飞与可持续发展。

（一）文化资源要素

文化资源要素是城市在发展过程中所积淀的基本文化素质的总和，体现一座城市最初、最直观、原生态的文化竞争力，是城市文化发展的基础条件。文化资源要素由文化旅游资源和城市经济社会综合实力构成。第一硬要素在一定程度上决定了一座城市发展文化时最初释放能量的能力和起步的高度。

（二）文化经济要素

文化经济要素是评价指标体系中文化在经济方面的集中体现，是指城市在现代文化发展过程中，在文化与经济结合过程中所创造的价值总和，更多的是从产业角度考虑城市文化竞争力，体现出一座城市在当下文化发展的现状。文化经济要素由文化供给与消费以及旅游产业相关指标构成。文化经济要素表明了城市文化旅游生产供应和消费能力与水平，直接体现城市文化发展活力。

（三）公共服务要素

公共服务要素是指公共文化旅游服务要素，包含公共文化设施网络建设、公共文化服务供给、公共文化服务与科技融合发展、旅游公共服务等内容。公共文化、旅游服务要素是指由政府主导、社会力量参与，以满足公民基本文化需求为主要目的而提供的公共文化、旅游设施、文化旅游产品、文化活动以及其他相关服务。公共文化建设是一项系统工程，公共科学服务体系的建设也是一项系统工程。其中，包括器物层次、制度层次和精神层次。服务于全民科学文化素质提高的公共科学服务体系的建设，需要相应地全面考虑到不同层次之间的区别和联系。在器物层次上，需要加快公共科学服务基础设施的建设；在制度层次上，要形成良好服务方式以及服务体系的运行机制、有效的科技传播和普及的机制；在精神层次上，要把握好公共科学服务的内容，普及科学知识，提倡科学方法、科学态度和价值观念。

（四）文化管理要素

文化管理要素是指以政府为主体，吸引社会力量参与，在促进地区文化发展方面所给予的政策支持、制度保障以及设施投入等相关管理制度的综合。文化管理要素对于城市文化发展发挥着引导与推动的作用。具体来说，包含政策制定与落实、体制机制及管理手段、社会力量参与等三个方面。

（五）文化创新要素

文化创新要素是指城市文化发展过程中对制度、生产、方法、技术、知识成果、理论等方面改革、突破、投入的综合，是推动城市文化竞争力提高的内生力量和不竭动力，决定城市文化竞争力的发展动能与潜力。文化创新要素包括文化创新投入和文化发展潜力两方面内容。

（六）文化传播要素

文化传播要素包括文化交流、城市开放包容程度、城市文化传播影响等三方面内容。文化交流是指一座城市与其他地区进行文化互动、共享文化成果、共同促进成长的过程，是城市文化外延发展的必要途径，包括文化合作、对外文化输出、吸引文化交流等方面，也体现了一座城市吸收其他文化的能力以及文化的包容性和开放程度。城市文化传播影响是指通过一定的渠道和方式，向城市内部和外部传递与本城市文化相关的信息的过程，包括媒介、城市形象和品牌的树立及推广等方面内容，是城市扩大影响力的必要途径。

综上所述，作为评价城市综合文化竞争力的指标体系，"展翼模型"所代表的六大要素的内生体系与外化体系构成了一个完整的城市文化生态系统。

四、"文化强市"竞争力评价指标体系的构建

（一）大同市"文化强市"竞争力评价指标体系

以"展翼模型"为理论支撑，在深入分析城市文化竞争力内涵以及六大要素的基础之上，构建了包括 6 个一级指标、16 个二级指标、102 个三级指标在内的"文化强市"竞争力指标体系。

表 1-5

一级指标	二级指标	三级指标
A1文化资源	B1文化旅游资源	略
		略
		略
		略
	B2经济社会综合实力	略
		略
		略
		略
		略
A2文化经济	B3文化供给与消费	略
		略
		略
		略
		略
		略
		略
	B4旅游产业	略
		略
		略
		略
		略
		略
		略
		略
		略
		略
A3公共服务	B5公共文化设施网络建设	略
		略
		略
		略
		略
		略
		略
		略

续表

一级指标	二级指标	三级指标
A3公共服务	B6公共文化服务供给	略
		略
		略
		略
		略
	B7公共文化服务与科技融合发展	略
		略
		略
	B8旅游公共服务	略
		略
		略
		略
		略
		略
		略
		略
A4文化管理	B9政策制定与落实	略
		略
		略
		略
		略
		略
		略
		略
		略
	B10体制机制及管理手段	略
		略
		略
	B11社会力量参与	略
		略

续表

一级指标	二级指标	三级指标
A5文化创新	B12文化创新投入	略
		略
		略
		略
		略
		略
		略
	B13文化发展潜力	略
		略
		略
		略
		略
		略
		略
		略
		略
		略
		略
		略
		略
		略
A6文化传播	B14文化交流	略
		略
		略
		略
		略
		略
		略
		略

续表

一级指标	二级指标	三级指标
A6文化传播	B15开放包容程度	略
		略
		略
		略
		略
		略
		略
		略
		略
	B16传播影响	略
		略
		略
		略
		略

　　需要说明的是，本指标体系除了借鉴吸收国内外文化竞争力相关指标体系外，更将国家省市关于"十四五"文化发展的精神和实施路径也纳入指标体系设计当中，同时也与本研究所提出的大同市"文化强市"建设发展路径完全对应，因而具有较强的针对性和指导性。

表1-6　大同市"文化强市"竞争力评价指标体系与国家省市规划的响应指标

一级指标	二级指标	山西省	大同市	中共中央	中宣部	文化和旅游部	本研究所提出的发展路径
A1文化资源	B1文化旅游资源	挖掘和利用优秀传统文化、红色文化资源	加强历史文化保护与传承			建设文化遗产保护传承利用体系	红色文化传承弘扬工程
							文物保护与利用工程
		加强文化资源保护传承					非遗保护与利用项目
	B2经济社会综合实力						

续表

一级指标	二级指标	山西省	大同市	中共中央	中宣部	文化和旅游部	本研究所提出的发展路径
A2文化经济	B3文化供给与消费		挖掘大同文化内涵价值，打造大同非遗品牌	健全现代文化产业体系	文化产业	建设现代文化产业体系	文化产业提升工程
			培育特色文化产业、文化创意骨干企业和品牌			建设现代文化和旅游市场体系	
	B4旅游产业	建设国际知名文化旅游目的地	进一步推动文化和旅游融合发展，形成文旅、康养新生态			建设现代旅游业体系	
		推动文化和旅游融合发展					
A3公共服务	B5公共文化设施网络建设	提高社会文明程度	提高社会文明程度	提高社会文明程度	社会文明程度	实施社会文明促进和提升工程	人文大同共建工程
	B6公共文化服务供给						
	B7公共文化服务与科技融合发展	创新文化服务供给	健全现代公共文化服务体系	提升公共文化服务水平	公共文化服务	建设现代公共文化服务体系	新时代精神文明建设提质工程
	B8旅游公共服务						

续表

一级指标	二级指标	山西省	大同市	中共中央	中宣部	文化和旅游部	本研究所提出的发展路径
A4 文化管理	B9政策制定与落实	以社会主义核心价值观为引领					
		建设文化晋军					
	B10体制机制及管理手段	加强文化系统性保护传承					建设新时代艺术创作体系
	B11社会力量参与						
A5 文化创新	B12文化创新投入	培育新型文化业态					
	B13文化发展潜力						
A6 文化传播	B14文化交流	打造中国文化传承弘扬展示示范区			对外文化交流	建设对外文化交流和旅游推广体系	对外文化交流、传播建设工程
	B15开放包容程度						
	B16传播影响						

（二）构建目的

（1）评价指标体系的构建为"文化强市"建设提供了具体的目标和指标，将极大推动"文化强市"建设的力度。

以科学的方法分析论证城市文化竞争力的核心要素，并在这些核心要素和指标的基础上，为"文化强市"政策的制定、文化旅游发展规划的制定提出科学性、操作性、战略性的对策建议。

（2）作为文化绩效考核的指标，对"文化强市"工作进行及时有效的跟进、检查与调控。

此项指标体系可以作为文化绩效考核的标准，是对"文化强市"战略全面性的反映，包括文化、旅游产业对城市硬实力提升中的作用和文化在产生社会资本和提升社会凝聚力中的增强的软实力，以及对政府文化体制改革的评价。详尽、科学、客观的指标和评价体系将有助于"文化强市"建设工作的改进和提升。

（3）通过对标，找准定位，优化发展路径。

下一步，通过对多个相关城市102项文化竞争力指标的科学评测，以科学的论证、翔实的数据，对大同文化竞争力进行对标分析和个案研究，探寻在提升城市文化竞争力过程中的着力点和落脚点。借鉴其他城市先进经验的基础上，从文化发展、城市建设等多个层面，探求城市文化的战略定位，优化提升大同"文化强市"建设的方法与路径。

（三）城市文化竞争力指标体系的权重确定

为进行城市文化竞争力的概括性评价，需要对各级指标进行综合处理，通过一个综合指数对各个城市的文化竞争力进行一个整体评价。

本研究采用德尔菲法和数学分析法相结合的方法，在专家打分的基础上，把专家经验和数学工具综合起来，最终确定本指标体系的权重。

（四）城市竞争力综合评价方法

1. 数据采集

在城市文化竞争力评价指标体系中，虽然三级指标是最直接和可得的基础数据来源，但由于指标构成复杂多样，数据来源具有很大的不确定性、模糊性和随机性，因此科学、合理、可行、可信的数据采集程序就显得尤为重要，否则将给后续的计算分析带来偏差。

课题组将通过三轮数据采集来确保数据的可靠和准确，并对数据进行整体分析、清洗和筛查，对指标中的缺失值采用了稳定性较好的均值差补法进行替换。

2. 指数计算方法

首先，在对三级指标的数据进行清洗、整理的基础上，对各个指标的数据进行了标准化，消除量纲。

其次，根据设计好的指标体系，利用专家打分法和数学计算法确定好权重。

最后，对各级指标逐级加总求和得到最终的城市文化竞争力综合指数分析结果。

由于直接得出的综合分值数值较小，为了方便普遍意义上对于得分的理解，对最后的综合分值进行乘百转换，得到数值在 100 以内的数字。

（五）有关研究方法的探讨

本研究的评价指标体系基于城市竞争力的内涵挖掘和理论构建，在论证过程中，充分考虑了指标体系的系统性、层次性、代表性，但由于我国文化产业领域统计数据还存在口径不一、分类不齐等问题，在搜集相关指标数据的过程中，多个指标由于存在不同程度的数据缺失问题，不得不从指标体系中剔除，或寻找替代指标，进而使得城市文化竞争力的代表性降低。

此外，城市文化竞争力是动态的，城市文化竞争力的表征常常是城市文化继承性与创新性相统一和共同作用的结果，因此有关城市文化竞争力的测量和评价体系也需随着时代的进步、文化发展环境的变化进行相应的调整。

测量维度既要考虑横向的切面研究，也要增加纵向的时间维度，只有将城市文化竞争力的观测置于时代背景的框架之下，才更符合其动态、创新和时代性等特征，有关城市文化竞争力的测量也相对准确。[1]

---

[1] 田卉.我国中心城市文化竞争力评价研究［J］. 市场研究，2016（10）.

第三节　大同文化发展现状分析

一、发展优势

（一）文化历史源远流长，文化资源立体多元

作为国务院首批公布的 24 个历史文化名城之一，大同市拥有中国优秀旅游城市、国家旅游名片、中国雕塑之都等多个美誉称号。境内现存古建筑、古墓葬、古遗址 2 万余处，各级文物保护单位 346 处，其中国家级文物保护单位 27 处，省级文物保护单位 20 处，市县文物保护单位 300 余处，这些文物保护单位中有古建筑 188 处、古墓葬 38 处、古遗址 66 处、石窟寺 9 处、近现代重要史迹及代表性建筑 23 处（其中革命文物 18 处）、石刻及其他 22 处。大同市文化旅游资源不仅数量多，而且品位高。其中，尤以边塞文化资源，以上下华严寺、善化寺及悬空寺为代表的宗教文化资源，以万人坑及平型关为代表的红色旅游资源，以云冈石窟、九龙壁为代表的石刻石雕文化艺术资源，以古遗迹古遗址为代表的历史遗址遗迹资源，以晋华宫矿、大同火山为代表的特色旅游资源等最为引人注目。

1.古都文化资源

大同在历史上一直是中国北方的中心城市，素有"三代京华，两朝重镇"之称。曾是北魏首都，辽金陪都，有着 1600 多年的建都史，是明清两朝的军事重镇和战略重地。历史上的大同，是中国北方汉民族与匈奴、鲜卑、柔然、沙陀、契丹、女真、蒙古、鞑靼等多个民族交往、冲突、融合的大舞台，也是丝绸之路的重要起点、茶马古道的重要节点，是中国与世界进行文化交流的见证地，大同对中华民族的形成、发展做出了特殊的贡献。

2. 边塞文化资源

大同位于山西北部，居晋冀蒙交界，介于内外长城之间。大同是长城线上的重要军事重镇，是内蒙古高原通往京师的咽喉要道。边塞风土民情是大同市文化旅游资源的重要组成部分，在整体的文化旅游产业发展格局中具有鲜明的特色和亮点。

3. 长城文化资源

大同长城历史悠久，历朝历代都有长城遗迹，包括赵长城、秦长城、汉长城、北魏长城、隋长城、金长城、明长城、清长城，类型多样，具有较强的历史文化价值。

4. 宗教文化资源

大同文化旅游中，宗教文化旅游占有非常重要的地位，其中尤以云冈石窟、大同三寺、恒山悬空寺等最为著名。

5. 红色旅游资源

大同由于地理位置特殊，在抗日战争中饱受战火的洗礼，留下了许多见证日本侵略者残害我国人民以及我国人民奋起反抗侵略者的历史遗迹。平型关遗址、大同煤矿遇害矿工万人坑纪念馆都是全国著名的红色旅游和爱国主义教育基地。

6. 石刻石雕文化艺术资源

作为中国雕塑之都，大同拥有数量众多的雕塑精品，特别是以雕刻精细著称于世的云冈石窟，堪称 5 世纪中国石刻艺术之冠；九龙壁是中国现存规模最大、建筑年代最久、保存最完整的一座龙壁。

7. 历史遗址遗迹资源

大同市有着 2400 余年的建城史，"三代京华，两朝重镇"是其真实写照。数千年的历史变迁，遗留下了丰厚的文化积淀和各种遗址遗迹。

8. 煤炭工业文化资源

大同是我国著名的煤都，大同晋华宫矿井下探秘游荣获首批全国工业旅游示范点称号，成为全国煤炭系统首家获此殊荣的单位。拥有以晋华宫矿山公园、塔山循环经济工业园区和众多工业遗址为代表的工业文化，以矿山习俗风情为代表的特色传统文化。

9. 特色旅游资源

大同火山群是我国六大著名火山群之一，大同火山群地质公园是第五批国家地质公园之一，也是山西省内第一个获得资格的国家级火山地质公园。

大同方特欢乐世界位于大同市平城区，总占地面积约800亩，是晋冀蒙地区高科技主题乐园。大同方特欢乐世界以科幻和互动体验为特色。

截至2021年，大同拥有非遗371项，其中国家级8项、省级37项、市级103项、县级223项。现正逐步建立一套以保护机构为主体，以财政投入为保障，以非遗普查和名录体系为基础，以传习机构为阵地，以传承人为载体，以生产性保护和生态保护为基本方法的非遗保护机制。

（二）文化事业基础良好，文化生活丰富多彩

大同市委、市政府高度重视公共文化服务体系建设的工作，近年来，全市持续投资近40亿元人民币，高起点、高标准设计建造了市级图书馆、博物馆、美术馆、大剧院、体育馆五大场馆。市政府还投资2多亿元，建设大同艺校、市群众艺术馆、歌舞剧院、晋剧院、北路帮子剧团、耍孩儿剧团等四大院团新址。

2019年，全市公共文化服务体系建设共投入3800多万元，主要用于农村文化建设和文化图书馆免费开放等。全面提升公共文化场馆、乡镇综合文化站、村（社区）级综合文化服务中心、公共文化数字服务、乡村公共文化设备配套5个阵地，进一步增强大同市公共文化服务功能和水平，探索建立公共服务配送机制，推进公共文化服务社会化，健全文化管理员、文化志愿者队伍激励机制，组织开展第三方公共文化服务绩效评估，健全覆盖市县乡村四级公共文化服务体系。

随着全市公共文化服务体系的进一步完善，公共文化服务质量不断提高，人民群众满足精神文化需求的途径得到拓展，带动了城乡群众文化活动的繁荣，

文化辐射力空前提高，更使大同人的文化观念发生了前所未有的变化。

（三）文化产业发展迅速，文化旅游联动发展

2018年，全市文化产业实现增加值23.32亿元，同比增长12.115%，高于同期地区生产总值增速5.3个百分点。2018年全年旅游总收入620.93亿元，同比增长28.52%。

旅游产业规模稳步增长。2019年，全市接待入境旅游者9.125万人次，同比增长11.21%；接待国内旅游者8386.32万人次，同比增长21.34%。旅游外汇收入5496.76万美元，同比增长12.43%；国内旅游收入758.46亿元，同比增长22.94%；旅游总收入762.11亿元，同比增长22.74%。旅游产业配套较为成熟。截至2019年，全市共有旅游经营单位1200余家、住宿企业1047家、星级宾馆18家。

近年来，大同市把培育发展文化产业摆在突出位置，加快文化体制改革，推动文化产业向高端化、品牌化、专业化、特色化方向发展，文化产业和其他产业融合发展正在加快，文化＋新业态逐步培育成熟，文化产业正在步入健康快速发展的新轨道。其中，在文化＋旅游方面，大力推动云冈、古城、恒山以及桑干河文化旅游带和长城文化旅游带5个融合发展重点，充分提炼文化内涵，打造突出地域文化特色的文化旅游精品。目前，乡村文化旅游线路覆盖10个县区，特色文化旅游乡村达56个，拓展了冰雪小镇、长城人家等一批乡村文化旅游项目；在文化＋农业方面，建设了一批文化特点鲜明和主导产业突出的特色文化产业示范乡镇、特色文化街区、特色文化乡村，将特色文化产业与新农村和新型城镇化建设相融合，推进了农业与文化旅游的融合；在文化＋工业方面，完善晋华宫矿山公园、市煤气厂工业遗址和蒸汽机车博物馆建设。

文化产业正逐步成为一个国家和地区经济社会发展的重要动力，是市场经济条件下满足人民群众精神文化需求、利用市场机制推动文化发展的重要途径。大同拥有良好的文化产业基础，这对于解放和发展文化生产力，培育新的文化业态，推动大同文化大发展、大繁荣，提升城市综合实力，实现全市经济、政治、文化、社会的全面协调发展具有重大推动作用。

（四）区位优势明显

大同地处晋冀蒙交通枢纽，又紧靠京、津、唐、太原、呼和浩特等大中城市，加之公路、铁路、航空四通八达的交通条件和凉爽宜人的气候条件，是周边地区人们理想的旅游观光、休闲度假目的地，为大同的文化产业发展提供了巨大的市场空间。

作为北京的后花园，大同还是极佳的避暑胜地，对境外游客具有很强的吸引力。大同地处黄土高原，四面环山，平均海拔在 1000—1500 米之间。在温带大陆性季风气候控制下，又受地形垂直变化的明显影响，大同市暑期气温在 21℃—26℃之间，是理想的旅游避暑胜地。

二、存在的问题

（一）城市精神缺乏提炼与传播

当前，大同在城市建设发展中缺乏明确的城市精神和定位，而城市精神是城市发展和竞争战略的核心地带，凝练城市精神和明确城市发展定位是城市核心竞争力的集中体现，对内可以凝聚公众，形成合力；对外可以准确传达，提高知名度、美誉度、认知度。大同文化影响力的缺失源于对已有文化资源的提炼不够，或以历史资源与名胜资源打造城市形象，或以旅游资源代替城市形象，尚未凸显其独树一帜的城市文化形象，使得大同的城市整体形象不突出，在周边区域的文化地位不凸显。

（二）文化资源利用率低

文化资源生生不息、源远流长，除了其独特的地缘要素之外，就在于文化资源各分支系统的相互依存关系。任何一座城市的文化资源都是资源的集合体。大同拥有立体多元的文化资源，如历史文化、红色文化、名人文化、工业文化等。但是由于尚未对全市所有文化资源进行科学合理的归类梳理及研究分析，只是用简单的经济思维和市场思维来催生文化资源的转化，导致了文化资源的盘活路径过于单一。大同需要转变传统观念，树立科学合理的文化资源转化观，对其涵盖的文化资源进行分类和评价，并有针对性地实施转化路径，包括转化为精神动力、转化为公共文化服务、转化为文化产业。

（三）文化创新动力不足

大同诸多的区位优势、环境生态优势、文化底蕴优势和产业基础优势之间的统筹和能动作用缺乏创意联动与有机整合。随着数字技术、信息技术、网络技术全面普及，打破地域界限的文化企业重组和文化产业基地将成为文化产业发展的关注重点。大同产业特色鲜明，却尚未从已有的工业基础中衍生出工业文化的产业力量，同时文化产业与科技等新兴技术的嫁接不够，新兴业态的培育成果缺乏，文化发展的创新能力亟待进一步挖掘和提升。经营主体有待培育，大同市文旅产业集团公司偏少、偏弱，尤其是规划设计、文创设计、文旅传媒等领域，制约了大同市文旅产业高质量发展。

（四）文化竞争力有待提升

大同文化产业增加值、增长速度及占国内生产总值比重在全省 11 市中处于中下游水平。规模以上文化产业法人单位分布情况，规模以上文化制造业企业，限额以上文化批发零售业企业，限额以上文化批发零售业企业数量、资产、营收等情况都有待提升。

表 1-7　山西省及分市文化产业增加值情况　　　　　单位：亿元 /%

地区	2017年		2018年	
	增加值	占GDP比重	增加值	占GDP比重
全省	329.78	2.12	344.01	2.16
太原	119.54	3.53	126.71	3.37
大同	20.80	1.86	23.32	1.89
阳泉	7.01	1.04	7.38	1.08
长治	28.20	1.91	28.37	1.82
晋城	22.63	1.97	23.01	1.81
朔州	14.24	1.45	14.09	1.41
晋中	36.33	2.83	36.61	2.66
运城	34.70	2.60	36.56	2.51
忻州	12.60	1.44	13.28	1.43

续表

地区	2017年		2018年	
	增加值	占GDP比重	增加值	占GDP比重
临汾	22.48	1.70	22.93	1.68
吕梁	11.25	0.86	11.75	0.82

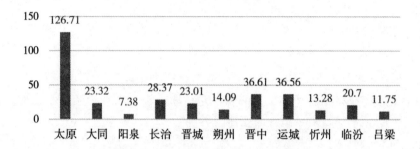

图1-2　2018年分市文化产业增加值情况

表1-8　2018年全省分市国家级重点文物保护单位和文化及相关产业法人单位情况

地区	国家级重点文物保护单位		文化及相关产业法人单位	
	单位分布（处）	排名	单位数（个）	排名
全省	452	----	40206	----
太原	33	6	13881	1
大同	27	7	2448	8
阳泉	8	10	1068	11
长治	66	2	3222	5
晋城	65	3	2650	6
朔州	5	11	1364	10
晋中	65	3	3589	3
运城	90	1	4210	2
忻州	24	9	1792	9
临汾	43	5	3377	4
吕梁	26	8	2605	7

表 1-9　全省及分市 2018 年规模以上文化产业法人单位分布情况　　　单位：个

地区	单位数	文化制造业	文化批零业	文化服务业
全省	338	45	90	203
太原	130	16	37	77
大同	23	1	7	15
阳泉	14	1	3	10
长治	24	1	5	18
晋城	24	3	3	18
朔州	5		5	
晋中	32	6	6	20
运城	44	14	7	23
忻州	7	1	3	3
临汾	19		7	12
吕梁	16	2	7	7

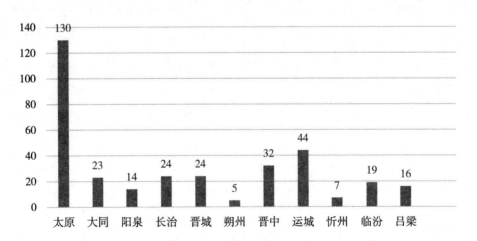

图 1-3　2018 年分市规模以上文化产业法人单位分布图

表 1-10　分市规模以上文化制造业企业基本情况（2018 年）

地区	法人单位数（个）	从业人员期末人数（个）	资产总计（万元）	固定资产原价（万元）	本年折旧（万元）	营业收入（万元）	主营业务收入
全省	45	7604	738626.4	406178.0	21088.3	474531.4	468448.5
太原	16	2870	185914.2	107159.9	3937.9	100387.8	95830.5
大同	1	97	54178.4	25967.2	34.8	2794.1	2622.3
阳泉	1	699	11159.0	7397.3	334.1	7652.0	7652.0
长治	1	178	38136.9	27025.8		2126.2	2114.0
晋城	3	405	31337.0	13132.3	903.4	10002.9	9999.0
朔州							
晋中	6	912	152404.0	122420.2	11580.1	224998.1	223928.7
运城	14	1969	189439.9	85875.5	3760.7	104229.8	104183.0
忻州	1	1	3456.6	2793.8	1.3	383.3	383.3
临汾							
吕梁	2	473	72600.4	14406.0	536.0	21957.2	21735.7

表 1-11　分市限额以上文化批发零售业企业基本情况（2018 年）

地区	法人单位数（个）	从业人员期末人数（个）	资产总计（万元）	固定资产原价（万元）	本年折旧（万元）	营业收入（万元）	主营业务收入
全省	90	4934	858180.2	156817.8	11743.4	924795.0	917882.8
太原	37	1755	502434.3	55565.8	1556.8	633707.7	632714.5
大同	7	675	104812.1	18581.4	1129.9	63123.8	62876.3
阳泉	3	165	14215.3	1873.8	72.9	7277.4	7133.7
长治	5	337	24703.9	16627.3	4749.0	23750.6	23098.2
晋城	3	189	11651.8	5204.6	216.7	13829.1	134446.0
朔州	5	134	14563.0	3725.6	110.6	12894.7	12585.3
晋中	6	369	67002.6	10639.8	544.3	45324.6	44441.9
运城	7	489	33904.0	9564.4	423.9	38738.8	38155.1
忻州	3	148	15985.7	6626.6	571.4	18458.9	17769.7
临汾	7	330	39861.3	16671.4	413.2	41074.7	39637.5
吕梁	7	343	29046.2	11737.1	1954.7	26614.7	26024.6

总体来说，大同文化产业综合竞争力仍显不足，亟须在未来高度重视城市文化建设，充分发挥文化竞争力在城市经济、社会发展中的地位和作用，从而达到增强城市综合竞争力的目的。

三、发展机遇

（1）习近平总书记对文化建设、旅游发展、文化和旅游融合发展作出一系列重要论述和重要指示，尤其在云冈石窟考察时的重要指示精神，为大同市新时代文化旅游发展指明了前进方向，提供了根本遵循。

（2）中共中央做出了整合文化旅游部门职责的重大部署，重塑了文化和旅游工作的新格局，文旅融合的体制机制日益理顺，政策法规环境逐步优化，融合发展迎来了黄金期。

（3）我国加快构建现代化经济体系，深化供给结构性改革，大力推进绿色发展，建设美丽中国，实施可持续发展、乡村振兴、健康中国等一系列重大战略，推动黄河流域生态保护和高质量发展及大运河、长城等国家文化公园建设，为大同文化旅游融合发展带来重大机遇。

（4）持续激发国民消费潜力，加快完善促进消费结构升级的体制机制、政策体系，人民日益增长的美好生活需要为文化和旅游融合发展提供了广阔的空间，为文化旅游消费转型升级、提质、增效增添了新动力。

（5）大同市进一步深化转型发展，全力打造一个先行区，当好"两个尖兵"，加快构建现代产业体系，走出一条产业优、质量高、效益好、可持续的发展新路，为文旅发展提供良好的机遇。

（6）疫情防控常态化新形势，一系列促进文旅产业复苏回暖的政策措施，有利于催生一批文化旅游新产品、新业态、新模式，倒逼文化旅游服务质量提升，加速产品创新、业态创新和文旅产业升级步伐，为推动文旅产业振兴提供新动能。

第四节　建设路径

一、指导思想

以习近平新时代中国特色社会主义思想为指导，深入贯彻落实习近平总书记在云冈石窟考察时的讲话精神，紧紧围绕十九届五中全会提出的建设文化强国目标，以及国家省关于加快文化发展的决策部署，遵循"五位一体"总体布局和"四个全面"战略布局，以建设与省域副中心城市相匹配的一流"文化强市"、国际知名文化旅游目的地为目标，以社会主义核心价值观为引领，以文化创新为动力，夯实基础、补齐短板、提质升级，不断激发全社会文化创造活力，增强城市文化综合实力，促进大同文化大发展、大繁荣，为建设省域副中心城市提供坚强有力的精神动力和文化支撑。讲好大同故事，提升大同文化软实力。

二、发展目标

以建设与省域副中心城市相匹配的一流"文化强市"、国际知名文化旅游目的地为目标。

争创全国文明城市、国家公共文化服务体系示范区、国家文化产业示范园区、国家级文化和科技融合示范基地、国家全域旅游示范区、中国文化传承弘扬展示示范区。

到 2025 年，大同市社会文明程度、文化事业、文化产业、旅游发展等各项指标居于全省领先水平，文化特色鲜明，文化创新持续发力，文化品牌推陈出新，辐射环首都经济圈延伸带、晋冀蒙长城金三角区域，发挥区域性文化引领示范作用，打造晋北城市群和晋冀蒙交汇区文化引领龙头城市。

到 2035 年，文化内涵建设不断加强，文化综合实力显著提升，文化影响力、辐射力日益增强，文化引领示范作用更加彰显，建成一流文化强市。

三、发展原则

1. 创新先导

以创新战略推动文化事业、产业的健康快速发展。

推动公共文化数字化建设，实施文化产业数字化战略，推动文化与科技、旅游、金融等融合发展，培育发展新型文化企业、文化业态、文化消费模式。

在国内国际双循环相互促进的新发展格局下，文化产业实现提质增效，把握扩大内需战略基点，主动融入国内国际双循环，进一步促进产业高质量发展。

2. 多规合一

加快推动文化、旅游规划与城市总体规划、交通规划等"多规合一"，将城市基础设施建设与文化、旅游业发展结合起来。

3. 文化驱动、产业融合

挖掘提升大同核心文化资源，使之成为产业发展的基础与驱动力。

推动文化与旅游、城建、科技、工业、体育等产业的融合发展，建设现代化文化旅游产业经济体系。

按照"市场运作、有偿使用"原则，撬动、激活社会资本投入文化旅游产业。

4. 加强区域合作

主动融入"一带一路"、京津冀协同发展国家战略，立足"一带一路"旅游联盟、长城保护联盟、世界古都旅游联盟、世界旅游城市市长论坛等，加大与沿线国家和地区重点旅游城市的合作交流，强化晋冀蒙长城金三角协同发展示范区作用，积极拓展文化旅游发展空间。

5. 文化事业与文化产业相结合

坚持一手抓公益性文化事业，一手抓经营性文化产业。坚持政府主导文化事业发展，加大财政对公益性文化事业的投入，完善全市公共文化服务体系，加强图书馆、博物馆、文化广场等公共文化服务基础设施建设。重点扶持体现大同文化的重大项目，真正实现文化为民、文化惠民。坚持文化产业的信息化转型，实施重大项目文化产业项目带动战略，打造具有核心竞争力的文化产品和文化品牌，构建符合大同自身特点的文化产业布局和体系。

6. 整体推进与重点突破相结合

从大同经济社会发展全局出发，针对文化建设的薄弱环节，既注重统一部署、整体推进，又注重突出重点、突破难点、形成亮点，使大同文化发展分步骤、按阶段实施和推进，逐步形成点线面结合的发展格局。按规划要求找准文化建设的突破口，力争在重点工作、关键环节上取得实质性进展，带动大同文化的全面繁荣。

7. 立足现实与适度超前相结合

坚持立足于大同市文化、经济、社会发展的现实，摸清大同市文化发展脉络、经济增长特点和城市进步的方向，用足国家政策资源，学习国际先进经验，借鉴国内优秀资源。在文化事业方面提高服务意识，加强软硬件建设，切实增加人民群众的文化归属感和幸福感。在文化产业方面向新兴业态发展，用文化信息产业和现代服务业拓展、夯实大同文化产业发展体系。

8. 文化载体与文化环境相结合

"文化强市"建设是一项综合工程、系统工程，在强调文化硬件建设的同时，也要重视文化软件环境的建设。坚持文化硬件设施和软件文明"两手抓，两手都要硬"的方针，把加强和改进思想道德建设，提高市民素质作为文化建设的首要任务和长期的战略任务，这一方面需要公益性文化设施和公众性文化场所的硬件支撑；另一方面需要营造以提高市民素质等为主要内容的软件建设。

9. 文化旅游互动策略

实现文化与旅游互动发展，依托大同文化，凭借旅游的发展，实现以旅游养文物、文物促旅游的良性循环，把大同建设成为区域性旅游目的地。

10. 重大项目带动策略

谋划推进重大文化事业、文化产业项目，推动大同文化大发展、大繁荣。

一方面抓紧谋划、大力推进一批标志性文化事业项目，着眼于传承大同历史文脉，体现多功能、综合性，建设文化特质鲜明、文化魅力彰显的标志性建筑群；另一方面进一步实施文化产业项目带动战略，以项目融通资金、集聚人才、引进技术、发展壮大。依托特色文化资源和优势主导产业，谋划推出一批占据产业链、技术链、价值链高端，具有基础性、先导性、战略性和市场竞争力的文化产业项目。

四、发展路径

（一）公共文化发展

1. 新时代精神文明建设提质工程

提高文明程度的设施建设、社区综合文化服务中心

社会主义核心价值体系构建

推进新时代公民道德建设工程

2. 红色文化传承弘扬工程

红色文化保护传承

红色文化研究整理

红色文化弘扬传播

红色文化文艺创作

3. 人文大同共建工程

大力开展云冈学研究

全面繁荣新闻出版、广播影视、文学艺术、哲学社会科学事业

（二）文物、非遗保护利用

1. 文物事业发展

加强文物保护

繁荣发展博物馆事业

加大行政执法力度

优化社会文物管理服务

大力提升文物资源利用水平

积极开展文物对外交流与合作

拓展文物事业发展活力

2. 非遗保护

推进非遗名录项目保护工程

优化升级传承人群提升工程

推进传统工艺振兴工程

推进濒危项目抢救工程

推进非遗基础建设工程

推进非遗进校园、进社区、进景区工程

推进大同非遗影响力工程

推进理论研究提振工程

推进数字非遗建设工程

推进全民参与保护工程

（三）文化产业振兴提质

1. 重点文化产业提质升级

文化旅游业

文化演出业

文博会展业

创意设计业

休闲娱乐业

广播电影电视业

数字文化产业

2. 文化产业集聚发展

四大文化旅游区

四大文化产业园区

新建打造三大文化产业集聚区

三大专业生产交易集散基地

四大主题娱乐园

文化＋产业集群

企业集群培育

市场体系建设

（四）文化旅游融合发展

1. 配置资源，合理布局

发挥大同文化优势，构建"一核三带"全域旅游格局

整合优质资源，升级四大工程

培育文化旅游新业态，激发产业发展新动能

大力发展智慧文旅，激发文化旅游活力

2. 开发旅游产品，提供优质服务

打造红色旅游精品，传承红色基因

大力发展乡村旅游，助推打造乡村振兴大同样板

大力发展夜间旅游和淡季旅游，拓展文旅发展新空间

强化要素集约，打造八大要素产品体系

打造热情好客服务品牌，提升游客满意度

（五）对外文化交流传播

1. 创新对外文化交流传播渠道

挖掘历史文化资源优势，紧抓"一带一路"建设发展契机

打造文化交流品牌

推动文化交流传播工作创新

2. 完善文化交流传播体系

加强文化交流环境建设

拓宽文化传播渠道

培养文化传播主体

加强文化交流传播工作机制建设

（六）"文化强市"建设制度保障

1. 组织、政策保障

强化组织保障

落实政策保障

2. 体制机制、人才建设保障

创新体制机制保障

推进人才建设保障

第二章 公共文化发展

第一节 新时代精神文明建设提质工程

一、提高文明程度的设施建设、社区综合文化服务中心

（一）开展群众性文明创建活动

抓住入选全国文明城市提名城市的历史机遇，持之以恒推进全国文明城市创建工作。发挥文明城市创建龙头作用，主动融入社会治理体系和治理能力现代化建设，持续抓好背街小巷、城中村、棚户区等薄弱环节的整治，增强文明城市创建实效。围绕美丽乡村建设主题，推进文明村镇创建活动，建好用好乡情村史陈列室，实现乡风民风美起来、人居环境美起来、文化生活美起来。扩大文明单位创建覆盖面和影响力，引导各级各类文明单位增强"窗口"意识、树立行业新风。坚持注重家庭、注重家教、注重家风，大力推进文明家庭创建和最美家庭推选。深化文明校园创建，营造有利于学生修德立身的校园氛围。

（二）落实《大同市文明行为条例》，构建实施公共文明指数测评，推进文明理念培育行动

落实《大同市文明行为条例》，坚持党委统一领导、政府组织实施、部门各负其责、社会协同推进、群众共同参与的工作格局，引导和规范市民文明行为，树立文明标尺，培育时代新风。加大规范文明行为宣传力度，倡导鼓励单位和个人忠于祖国、热爱大同，维护公共环境卫生、公共场所秩序、交通安全秩序和社区文明，做到文明出行、文明交往、文明旅游、文明观赏、文明用网、

文明就医，展现新时代热情开朗、大气开放、积极向上、乐于助人的优秀品质。建立文明行为记录制度，建立不文明行为重点治理清单制度，有效根除与城市形象不相符的陈规陋习，及时纠正伴随经济社会发展新产生的不文明行为。

重点指导灵丘县中央试点、云州区省级试点和云州区、云冈区 2 个市级试点建设，及时总结推广试点经验，实现全市新时代文明实践所（站）全覆盖。加快整合党建、文化、科技、教育、卫生等方面资源，提高资源使用效益。通过集中培训、以会代训、现场观摩、交流展示等方式，加强县域文明实践队伍建设。将道德模范等各类先进典型纳入新时代文明实践中心宣传员队伍，用身边人讲身边事，发挥引领带动作用。切实把志愿服务、基层阵地、特色资源、涉农项目、政策措施等底数调查清楚，精准对接群众需求，有的放矢，对症下药，通过为群众做好事、办实事、解难事，建立文明实践项目库和点单派单模式，培育一批有主题、有特色、有内容的品牌项目。各有关县（区）委要履行好主体责任，发挥好"一线指挥部"作用，县委书记是第一责任人，县委宣传部要抓好具体工作落实，确保取得预期试点建设成果，总结推广经验，在全市逐步实现县中心、乡镇（街道）所、村（社区）站的新时代文明实践工作三级全覆盖。充分发挥新时代文明实践中心凝聚群众、引导群众，以文化人、成风化俗的重要作用，把村规民约建设作为主要抓手，大力推动移风易俗，促进弘扬时代新风，在全市乡村推动勤俭节约、简办婚丧的新习俗。深入挖掘和宣传移风易俗的先进典型，动员和激励广大农村群众积极投身社会主义现代化建设。

二、社会主义核心价值体系构建

把社会主义核心价值体系融入国民教育、精神文明建设和党的建设全过程，贯穿文化大同建设各领域，在全社会形成统一指导思想、共同理想信念、强大精神力量、基本道德规范的精神价值体系。

（一）强化社会主义核心价值体系的教育引导

大力推进社会主义核心价值体系建设是塑造和培育城市精神的重要渠道。搭建思想教育平台，坚持以人为本理念，通过大众化工程增强人们的文化自觉与文化自强。遵循科学发展观,弘扬社会主义主旋律及传统文化精神,通过核心价值体系建设工程推进学习型城市建设,不断推进城乡文明共建共享。扎实推进基层精神文明建设,加强精神文明组织建设工程,深入开展文明单位、文明行业创建活动,积极探索和谐社区创建工作,不断创新和谐家庭创建载体。倡导城市文明向广大农村辐射,探索农村精神文明建设新途径,倡导农村农民共享文明成果。加快出台繁荣发展哲学社会科学的实施办法,大力推进社科研究强化工程,通过理论引导精神文明建设,将社会主义核心价值体系建设融入市民生活中去,激发起市民对城市的荣誉感与凝聚力,逐渐塑造城市精神和文化品牌。

(二)凝练和弘扬大同城市精神

城市精神是城市文明的结晶,是城市灵魂的精粹,是凝聚城市人心的旗帜。从某种意义上说,城市精神也是核心竞争力,是城市经济振兴发展的精神支撑,更是打造城市经济软实力的现实需要。汲取大同历史文化,把握大同现代品格,展现大同时代风貌,将大同精神塑造成一种立得住、统得起、叫得响的城市精神,对外树立形象,对内凝聚人心,引领全市人民共同开创美好未来。

1. 进一步凝练提升城市精神

对"革故鼎新的改革文化、包容好客的开放文化、精益求精的敬业文化、热情豪爽的民俗文化",进行进一步的论证提炼,真正将大同鲜明的文化特质进行总结和提升。大同传承着改革创新的文化基因,古有赵武灵王胡服骑射、北魏孝文帝改革两大历史创举,在转型发展新时代更要敢为人先。要继续传承创新有为的文化传统,广泛挖掘、深蹲基层、深耕企业、深钻技术的创新典型,大力表彰各行各业,特别是在"六新"突破方面的创新能手,鼓励突破新技术,鼓励研发新产品,鼓励培育新业态,鼓励引进"六新"项目,年底要奖励一批矢志改革创新的单位、企业和个人,努力让创新文化蔚然成风。

2. 宣扬大同城市精神

坚持用马克思主义中国化最新成果武装党员干部、教育全市人民,用中国特色社会主义共同理想凝聚力量,坚持用民族精神和时代精神鼓舞斗志,坚持用社会主义荣辱观引领风尚。成立大同城市精神推广领导小组，设立专项工作基金，制定完善的推广计划工作方案，城市精神推广纳入党政宣传工作的重要议程。积极实施城市形象传播工程，充分发挥各类媒体的宣传教育作用，特别是充分发挥互联网的宣传作用，重视网上思想文化阵地建设，加强和改进网络文化建设和管理，加强网上舆论引导，营造良好的社会舆论氛围。通过舆论造势、活动宣传、理论学习等途径，将城市精神内生为全体市民共同的精神诉求。

3. 建设文化大同大众学习基地

分期分批在全市建设多个文化大同学习基地，调动百姓名嘴、大学生志愿者、研究专家的宣讲积极性，进行对口驻站宣讲，以故事会、先进人物报告、职业技能比赛等生动形式，吸引百姓到学习基地观摩，通过身边的故事让群众感悟大同精神，体会文化大同的魅力。

4. 建设文化大同研究中心

以宣传部、文联和高等院校等为依托建设大同文化研究中心。研究中心主要任务为以科学发展观为统领，深化和丰富文化大同内涵，不断创新文化大同的文化载体。

5. 建设文化大同宣传志愿者队伍

分步建设一支覆盖全市，多类别、多层次的志愿者队伍。志愿者是文化大同的集中体现者，也是文化的基层传播者。通过志愿者在街头、社区、乡镇的志愿服务，营造友爱互助的文明氛围，提升城乡居民的基本文化素质。

6. 建设文化大同传媒阵地

进一步发挥好报刊、广播电视和网站等媒体在理论大众化方面的作用，开办专门的文化大同报刊栏目、电视专题节目和理论专刊，通过资助、评优等手段，打造一批有影响的理论大众化宣传品牌栏目。

7. 推出文化大同大众化读物

科学策划，分主题、分类别有计划地推出文化大同系列读物，对理论大众化读物及相关研究著作给予出版资助，打造富有大同特色的理论大众化丛书。

创办《文化大同》直投杂志，内涵涵盖百姓文化信息、活动导航、文化精品推荐、文化名人介绍等，向主要城镇的文化活动中心、活动站赠送，增加群众知晓大同文化活动的渠道。

8. 举办文化大同论坛

充分发挥大同当地文化学者以及研究大同文化的外脑资源的作用，除了定期开展群众性的文化讲座外，每月在礼堂、图书馆、文化馆等大众文化活动场所开展一场大型讲座，还应组织高规格、具有较强影响力的国内国际高峰论坛。同时，发挥广播电视、网络等电子大众传媒的优势传播论坛内容。

9. 建设主城区电子阅报栏

在主城区、中心乡镇的文化广场安装电子阅报栏，植入媒体内容，滚动播出大同精神宣传语，使文化教化深入群众生活。

表 2-1

序号	总体目标	内容
（1）	城市精神成为经济振兴发展的精神支撑	①塑造一种立得住、统得起、叫得响的大同精神，增强城市认同感和归属感，使弘扬城市精神成为广大人民群众的自觉行动 ②城市精神已经贯穿到各行各业的精神文明创建活动中，融入经济社会发展的方方面面，城市精神的巨大能量得以充分释放 ③大同的城市精神成为一座城市的品牌，成为展现软实力和人文精神、展现大同人民自强不息建设美好家园和率先推进生态城市建设的生动写照
（2）	城市文化景观凸显城市地标的名片效应	①依据大同形象标识工程的规划和建设，形成特色鲜明、景观与生态并重的城市视觉形象群落，大同城市形象具有较高的识别度 ②城市文化已经融入城市建设的每一个角落中，提升了文化在城市基础建设中的内涵和分量，形成高起点、高品位、高规格的城市公共文化空间 ③拥有具有冲击力的城市文化雕塑群，城市环境艺术化，凸显雕塑的文化内涵 ④建设一批城市艺术园区，为艺术家、艺术机构的创作生产、展览展示、销售结算、运输保管，成为提供文化资源和技术支持共享的服务平台

续表

序号	总体目标	内容
（3）	公民人文素质提高，思想道德觉悟大为提升，社会文明程度显著提高	①社会主义核心价值体系有效融入全市的国民教育和精神文明建设的全过程 ②公民普遍理解接受、自觉遵守奉行的主流价值理念，形成统一的指导思想、共同的理想信念、强大的精神支柱和基本的道德规范 ③形成民主法治、公平正义、诚信友爱、充满活力、安定有序、人与自然和谐相处的和谐大同

三、推进新时代公民道德建设工程

1. 要以入选全国文明城市提名城市为契机，贯彻落实《新时代公民道德建设实施纲要》，大力培育和践行社会主义核心价值观

要将贯彻落实《新时代公民道德建设实施纲要》贯穿全国文明城市创建全过程，着力提升市民文明素质、城市文明程度、城市文化品位和群众生活质量。

2. 要以习近平新时代中国特色社会主义思想为指导

紧紧围绕进行伟大斗争，建设伟大工程，推进伟大事业，实现伟大梦想，着眼构筑中国精神、中国价值、中国力量，促进全体人民在理想信念、价值理念、道德观念上紧密团结在一起，在全民族牢固树立中国特色社会主义共同理想，在全社会大力弘扬社会主义核心价值观，积极倡导富强民主文明和谐、自由平等公正法治、爱国敬业诚信友善，全面推进社会公德、职业道德、家庭美德、个人品德建设，持续强化教育引导、实践养成、制度保障，不断提升公民道德素质，促进人的全面发展，培养和造就担当民族复兴大任的时代新人。

3. 以创建文明城市为龙头，全面带动精神文明五大创建工作，推动高品质生活深化文明城市创建[①]

持续巩固文明城市创建成果，按照"城乡统筹，市县联创，人人参与，共

---

① 大同市精神文明建设指导委员会办公室. 关于印发《大同市精神文明建设指导委员会2020年工作要点》的通知［EB/OL］.（2020-06-08）. https://credit.dt.gov.cn/wcm/content/detail/20200608172714_100028.html.

建共享"的思路，强力推进创建文明城市十大提升行动确保文明城市创建工作常态长效。

深化文明村镇创建。结合脱贫攻坚和乡村振兴战略，重点推进市县两级文明村镇，特别是文明村的创建活动，持续深化县域农村精神文明建设。开展第六届全国文明村镇组织申报工作，有效发挥《文明村镇测评体系》的导向作用，探索文明村镇表彰激励机制，提升文明村镇创建水平。大力推进星级文明户创建评选活动，通过规范评比程序、出台优惠政策、加强动态管理、打造综合示范村等举措，助力文明村镇创建，努力使农村乡风民风、人居环境、文化生活美起来。

深化文明单位创建。中央文明办已出台《关于深化新时代文明单位创建工作的意见》，根据山西省文明办的具体实施方案，重点研究拓展创建领域和改进创建工作的办法举措。加大文明单位创建工作动态管理和日常管理力度，完善文明单位创建的退出机制、淘汰机制，评选表彰市级精神文明创建先进典型，继续培育一批经济效益好、具备帮扶能力的民营企业文明单位。

深化文明家庭创建。推动建立文明家庭激励约束机制和长效管理办法，广泛开展五好家庭、文明家庭、好公婆、好媳妇等家庭文明创建活动以及传家训、立家规、扬家风等主题实践活动，打牢创建基础。加强社会宣传，组织新闻媒体宣传报道文明家庭事迹，刊播家风家教公益广告、家风家训展示等活动。扩大参与面，发挥重点人群的示范带动作用，引导党员和领导干部带头做家庭美德的践行者，引导公众人物带头遵守公序良俗，履行家庭责任。

深化文明校园创建。注重学校领导班子建设，注重学生思想品德教育，注重校园文化阵地建设，注重师德师风建设，注重创建工作督促考核，广泛开展文明校园创建活动，发现培养典型，总结推广经验。会同大同市教工委、教育局修订《大同市中小学文明校园测评细则》，进一步加强大同市省级文明校园动态管理工作。做好市级文明校园申报测评验收工作和省级文明校园申报工作，做好全国文明校园年度测评、参评工作，进一步完善《大同市文明校园创建管理办法》。

4. 着力推动志愿服务工作制度化、常态化 [①]

学习贯彻《山西省志愿服务条例》。市县两级应将《山西省志愿服务条例》纳入年度党委中心组学习考核内容，县级以上人民政府及其有关部门应当采取措施，按照国家有关规定，通过政府购买服务等方式，支持志愿服务组织承接扶贫、济困、扶老、救孤、助残、救灾、助医、助学等领域的志愿服务及其运营管理。在全市进一步弘扬奉献、友爱、互助、进步的志愿服务精神，努力培育志愿服务文化，大力营造"我为人人、人人为我"的社会风尚，不断推进志愿服务制度化、项目化和常态化。

健全志愿服务制度化运行机制。筹划成立大同市志愿服务联合会和志愿服务基金会，协调发挥好民政、教育、工会、科技、文化、卫生、司法、环保、团委、妇联、志愿者协会等成员单位的作用，进一步形成文明委统筹、文明办牵头、各部门分工负责的志愿服务制度化工作机制，进一步完善志愿服务嘉许激励机制，建立健全志愿者星级认定、评选表彰制度，制定完善《大同市志愿服务表彰激励回馈实施办法》。

加强志愿服务基层阵地建设。推动各县（区）成立志愿服务联合会和志愿服务基金会，推进社区志愿服务中心和公共文化设施志愿服务站点建设，加快革命展览馆、纪念馆等红色文化场所志愿服务站点建设。在全市推广使用全国志愿服务信息系统，加大志愿者注册力度，达到创建全国文明城市要求注册志愿者人数占城市建成区常住人口总数的比例。

拓展常态化志愿服务活动。广泛组织开展新时代文明实践志愿服务活动，推动大同市志愿服务工作制度化、项目化、专业化、信息化和常态化发展。大力推进邻里守望、亲情关爱、助力春运、文化服务、生态保护、平安建设、文明劝导等为主要内容的常态化志愿服务活动，组织志愿服务团体广泛参与义务献血、义务植树、扶贫救困、绿色环保、脱贫攻坚等公益活动，不断提升志愿

---

① 大同市精神文明建设指导委员会办公室. 关于印发《大同市精神文明建设指导委员会 2020 年工作要点》的通知［EB/OL］.（2020-06-08）. https://credit.dt.gov.cn/wcm/content/detail/ 20200608172714_100028.html.

服务活动的社会影响力，加强新时代文明实践志愿服务探索。

推动建立健全 18 类学雷锋志愿服务专业队伍，各县（区）、市直和驻大同单位要加大学雷锋志愿服务队和志愿服务站点建设力度，坚持项目牵引、品牌引领，通过志愿服务项目大赛等平台载体，把效果好的学雷锋志愿服务活动提升为长期性品牌项目。持续进行市级学雷锋志愿服务站点挂牌工作，举办志愿服务业务骨干培训班，宣传推选志愿服务先进典型，组织参与山西省文明办组织的志愿服务项目大赛。

5. 以立德树人为根本，着力夯实未成年人思想道德建设根基

认真组织开展扣好人生第一粒扣子主题教育实践活动。结合新时代文明实践和文明城市创建，在全市中小学广泛组织开展小手拉大手·文明同步走文明劝导宣传活动。组织开展新时代好少年推选、传承红色基因系列教育、中华优秀传统文化传承、劳动美社会实践、阳光成长心理健康教育疏导和学雷锋志愿服务文明实践活动。

广泛开展新时代好少年学习宣传活动。加大媒体宣传力度展播展示新时代好少年的先进事迹，加强社会宣传，把新时代好少年纳入全市未成年人公益广告宣传内容，加强校园宣传，使新时代好少年成为学校宣传栏、文化墙、黑板报、校园广播电视、校园网等阵地的"座上宾"。建立完善市县两级未成年人心理健康辅导站（点），推动督导辖区的青少年一学期接受一次系统化的专业宣讲，实现心理健康辅导工作全覆盖，积极开展好针对中高考学生家长、进城务工人员子女、农村留守儿童、贫困弱势和涉罪未成年人的专项宣传辅导活动，帮助孩子们身心健康，快乐成长。建设一批社区未成年人活动站，加大市县两级未成年人心理健康成长辅导中心建设力度，实现心理健康辅导全覆盖。

抓好乡村学校少年宫建设。进一步完善建好、管好、用好乡村学校少年宫，丰富农村学生精神文化生活，使之成为全市加强和改进农村未成年人思想道德建设的有效平台和重要载体。会同大同市教育局、财政局完成 2020 年度少年宫建设考核督查工作。

6. 以培育文明新风尚为目标，统筹兼顾各项工作

广泛开展我们的节日主题文化活动。今年春节、元宵节、清明节已过去，重点在端午节、七夕节、中秋节、重阳节等中华民族传统节日期间，通过传统民俗展示、经典名篇诵读、爱国歌。

第二节　红色文化传承弘扬工程

一、红色文化保护传承

完善和实施大同红色资源保护规划，深入开展红色文化资源的普查、调查和科学梳理，对重点红色文化资源进行编辑整理、统计造册和分类归档，编印《大同市红色文化资源图录》，建立红色文化家谱。

建立红色文化相关文物定期排查机制，对全市红色文化设施、遗址和基地进行一次全面排查，建立档案，加强对新发现的红色文化遗址遗迹的保护。坚持"保护为主、抢救第一、合理利用、加强管理"的方针和"不改变文物原状""最小干预"的原则，加强红色文化资源保护工作。建立红色文化资源保护问责机制，对保护不力、管理不善、作用没有充分发挥的设施、遗址和基地的管理单位，要进行通报批评，问题严重的要追究相关人员的责任。

落实行业管理和属地管理原则，加强红色文化资源价值评估和鉴定，对不同级别、不同价值的红色文化资源采取不同的管理方式，实现红色文化资源分级保护管理和资源分配最优化。

分期分批做好红色文化相关文物中文物保护单位的保护、修缮和提升工作，重点推进原建筑尚存且有较大教育影响力的革命遗址和纪念设施优先进行修缮保护。

重点抓好具有革命文化传统的名镇名村保护与红色文化保护开发相结合，及时清理影响红色文化设施、遗存、遗址教育作用发挥的建设项目和违章建筑，清理与环境气氛不相协调的经营活动。按照规定从严控制红色文化相关纪念设施的新建、改建和扩建。

大力推进大同市红色文化和革命文物数据库建设工程，充分运用数字化手段，做好红色文化相关文物图片、图书资料的数字化转化以及红色文化相关资源的数据库建设和数字化保护。

二、红色文化研究整理

积极构建红色文化研究平台，依托党史研究部门组成红色文化研究力量，开展红色文化系统性挖掘整理和研究阐发。采取走访革命前辈、烈士遗属、亲历者、民间收藏人士等形式，加强对社会上散存的革命文物和革命文献史料等文物史料、口述资料的调查征集研究工作，深入挖掘红色文化资源的历史资料和经典事例，甄别各种历史史实和传说。做好红色文化资源的整理、鉴定和建档工作，丰富馆藏资源和展陈内容。编写面向大众的红色文化读物和宣传品，准确阐释大同红色文化的重大意义、思想内涵和时代价值。

依托在大同高校和各级党校深入开展大同红色文化学术研究，挖掘提炼红色文化历史价值和精神价值，推出一批富有思想内容、理论高度和实践价值的学术成果。发挥大同市社科研究规划的导向作用，将大同红色文化建设的重大理论和实际问题列入全市社科研究规划课题指南，定期安排红色文化研究项目，组织引导学术界和实际工作部门联合开展研究，推出一批高水平的应用性研究成果。加强红色文化研究交流与合作，鼓励红色文化资源共享，推动共同研究利用。

三、红色文化弘扬传播

利用互联网数字化手段，推进大同红色资源数字化升级。

发挥全市红色文化博物馆、展馆、展厅的作用，优化展陈内容，改进展陈方式，运用多种手段和形式，做好红色文化的展览展示。

综合运用多种媒体平台，以重大革命历史事件发生纪念日、重要革命历史人物诞辰周年等为契机，开展红色文化主题宣传报道，推动红色文化有效传播。

运用微信、微博、客户端等新媒体，通过微展览、微课堂、微访谈、微视频等传播方式，提升参与度和影响力。持续组织全市新闻工作者深入基层，推出系列红色文化宣传报道，传承弘扬红色文化。

充分挖掘全市爱国主义教育基地中的红色文化因素，提升爱国主义教育基地的红色文化内涵，有计划地培育和建设一批革命历史类、党史教育类和国防教育类爱国主义教育基地，发挥爱国主义教育基地的传播教育功能。

鼓励推动在同高校、中小学及各级党校、行政学院将大同红色文化纳入教育教学体系，开设地方红色文化专题课程；挂钩共建校外红色教育基地，将红色文化资源转化为思想政治理论课的鲜活教材和新课堂，丰富思想政治理论课实践教学活动。

建立红色文化设施、遗址、教育基地与周边学校、机关、企事业单位、驻地部队的共建共享机制，有计划地组织大中小学生、党员干部、各界群众和部队官兵前往瞻仰和参观学习，开展缅怀祭扫、升国旗仪式、成人礼仪式、入党入团入队仪式等各类红色主题教育，开展冬令营、夏令营、体验营等丰富多彩的活动。

围绕重大革命历史节点，依托红色文化实施、遗址和基地教育资源，组织开展主题重大庆典仪式、展演、展览等活动。利用专题报告会、大讲堂等宣传普及活动，开展红色文化主题教育。

四、红色文化文艺创作

大力实施革命历史题材文艺作品创作生产，推动红色文化与不同艺术门类相互融合，着力打造一批红色文化文艺精品力作，创作打造一批舞台精品和优秀红色歌曲作品。组织创作一批以大同籍或在大同参加革命的红色人物和相关红色文化历史为题材的影视、微电影、戏剧、话剧、广播剧和小说等优秀文艺作品。举办以红色文化为主题的系列书画展示展览活动。

研究实施红色网络文艺精品创作和传播计划，鼓励和引导各文艺门类推出一批弘扬大同红色文化的优秀文化网络原创作品，将优秀红色文化网络文艺作品纳入资金扶持计划与范围；推动本土红色网络文学、网络音乐、网络剧、微电影，以及网络动漫、网络游戏、动漫衍生品等文化产品、新兴文艺类型繁荣有序发展。

加大红色文化旅游开发扶持力度，纳入全市旅游产业发展规划。坚持红色人文景观和绿色自然景观结合、革命传统教育与促进旅游产业发展结合，深入挖掘红色旅游思想文化内涵，遵循旅游产业发展规律，规划打造一批红色文化旅游基地、精品线路与精品景区；培育生成一批红色旅游项目和产品，激活红色旅游市场；以文化与旅游相融合的方式传播推广红色文化，使人们从红色旅游活动中汲取精神力量。

突出红色旅游品牌基地的示范效应，推动大同红色旅游与观光旅游、文化旅游、乡村旅游、生态旅游、民俗旅游、休闲度假旅游融合发展，形成以红色旅游为主题、形式多样的复合型旅游产品和线路。

突出红色＋文化遗产特色，规划开发红色旅游精品线路。推动大同红色旅游与周边地区红色景区相连接，共同构建红色旅游专线，推动红色旅游互动发展。

五、出台红色文化保障措施

突出考核评价导向作用，把红色文化保护、传承和弘扬工作纳入精神文明创建考核评价体系，纳入落实意识形态工作责任制的重要内容。

进一步完善免费开放政策和保障机制，按照相关规定，加大对红色文化旧址、纪念设施和爱国主义教育基地建设的支持力度。可从市文化事业建设费、文化产业发展专项资金、市文物保护和文物征集专项经费等按照有关规定安排红色文化保护传承和弘扬工作经费。完善爱国主义教育基地改陈布展支持政策，对基地的重点改陈布展项目给予资助。进一步发挥专项资金等政策导向作用，对优秀红色文化项目给予重点扶持。借助市场化运作模式，鼓励和吸引社会力量参与红色文化保护开发。

建立完善红色文化人才培养、引进激励机制，把培育红色文化人才纳入人才工作计划，吸引更多优秀人才投入红色文化保护传承工作中来。

第三节 人文大同共建工程

一、大力开展云冈学研究

大力开展云冈学的科学研究，致力于云冈石窟的保护和云冈文化的普及传承，深入挖掘云冈历史文化内涵，在弘扬中华优秀传统文化中增强文化自信，打造国内一流、世界知名的云冈学中心。

（一）注重体制机制创新，建好云冈学研究平台

依托高校、科研机构成立云冈学研究与教学单位，尽快实现本硕博一体化招生，院校联动培养专业研究人员。

坚持省市校共建，有效聚合优势资源，加强云冈石窟管理、保护与研究，全面创建云冈学学科体系。形成骨干教学科研力量，广纳学术人才，汇集国内外知名专家学者，共同搭建开放式高端学术平台。建设院校相互融合、相互支撑、相互补充的综合学科体系，整合优势资源，汇聚研究力量。采取多学科交叉的研究方法，推动云冈学研究向纵深发展，联合省内外知名院校，培养高层次云冈学研究人才。

引领学术发展，制定科研规划，考评学术成果，实现云冈学术研究、人才培养、学术出版和对外交流等事业的可持续发展。

加强学术交流，形成和提升云冈学国际影响力。搭建学术研究交流平台，打造云冈学研究与宣传的主阵地。提高云冈学研究的学术传播能力与学术凝聚力，扩大学科的社会影响力。提升《云冈研究》期刊的学术影响力，定期举办云冈文化国际论坛。深入挖掘云冈石窟所体现的中华文化的特色和中外文化交流的历史，大力发展云冈学研究的国际交流与合作，鼓励人才培养与研究视野的国际化。

创新管理模式，努力发展成为国家级重大科研课题项目学术基地和云冈学研究的中心。

强化研究文物保护、文化传承、文化交流、文艺创作、文旅融合。要深入挖掘云冈石窟蕴含的各民族交往交流交融的历史内涵，讲好云冈故事，传承云冈文化，推进文旅融合发展。

加快建设国家云冈数字文化中心和云冈学博物馆。

（二）加强文化遗产和资源保护

强化云冈文物保护工作的顶层设计，全面科学规划，研究好推进项目，编制好实施方案，推进合理适度利用。

抓好云冈石窟考古调查，开展系统的田野考古调查，建立权威的佛教石刻及相关研究数据库。

把加强云冈学建设作为落实习近平总书记嘱托的重要政治任务，进一步加强组织领导，抓住机遇，乘势而上，强化与上级部门、部门之间的沟通对接，积极争取政策、资金支持和智力支撑，为推动云冈石窟研究保护提供有力保障。

二、全面繁荣新闻出版、广播影视、文学艺术、哲学社会科学事业

（一）推动新闻出版、广播影视事业发展

加强主流媒体建设，提高舆论引导能力，弘扬社会主义核心价值观。

提高内容生产和创新能力，深化一体发展，推进媒体深度融合，实施全媒体传播工程，做强新型主流媒体，建强用好县级融媒体中心。推动媒体融合取得新突破，构建现代新闻出版、广播影视公共服务体系，促进公共文化服务提质增效。

加强科技创新，构建现代传播体系，做优做大做强新闻出版、广播影视产业，进一步提高规模化、集约化、专业化水平，加快构建现代新闻出版、广播影视市场体系。

深化新闻出版、广播影视改革，确保把社会效益放在首位，实现社会效益和经济效益相统一的体制机制。

加强文化信息安全建设，提升新闻出版、广播影视安全保障能力，加强版权管理，大力发展版权产业。

大幅提高广播电视公共服务水平。实施应急广播体系建设全覆盖工程，确保广播电视信号长期通、质量好。充分利用5G、人工智能、大数据、区块链、虚拟现实、物联网等新技术，深化智慧广电与政务民生、公共文化、社会治理、乡村振兴、产业发展深度融合，拓展新业态，刺激新消费，带动新就业。

建立健全电影制作发行放映技术新工艺新体系，促进电影融合发展和产业战略升级。

（二）培优铸魂创作文艺精品

加强文艺精品创作。紧紧围绕全面建成小康社会、建党100周年等重要节点，聚焦乡村振兴、脱贫攻坚等现实题材，努力推出一批展示大同文化印记的精品力作。持续打磨原创舞蹈诗剧《天下大同》、歌剧《北魏长歌》两部精品演艺剧目，脱贫攻坚晋剧《八九雁来》、话剧《忘忧草》、戏曲耍孩儿《云岗魂》。举办庆祝建党100周年大型文艺晚会和优秀剧目展演活动。抓好"三贴近"小型剧创作。以精巧的题材选择、短小精悍的艺术形式、群众喜闻乐见的样式，快捷迅速地反映人民群众的愿望和心声。"十四五"期间，力争推出一批精品小型剧目，策划举办系列小型剧目展演活动。

巩固扩大精品创作成果。以"增加场次、文化惠民，加工提高、打造精品，理论总结、推动创作，开发市场、创造效益"为目标，充分发挥精品创作的示范性、导向性作用，在每年的春节、五一、十一前后举办剧目惠民展演活动，开展文化艺术精品剧目进景区、进校园、进农村等活动。

广泛开展群众文化活动。策划推出"幸福大同"文化品牌系列活动，按季度组织A级景区、乡村旅游景点乡村大舞台演出活动；策划推出"月月有戏"文化惠民专项演出100场，戏曲演出、培训、讲座等进校园活动50场次；筹备书画、影像、文学、歌唱等乡村系列活动，扩大群众精神文化生活覆盖面。

推动本土戏曲传承发展。继续扶持耍孩、数来宝、二人台等曲艺创作，不断擦亮非遗传承品牌，深入开展戏曲进校园、进社区活动，促进本土戏曲活起来、传下去、出精品、出名家。

完善艺术创作运作机制。进一步完善文艺精品创作生产、评审选拔、资金扶持、展演推广、表彰奖励的政策和措施，健全专家评价、观众评价、市场评价相统一的评价体系，不断推进文艺创作，推出更多接地气、传得开、留得下的精品力作。

（三）推动网络文艺成为大同文化生活新天地

实施网络文艺品质提升工程，加强网络文艺发展规律研究和创作引导，扶持原创优秀网络文艺作品创作生产，提升网络文学、网络电影、网络剧、网络演出、网络音乐、网络动漫等新兴文艺类型质量。推进传统文艺与网络文艺创新性融合，推动文艺观念、内容、风格、流派持续创新，增强文艺产品的艺术魅力。实行网上网下一个标准，推动网络文艺从成长到成熟、从低质到高质转型，打造具有时代性的主流网络文艺样式，推出大批引领网络文艺方向的优秀作品，做优做强网络文艺阵地，推动网络文艺健康有序发展。发挥新兴传播技术即时快捷、覆盖广泛、互联互通的特殊优势，提供优秀文化产品，拓展文艺传播渠道，提高文艺传播效率，让网络文艺成为高品质文化产品供给的重要途径。

（四）持续推动文化事业繁荣发展

强化公共文化服务供给。高品质运营五大场馆，培育和引进一批有实力的文化企业主体和影视公司参与公共文化设施建设运营，提升城市"文化书房"建设水平。提升数字化档案馆和县级"两馆一站"建设水平，完善市县乡村四级公共文化服务网络。办好"市民大讲堂"和"平城讲坛"，建好用好新时代文明实践中心、县级融媒体中心，加强对内对外文化交流，弘扬新时代文化主旋律。支持各类企业主体发展数字文化产业和文化创意产业，提升文化产业的社会效益和价值导向功能，让社会主义核心价值观持久深入人心。

全面提升公共文化场馆、乡镇综合文化站、村（社区）级综合文化服务中心、公共文化数字服务、乡村公共文化设备配套五个阵地，进一步增强大同市公共文化服务功能和水平，探索建立公共服务配送机制，推进公共文化服务社会化，健全文化管理员、文化志愿者队伍激励机制，组织开展第三方公共文化服务绩效评估，健全覆盖市县乡村的四级公共文化服务体系。

创作一批制作精良、艺术精湛、影响深远的优秀文艺作品。"十四五"期间，重点围绕乡村振兴、红色文化、历史文化、民俗文化、生态文化等，在大型剧目、展演规格、文艺奖项、文艺创作数量、文艺创作经费上有突破。

策划一批文化品牌赛事展演活动，打造城市文化活动品牌。推出城市"文化菜单"，开展文艺调演活动，开展对外文化交流活动、展现大同形象，开展系列文化下乡惠民演出活动。

培训一批政治素质高、业务精湛的文化队伍。打造一批业务精湛的专业骨干文艺队伍，培养一批基层文化文艺队伍，提升一批文化行政管理队伍，培育一批文化志愿者队伍，建立一批民间文艺队伍。

第三章　文物、非遗保护利用

第一节　文物事业发展

一、加强文物保护

通过行政、法律等手段，采取多种方式，做到守土有责，当仁不让，确保文物资源安全。

完善重点文物保护单位的"四有"工作，全面完成县级以上文物保护单位保护范围和建设控制地带划定工作，树立保护标志碑，健全保护机构，完善档案记录工作，实现文物保护单位保护管理利用工作的制度化、规范化、科学化。国家、省级和市级文物保护单位"四有"工作完成率达到100%，文物保护工程合格率达到100%，开放率达到80%以上。

完善不可移动文物保护管理工作，加强日常养护工作，规范不可移动文物的认定程序。重点实施一批云冈石窟文物保护项目，包括危岩体加固、壁画和彩塑保护、窟顶防排水工程、窟檐保护工程、石雕修复保护工程、山顶北魏寺院遗址保护展示工程和石质保护实验室建设等。加强长城保护利用，实施长城重点段落及关堡的抢险修缮工程，积极配合长城沿线周边环境整治及美丽乡村建设。推进一批全国重点文物保护单位保护规划编制，加强大遗址保护。

推进历史文化名城、街区和传统村落整体格局和历史风貌的保护。加强大同历史文化名城、浑源历史文化名城的保护工作，完成府衙保护修复，启动代王府东西两侧项目。继续推进殷家庄、西蕉山和落阵营古民居建筑群的保护修缮工程，实现文物保护与延续使用功能和改善居住条件相统一。

加大文物保护工程建设、管理力度。规范文物保护单位保护方案及规划制定工作编辑工作，建立县级文物抢险修缮项目储备库。规范基本建设工程文物保护工作的组织管理。根据《文物保护法》要求，科学组织基本建设工程中的文物调查、勘探和考古发掘工作。

加强文物科技保护专题研究。积极开展大同石窟寺综合保护研究、长城资源保护利用、馆（库）藏文物修复等多项课题研究，推动大同文物保护科技水平快速提升。

全面完成可移动文物普查工作。对全市普查数据和相关资料进行整合、汇总和验收，编制完善大同市《可移动文物普查工作报告》《可移动文物普查文物名录》及《可移动文物收藏单位名录》，建立可移动文物普查档案，完成项目结项评估和审计工作，发布、展示普查成果。

加强红色文化遗址和革命文物保护传承。文物保护单位红色文化遗址和革命文物资源保存状况基本摸清，红色文化遗址和革命文物保护力度显著加大，革命纪念馆体系日臻完善，红色文化遗址和革命文物展示水平大幅提升，革命精神谱系基本形成，红色基因矩阵有效搭建，红色文化遗址和革命文物工作赋能融合发展充分彰显。

做好红色文化遗址和革命文物的保护与展示工作。启动平型关战役遗址的保护、展示及周边环境整治工程，继续推进云冈区、灵丘县、天镇县等革命文物保护利用工程。依托红色文物，配合乡村振兴政策，发展红色旅游项目，助推革命老区脱贫致富。

二、繁荣发展博物馆事业

推动博物馆建设，全面提高管理和展示服务水平，着力打造全市公共文化服务龙头品牌，进一步加强大同博物馆群建设和区县级博物馆的基础设施改造提升，改善收藏、展览、服务设施，努力为社会大众服务。

贯彻落实促进民办博物馆发展的措施和政策，促进民办博物馆的发展。积极发挥大同文化、文物资源优势，引导、鼓励、支持社会各行业依法兴办填补博物馆门类空白和体现行业特性、区域特点的专题博物馆和特色博物馆，进一步完善品类结构和体系。

高标准建设大同数字博物馆。完善全市可移动、不可移动文物数据库，立足互联网信息平台，依托现代科技和大同市文物资源优势，建设大同数字博物馆，实现文物资源信息共享，让文物保护成果惠及广大民众。

推动全市博物馆、纪念馆免费开放工作，促进博物馆、纪念馆整体水平提升。根据相关博物馆、纪念馆免费开放社会服务质量规范和标准，加强监管，保证财政保障资金充分发挥效益。完善大中小学生利用博物馆学习长效机制，深化博物馆进校园进课堂进教材，推介优秀研学课程和线路，推进博物馆教育规范化、标准化、均等化。大力发展智慧博物馆，深入实施博物馆云展览工程。

加强馆藏文物管理，提高科技保护水平。推广、实施文物保护行业标准，开展相关业务培训；开展馆藏文物保存环境达标建设，基本满足馆藏文物对保存环境的需求；建设运行动态的全市馆藏文物数据库管理系统，实现藏品管理信息化，提高文物保护、管理和利用水平。

加大文物征集力度。千方百计争取资金，做好历史文物征集的同时，加大对近现代文物、民俗文物的征集工作。

三、加大行政执法力度

完善文物保护法律法规配套制度，促进自由裁量权等各项规定的落实。

加大文物保护法宣传力度。加强与新闻媒体的沟通，充分利用各种网络平台，全方位、多角度宣传文物工作和文物知识。

加强文物行政执法工作。建立健全文物行政执法机构，完善文物行政执法工作机制，实行文物行政执法和安全保卫人员持证上岗制度。积极与公安、工商、海关等有关职能部门协商建立预防和打击文物违法犯罪活动的长效工作机制，严厉打击盗窃、盗卖和走私文物等各类文物违法犯罪行为。加大房地产开发、道路建设等领域文物破坏行为监管力度。严格规范文物经营和民间文物收藏行为，维护正常的文物流通秩序。

加大田野文物保护力度。根据国家省市相关规定，加强文物保护员队伍建设，配齐各级重点文物保护单位文物保护员。建设安全看护用房和基本的监控设备，加强对重要遗址的安全保护。

加强文物单位消防、安防等文物安全工程的管理。配合山西省文物局和公安、消防等部门开展二、三级风险单位的评定和安防、消防、防雷系统的达标验收工作。建立文物单位消防、安防系统工程评审专家委员会，严格把关文物单位消防、安防系统工程设计，施工方案等评审、审批和验收程序的有关工作。

规范文物市场和文物监管品市场。依法加强对文物拍卖企业、文物商店的监督管理，严格准入条件和拍卖、销售前的审核、审批，落实文物审核制度。根据国家文物局和山西省文物局的有关规定，加强文物监管品流通的调控和监督管理，依法严格审核文物监管品，取缔非法文物交易，规范文物监管品经营和民间文物收藏行为，确保文物市场健康有序发展。

四、优化社会文物管理服务

促进文物市场活跃有序发展。深入开展文物流通领域登记交易工作，建设文物流通全领域管理体系。

出台鼓励和规范民间文物收藏活动指导意见，完善文物经营主体信用信息管理制度、文物市场准入退出制度、互联网文物经营管理制度、文物市场信用信息管理制度、民间文物收藏流通利用机制。

五、大力提升文物资源利用水平

妥善处理文物保护与基本建设、开发利用的关系，坚持在保护文物的前提下，开展基本建设、生产建设和文物资源的开发利用，努力实现文物保护事业和经济建设的协调发展。

积极探索文物资源利用新途径。发挥文物遗址和城市历史文化资源优势，依托重要文化遗产地和博物馆，在文物保护前提下，整合资源，加大投入，改善生态环境和人文环境，培植文化遗产品牌，带动相关产业发展。充分运用互联网、大数据、云计算、人工智能等信息技术，推动文物展示利用方式融合创新。

提高文博设施公共服务水平。办好中国大同雕塑双年展、中国青少年雕塑大展，着力推进博物馆、纪念馆、民俗馆、遗址公园等服务配套工作，研发和推销富有特色和个性的文物衍生品和服务项目，推出与文物相关的复仿制品、旅游纪念品、工艺美术品，满足人民大众多方面的精神文化需求。

依法依规推进文物合理利用。探索新型城镇化建设中的文物保护工作思路，妥善处理好经济发展与文物保护的关系，充分发挥文物资源的教育功能和公共文化服务作用。推动云冈石窟、北岳恒山、大同古城三大核心景区整体升级。围绕长城旅游板块做好得胜堡、镇边堡、守口堡、李二口长城、八台子长城等一批长城重要关堡和重点段落的合理利用，培育长城沿线文旅融合的新亮点。依托游山西·读历史等系列文化活动，对大同文物资源进行系统梳理，为打造文物主题旅游线路做支撑。建成一处省级文物保护利用示范区。

继续推进文明守望工程。坚持政府积极引导、社会共同参与，充分激发社会力量参与文物保护利用的热情，在全社会营造共同守护文化遗产的良好氛围。进一步鼓励社会力量参与文物建筑的认领认养工作，鼓励社会力量通过购买、流转、承租等方式，依法取得文物建筑的所有权或使用权，在做好文物保护的基础上合理利用文物建筑。

六、积极开展文物对外交流与合作

加大近现代纪念馆和博物馆的外宣力度，进一步提高知名度，促进全面发展。积极拓展新的外联途径，加强沟通与协作，使文物外展逐步走向更广阔的省际、国际空间。科学策划文物外展主题，整合文物外展资源，围绕大同市传统文化优势，适应文物藏品特点，打造一批特色鲜明、展品精美、内涵丰富的文物外展精品，大力提升大同地域文化的对外影响力和知名度。

七、拓展文物事业发展活力

坚持中华优秀传统文化创造性转化、创新性发展，以珍贵文物为依托构建中华文明标识体系，推动文物事业与经济社会发展深度融合，阐释传播文物潜藏的丰厚底蕴与时代价值，积极形成全社会保护利用文物的生动实践，繁荣当代社会文化生活。

推进长城国家文化公园建设。遵循保护优先，强化传承的原则，实施长城重大修缮保护项目，加强国家级长城重要点段保护维修，建立长城分级监测体系，改善长城现场展示及博物馆、陈列馆展陈，提升长城保护、管理、展示和利用水平。彰显大同长城文化特色，严格划定管控保护区、准确定位主题展示区、创新打造文旅融合区、合理发展传统利用区。

加强文物阐释传播。将文物保护与考古研究成果纳入中小学教育体系和干部教育体系。完善文物资源共享、授权交易服务机制，发展文化创意产品，提升价值链，延伸产业链。实施中华文物全媒体传播计划，广泛传播文物蕴含的文化精髓和时代价值，更好地构筑中国精神、中国价值、中国力量。

健全社会参与机制。研究制定国有文物使用人、非国有文物产权人和其他社会力量参与文物保护利用支持政策，强化现代产权制度和要素市场化配置，鼓励社会资金多渠道投入，拓展社会力量参与路径，保障参与者和文物所有人合法权益，推广不可移动文物认养认领保护修缮和开放利用试点实践，创新文物看护巡查、文创产品开发、志愿者参与文物保护等机制。

第二节　非遗保护

一、推进非遗名录项目保护工程

推进国家省市县四级非遗代表性项目名录体系建设，进一步健全以县级名录为基础，市级名录为主体，省级和国家级名录为重点的梯次结构名录体系。

积极做好省级和国家级非遗代表性项目名录推荐申报工作，进一步扩充大同市省级和国家级名录项目数量。积极推荐申报人类非遗代表作名录，争取有新项目列入。

以加强名录项目保护为重点，推动全市非遗保护整体水平的提升。进一步明确名录项目保护责任单位，落实属地管理责任和保护措施。根据项目不同特点，推进名录项目"一项一策"保护措施的落实，逐项制定完备、规范的保护规划。深入推进名录项目、传承人、文化生态"三位一体"保护方式，以及保护机构、专家、保护单位、传承人、社会力量"五力融合"的保护模式，增强名录项目保护的科学性、实效性和长效性。积极实施非遗名录项目活态性保护、生态性保护和生产性保护，增强名录项目生存活力。鼓励名录项目保护传承在机制、方式、路径上的创新实践，开展保护传承创新实践案例评选。

建立健全符合大同实际的名录项目保护动态督查评估机制，对名录项目保护情况实现动态监测与评估，加强社会监督，促进名录项目保护有效推进。

二、优化升级传承人群提升工程

加强各级非遗代表性传承人的认定和管理，根据《山西省非物质文化遗产条例》和《山西省省级非物质文化遗产项目代表性传承人认定与管理暂行办法》的规定，进一步落实代表性传承人权利与义务，进一步明确名录项目传承主体，发挥传承人在非遗保护传承中的积极作用。鼓励代表性传承人带徒传艺和传承人拜师学艺，推进师徒传承、群体传承等多种形式的传承活动。鼓励传承人建立传承工作室等，开展传统技艺传承活动。加强项目传承基地建设，做到传承活动有计划、有场所、有成效。继续推进传承教学基地建设，新命名一批传承教学基地，推动非遗进校园传承。继续开展市级名录项目代表性传承人认定工作。积极推荐申报省级、国家级代表性传承人，扩充代表性传承人总量。加强代表性传承人管理，开展优秀代表性传承人评选活动。

实施传承人群培训计划，按照《山西省非物质文化遗产传承人群、工艺美术人才培训计划实施方案》，选择并委托相关高校、企业等，组织面向市级代表性传承人群的研修、研习和培训，提高传承人群传承能力，增强传承后劲。组织优秀传承人到传统工艺项目所在地开展巡回讲习，扩大传承人群培训面。重视中青年传承人的培养，特别是缺乏后继传承人的名录项目，加强新生代传承人的发现与培养，保障相关非遗项目得到传承延续。继续开展传承人技艺大比拼、民间手艺大会等活动，促进交流学习，提高技艺水平，提升再创造能力。

三、推进传统工艺振兴工程

按照国家和山西省振兴传统工艺计划，深入实施《非物质文化遗产生产性保护指导意见》，做大做强具有大同特色传统手工技艺项目，使之成为更具全国影响力的大品牌。重点抓好大同传统制作业和老字号、国字号传统工艺的创新发展，突出工艺价值和文化内涵，推动其成为全国传统工艺振兴的示范项目，争取进入国家传统工艺振兴目录。推动大同有历史文化底蕴的传统制作工艺提升发展，打造高精尖产品，使其形成以特色产品为带动的产业扩张新态势。整合大同中小型传统制作工艺资源，成为融入特色小镇建设、促进就业的特色产业。在继承传统技艺的基础上，积极创新发展，努力成为改善当地民生、促进地区经济发展的重要特色产业。

促进传统工艺走进现代生活、现代设计走进传统工艺，打造独具大同特色的知名品牌。融合创意设计，鼓励和支持非遗衍生品研发。继续推进非遗生产性保护基地建设，增加各级非遗生产性保护基地数量。进一步做好大同传统工艺对外交流展示，扩大知名度和影响力。

四、推进濒危项目抢救工程

在濒危项目抢救已经取得初步成效的基础上，以大同传统戏曲为重点，推进具有历史、文化、科学价值的非遗濒危项目及年老体弱传承人抢救工程，对生存状况面临濒危的国家级和省级名录项目予以重点抢救保护。继续实施并完善当地申报、专家评议、专家指导、项目保护地实施的濒危项目抢救工作机制，实现濒危项目科学抢救、有效存续。按照国家级非遗项目代表性传承人抢救性记录工作规范的要求，有序开展抢救性记录工作。针对非遗重点濒危项目，组织专家进行重点研究，提出抢救保护措施。建立濒危项目信息资源库，实施抢救过程、措施施行、抢救成效全程记录。普及与推广传统戏曲，继续开展传统戏曲进乡村、进企业、进学校等活动。开展抢救性保护成果的利用和传播，采用现代科技手段成系统、成专题、成系列地摄录一批具有文化内涵、反映历史演变和遗产现状的大同市非遗系列微纪录片《守望大同·非遗保护》等影像文献，让非遗真正活起来。

五、推进非遗基础建设工程

推进以市县非遗展示场馆建设为重点的基础设施建设，使保护成果得到有效利用和生动展示，促进全民共享。

建立大同市非遗展示馆、非遗传习中心。围绕保存保护、传承传播、展示展演、教学研究等功能，合理布局，精心布展，使大同市非遗展示馆成为大同记忆的活态展示中心，成为大同"文化强市"建设的重要标志。逐步推动区县综合性或专题性非遗展示场馆建设，推进乡镇（街道）和村级非遗展示场馆建设，鼓励多种形式的民办非遗展示场馆建设。

加强各级非遗保护管理机构和保护队伍建设。进一步发挥市非遗保护中心的业务管理和指导作用，积极开展保护工作调查研究，组织举办各类业务培训，推动保护工作深入深化。通过加强培训和业务交流，提升文化站干部保护工作能力和水平。

六、推进非遗进校园、进社区、进景区工程

进一步开展多种形式的非遗进校园、进社区活动，增强非遗传播力和生命力。扩大非遗进校园范围，促进在同高校逐步建立非遗传承基地，各区县建立非遗传承教学基地，鼓励各级各类学校开展非遗进校园传播传承活动。继续推进多种形式的非遗进社区活动，积极创建非遗主题社区、主题公园、主题广场、主题画墙等，传承社区历史文脉。加强美丽乡村建设中非遗保护传承工作，丰

富美丽乡村的文化内涵。在保护理念上体现整体性，在保护方向上体现富民性，在保护规划上体现科学性，在保护形态上体现差异性，在保护方式上体现多样性。推动非遗项目进入景区，通过提升非遗项目融入性，增强非遗展示互动性，提升旅游品质。

七、推进大同非遗影响力工程

紧紧围绕建设大同世界名城目标，充分挖掘大同优秀传统文化深厚底蕴和独特韵味，运用多种载体，加大对外文化交流力度，持续提升大同非遗的国际国内影响力。做好顶层设计和整体谋划，打造反映大同历史、人文、自然特色的优秀剧（节）目，推动大同故事、大同形象的全面展示。充分运用大同传统工艺特色优势，形成富含文化底蕴的对外交流的文化礼品，彰显大同城市性格。利用国际友好城市等交流纽带，将大同优秀非遗走出去，在更高层次、更大范围、更广领域参与对外交流与合作。举办非遗节展系列活动、民间艺术展示、传统手工技艺展、传统戏曲曲艺巡演等品牌活动和区县大型民间艺术展示展演活动。重点培育具有大同特色的传统表演艺术精品项目和民俗节庆活动，大力展示各地民情风情，积极开展非遗县际、市际、省际文化交流，提升大同市非遗的广泛影响力。

八、推进理论研究提振工程

加强非遗理论研究，积累经验，探寻规律，增强非遗保护传承科学性、有效性。进一步发挥文化专家、非遗传承人、在大同高校作用，继续深入开展非遗名录项目保护、濒危项目抢救、传承人群素养提升等实践迫切需要的理论研究。坚持以问题为导向，以创新发展为理念，分门类分层次开展重点课题调查和重点研究。以科研项目为支撑，以成果应用为拓展，以人才培养为重点，加强与高等院校、科研机构协作，整合非遗理论研究力量，推出一批前瞻性、权威性、应用性的优秀非遗科研成果，并建立研究成果相应的实践基地，促进研究成果有效转化。鼓励保护工作一线的人员总结实践经验，深化理论研讨，撰写有针对性的理论文章。积极举办各类非遗保护理论研讨会和论坛，加强对保护实践的理论指导。

九、推进数字非遗建设工程

推进大同市非遗资源数字化、服务网络化、管理现代化工作。进一步做好普查资料、各类保护载体的数字化整理工作，基本建成资料充实、结构合理、操作简便、搜索便捷、运转高效的信息化平台。开展国家级和省级名录项目音视频片拍摄制作工作，继续推动、深化《守望大同·非遗保护》系列音视频资料片的录制和传播工作。健全大同市非遗网和非遗保护工作信息平台，逐步建立非遗保护数据分析平台，提升信息化应用水平，增强服务能力。

十、推进全民参与保护工程

通过政策引领、深入宣传和搭建平台，进一步动员社会力量和广大市民多种渠道、多种形式参与非遗保护，拓展全民参与保护的良好局面。大力发展非遗保护志愿者队伍，鼓励社会各方面人士参与保护传承活动，形成市区县两级非遗保护志愿者网络。积极争取成立非遗保护志愿者协会。鼓励支持企事业单位、民营经济实体通过资助、协办等形式，参与非遗宣传展示和弘扬活动。发挥各地乡土文化人士对当地非遗资源的挖掘整理和宣传作用。继续组织提升文化与自然遗产日、非遗保护月、传统庙会等活动平台，让群众成为保护与传承传播的主体。推动非遗保护融入国民教育，完善非遗传承人参与院校教学工作机制，继续支持各地中小学开展乡土文化教育，鼓励社会力量组织非遗会展和影视创作。

第四章　文化产业振兴提质

第一节　重点文化产业提质升级

以体制机制创新和科技进步为动力，加快转型升级，优化布局结构，促进产业集聚，完善市场体系。推动文化产业营业收入、利润总额、增加值等关键指标保持稳步增长，文化产业总体规模和市场收益进一步提升，文化产业在全市经济中所占比重持续提高；推动文化市场主体数量合理增长，努力壮大中小文化企业规模，增强全市文化企业的影响力。

文化产业结构充分优化。以科技创新和文化创新推进大同文化产业的转型发展，大力培育基于互联网、数字技术、人工智能等支撑的互联网文化产业，逐渐构建高精尖的文化产业体系。进一步推动文化产业的集约发展、特色发展与协同发展，实现文化产业一体化发展格局，文化创意产业园区功能效应更加突出。

通过与第一、第二和第三产业交融实现全产业链式运作。以文化创新创业创意推动文化产业竞争力提升，促进文化创新能力、融合能力和辐射能力显著增强，加快培育和引进一批贡献率高、引领性强的优质文化企业，发展一批小而美的文化企业，增强文化产业市场活力，不断实现大同特色的文化产品和服务走出去，加快文化生产经营的网络化、数字化进程，积极促进国际文化市场竞争。

重点发展文化旅游、文博会展等优势产业，打造文化旅游演艺精品项目，加快发展创意设计、休闲娱乐、广播电视、出版印刷等传统产业门类，推动文化与工业、金融、科技、康养、教育等产业门类的融合与互动，不断催生新型文化业态，推动文化产业升级。实施文化产业数字化战略，大力培育新型文化企业、文化业态、文化消费模式。改造提升传统文化业态，提高质量效益和核心竞争力。

一、文化旅游业

大力实施文旅振兴战略，努力把大同建设成国际知名文化旅游目的地、京西长城文化旅游城镇群和晋冀蒙交汇区旅游圈的核心区。加强与京津冀、晋冀蒙等周边省市及山西北中部城市的旅游经济合作，共同打造精品旅游线路，共同开辟国内外客源市场。做优做深文旅融合发展这篇大文章，发展全域旅游，围绕大同市旅游品牌，打造核心景区，提升游山西·读历史的文化旅游整体形象。加强旅游配套建设，提高吃住行游购娱的综合服务。

创新旅游产品，依托大同历史文化、人文资源、文物古迹、自然资源等，开辟具有大同特色的历史文化旅游、工业文化旅游、生态文化旅游、红色文化旅游等，积极推进旅游产品的多元化发展。

二、文化演出业

与国内旅游演艺头部企业合作，整合现有资源，吸引社会投资，以市场为导向，提升节目创意，推出1—2部在国内具有影响力和美誉度的大型实景演艺精品。

对现有演艺项目进行优化提升，大力发展演艺业、文娱中介业、群众文化业和艺术培训业等。以古城大型演艺、煤气厂工业遗址音乐文化产业园等为支撑，努力建设满足不同消费需求的现代娱乐市场体系。

着眼文化与旅游、商业、科技、媒体、资本、市场的融合，打造演艺剧目创作生产、营销推介、演出场所等完整的产业链。

培育市场主体，打造一批品牌企业，建立演艺中介组织，发展文化经纪、演出策划、咨询评估、市场调查、票务代理等，提高文化产品和服务的市场化程度。

完善场馆设施建设，新建、改建一批专业演出场馆，引导演艺娱乐业向规模化、品牌化、连锁化、超市化方向发展。

三、文博会展业

擦亮"博物馆之城"的名片，打造百座博物馆，能够涵盖各个历史时期，包含丰富特色主题和内容。

重点发展文物博览、文物仿制品、文物商店、交易会展及其相关服务业，推进文化会展博览业的市场化、专业化、产业化进程。

紧抓服务创新，培育壮大参展客商网络。整合文化产业资源，精心策划组织艺术会展，强化品牌意识。依托博物馆，形成以文物复制品为主导的研发、文博鉴赏培训、复制品生产、销售等一体化的文博产业。

依托历史文化街区的改造，建设文玩销售网络，成为晋北、晋冀蒙区域中心市场。

四、创意设计业

突出地域特色，实行错位发展，扶持创意企业做大做强。依托各地优势文化企业建设文化创意产业园，重点发展工业设计、剪纸、金属加工、书画创作、雕刻设计生产等具有大同特色的产业园区。充分发挥园区对创意设计企业的培育、集聚、示范和推动作用，为创意设计企业搭建优质服务平台，培育具有竞争力的品牌园区、品牌产品、品牌企业，促进文化创意产业集群的形成。以老旧厂房改造和产业转型为依托努力扩展文创空间，以大项目带动文化创意产业的集聚化和特色化发展，争取形成以国家级园区为龙头、以省级园区为支撑、以市级园区为基础的三级园区发展体系和格局。

积极挖掘、开发和整理民间工艺品资源，建立传统工艺研发机构和工艺品生产制造基地，吸引民间资本进入传统工艺品生产领域，健全行业标准和工艺规范，加强传统工艺品生产专利技术申报、技术转让和知识产权保护力度。

五、休闲娱乐业

大力发展文化娱乐和群众性体育休闲，培育体育休闲消费市场。发挥方特主题游乐园的带动引领作用，提升万龙白登山国际滑雪场、魏都生态水上乐园、晋华宫矿山公园等内涵建设，挖掘古城资源，不断创新休闲娱乐方式和内容，将休闲与商业、休闲与演艺、休闲与体育等结合起来，按照现代商业运作模式整合各地休闲娱乐资源。培育区域性休闲娱乐中心和跨区域的休闲娱乐中心，促进休闲娱乐企业的空间集聚。

六、广播电影电视业

全面提升广播电视产业发展能力，通过政策引导、政府推动市场运作整合广播影视产业资源；守正创新，着力巩固壮大主流思想舆论；以抢抓新技术、新业态、新消费带来的发展机遇为契机，以数字化改造提升传统产业，大力推进广电媒体融合转型，打造新技术应用、新业态孵化平台，培养引进行业领军人才和青年人才队伍；以深化广播电视与新一代信息技术融合创新为重点，推动广播电视从数字化、网络化向智慧化发展，从功能业务型向创新服务型转变，开发新业态，提供新服务，激发新动能，引导新供给，拉动新消费，为智慧城市、乡村振兴和数字经济发展提供有力支撑，让广电业务在新时代获得新拓展、注入新动能。大力培育广播影视内容产业，实施多元化发展战略，不断延伸产业链条，做大做强有线广播电视网络产业。

建设影视基地，利用特色资源，开发汉魏、辽金、明清等历史主题，以及现当代工业文化主题，黄土风情主题，长城边塞文化主题影视基地。筹集吸引资金，构建电影发展良好生态，推动电影产业发展。

七、数字文化产业

促进文化产业与数字经济、实体经济深度融合，构建数字文化产业生态体系。

1. 加快新型基础设施建设

支持面向行业通用需求，建设数据中心、云平台等数字基础设施，完善文化产业云网端基础设施，打通数字化采集—网络化传输—智能化计算数字链条。鼓励数字文化企业参与企业级数字基础设施开放合作，完善文化产业领域人工智能应用所需基础数据、计算能力和模型算法，推动传统文化基础设施转型升级。加强 APP、小程序等移动互联网基础设施建设，完善文化领域数字经济生产要素，促进产业互联互通。主动对接新基建，用好新基建政策、平台、技术，提升数字文化产业发展水平。

2. 继续加快秦淮数据、中联数据、普云数据、华为数据中心项目扩能步伐，年内实现新增投资 300 亿元

全力聚焦京东、字节跳动、拼多多、美团、快手等一流互联网企业，加快布局发展数据呼叫、数据标注、数据清洗等大数据应用产业，逐步形成千亿级产业集群。

3. 加强内容建设

培育和塑造一批具有鲜明大同文化特色的原创 IP，加强 IP 开发和转化，充分运用动漫游戏、网络文学、网络音乐、网络表演、网络视频、数字艺术、创意设计等产业形态，推动优秀传统文化创造性转化、创新性发展，继承革命文化，发展社会主义先进文化，打造更多具有广泛影响力的数字文化品牌。

4. 推动技术创新和应用

围绕数字文化产业技术创新需求，集聚文化和旅游部重点实验室、骨干企业、高校院所、研究院、研发中心等创新机构资源，加快数字化转型共性技术、关键技术研发应用。支持建立产学研用协同合作的产业技术创新联盟，推动跨行业、跨部门、跨地域成果转化。支持 5G、大数据、云计算、人工智能、物联网、区块链等在文化产业领域的集成应用和创新，建设一批文化产业数字化应用场景。推进企业、高校、科研机构间技术要素流动，鼓励通过许可、转让、入股等方式推动技术要素向中小微企业转移。

5. 培育市场主体

培育一批具有较强核心竞争力的大型数字文化企业，引导互联网及其他领域龙头企业布局数字文化产业。支持新技术、新业态、新模式企业发展，扶持中小微数字文化企业成长，培育一批细分领域的"瞪羚企业"和"隐形冠军"企业。发挥产业孵化平台和龙头企业在模式创新和融合发展中的带动作用，通过生产协作、开放平台、共享资源等方式，带动上下游中小微企业发展。引导支持文化企业加大对数字技术应用的研发投入，支持自主或联合建立技术中心、设计中心等机构，推动产品服务和业务流程改造升级。

6. 培育云演艺业态

推动 5G+4K/8K 超高清在演艺产业应用，建设在线剧院、数字剧场，引领全球演艺产业发展变革方向。建设互联网＋演艺平台，加强演艺机构与互联网平台合作，支持演艺机构举办线上活动，促进线上线下融合，打造舞台艺术演播知名品牌。推动文艺院团、演出经纪机构、演出经营场所数字化转型，促进戏曲、曲艺、民乐等传统艺术线上发展，鼓励文艺院团、文艺工作者、非遗传承人在网络直播平台开展网络展演，让更多的青年领略传统艺术之美。培养观众线上付费习惯，探索线上售票、会员制等线上消费模式。提高线上制作生产能力，培育一批符合互联网特点规律，适合线上观演、传播、消费的原生云演艺产品，惠及更多的观众，拉长丰富演艺产业链。

7. 丰富云展览业态

支持文化文物单位与融媒体平台、数字文化企业合作，运用 5G、VR/AR、人工智能、多媒体等数字技术开发馆藏资源，发展互联网＋展陈新模式，打造一批博物馆、美术馆数字化展示示范项目，开展虚拟讲解、艺术普及和交互体验等数字化服务，提升美育的普及性、便捷性。支持展品数字化采集、图像呈现、信息共享、按需传播、智慧服务等云展览共性、关键技术研究与应用。推进文化会展行业数字化转型，引导支持举办线上文化会展，实现云展览、云对接、云洽谈、云签约，探索线上线下同步互动、有机融合的办展新模式。

8. 发展沉浸式业态

引导和支持虚拟现实、增强现实、5G+4K/8K 超高清、无人机等技术在文化领域应用，发展全息互动投影、无人机表演、夜间光影秀等产品，推动现有文化内容向沉浸式内容移植转化，丰富虚拟体验内容。支持文化文物单位、景区景点、主题公园、园区街区等运用文化资源开发沉浸式体验项目，开展数字展馆、虚拟景区等服务。推动沉浸式业态与城市公共空间、特色小镇等相结合。开发沉浸式旅游演艺、沉浸式娱乐体验产品，提升旅游演艺、线下娱乐的数字化水平。发展数字艺术展示产业，推动数字艺术在重点领域和场景的应用创新，更好地传承中华美学精神。

9. 提升数字文化装备实力

瞄准数字文化领域关键核心技术装备，实现重要软件系统和重大装备自主研发和安全可控，提升数字文化装备制造水平。加强高端软件产品和装备自主研发及产业化，支持内容制作、传输和使用的相关设备、软件和系统的自主研发及产业化。加强工业互联网、物联网、车联网在智能文化装备生产各环节的应用，提升沉浸式设施、无人智能游览、可穿戴设备、智能终端、无人机等智能装备技术水平。支持文物和艺术品展陈、保护、修复设备产业化及应用示范。

第二节　文化产业集聚发展

大力发展园区经济，推进文化资源向产业带、园区集中，优先发展创新型文化产业园区（基地）。加强园区公共技术、投资融资、综合服务等保障体系建设。促进传统文化资源转化为产业发展项目，积极开发特色文化园区。

一、四大文化旅游区

（一）云冈文化旅游区

认真贯彻落实习近平总书记视察云冈石窟重要讲话精神，以云冈石窟为龙头，以《云冈峪文化长廊景区旅游总体规划》为引领，突出"中国的云冈，世界的云冈"文化理念，深挖世界文明交流交融及人类命运共同体价值，坚持保护第一、保护优先，在保护的前提下，通过旅游让人们感受体验中华文化，实现东西方文化交流，增强中华民族共同体意识。同时加快晋华宫矿山公园、高山古镇优势旅游资源整合，实现云冈石窟—晋华宫矿山公园一体化发展。

（二）古城文化旅游区

坚定不移把保护古城文物、延续古城文脉、传承古城文化作为文旅发展的核心内容，继续推进古城保护建设。实施好古城十字大街风貌修复、府衙保护修复、代王府东西两侧项目、九龙壁周边环境整治等一批建设项目，持续推进"博物馆之城"建设。支持市场和各类企业参与古城保护开发建设，加快培育云路街、鼓楼东西街等文化旅游业态，努力让古城活起来、火起来，全面提升中国古都·天下大同的知名度和影响力。

（三）恒山文化生态旅游区

加快实施浑源古城历史文化街区提质改造项目建设，实施永安寺、浑州署衙周边环境整治工程，配套完善古城旅游服务中心、停车场、旅游厕所以及标识引导等基础设施，一体推进恒山景区、浑源古城、神溪湿地、汤头温泉等景区景点提质增效，全力塑造"恒久北岳、厚道浑源"全域旅游品牌形象。对标对表，补齐短板，完善基础公共服务设施，提升旅游综合服务能力。加快推进恒山5A级景区创建，建设大恒山景区。建设北岳恒山国家森林公园、大泉山生态旅游区、桑干河康养产业集聚区，打造恒山生态文化旅游带。

（四）长城文化旅游区

以长城一号旅游公路为轴，统筹串联天镇、新荣、阳高、左云，以"游大同长城、赏古堡风情、品边塞文化"为主题，建设摩天岭、得胜堡、守口堡、李二口等特色景点，建设一批长城人家，发展长城沿线古村古堡游，讲好大同长城故事，让中国古都·塞上长城成为大同文旅的新金字招牌。建设长城国家文化公园。聚焦"塞上长城"金字文旅品牌，突出文化引领，注重文旅融合，重点培育打造"一带三园一区一基地"文旅融合精品重大项目。

二、四大文化产业园区

（一）开源一号文化创意园区

在煤气厂原址基础上，以文化创意产业市场、演艺和艺术产业化为主导，充分发挥产业集聚效应，通过招商、人才的培养与培训，项目的示范带动等手段，孵化一批具有创新理念与市场意识的音乐演艺、休闲娱乐、艺术设计、影视文化、文创、民俗、研学基地、教育培训、国学基地、艺术家驻地、心理调节机构等项目打造并完善文化产业链，形成系列文化产业化发展群落。同时，发展商业配套，带动园区餐饮、住宿、文体等相关产业的发展，将工业文化符号与大同文化的内涵相结合，打造成省内示范型、综合型、门类齐全的文化创意产业园区。

（二）大同市文化创意众创空间

大同市文化创意众创空间位于大同古城核心街区，毗邻国家级文物景区，是众多文化创意人才流动汇聚之地。汇聚了软陶、扎染、壁画、烙画、刺绣、油画、黏土等各类现代技艺的 DIY 体验区与手工坊，配备咖啡、简餐、书吧、休闲区、非遗技艺体验区、产品展示销售区。需要进一步提升产业功能，打造成以创业辅导为基础，项目孵化为核心，文化金融为支撑，吸引大同文创人才，集投融资服务、互联网众筹、文化产业链服务、办公场地、创意发布和展示、创业辅导培训、相关创业配套服务等一体的综合型创业服务平台。

（三）大同市广灵剪纸文化产业园区

广灵剪纸被列入国家级非遗名录。园区已建成广灵剪纸文化艺术研究中心、剪纸艺术博物馆、九连环四合院剪纸民俗宾馆等文化设施，兴办了大同市广灵剪纸职业培训学校和大同市广灵剪纸技工学校，并在国内多个地区设立了展示厅和专营店，打造出一条融研发、生产、展示、销售、人才培养于一体的具有浓郁地方特色的文化产业链条。

（四）吉家窑陶瓷小镇

吉家窑是由中国陶瓷艺术大师带领陶瓷工艺团队创立的以黑陶文化为核心

的陶瓷与陶艺创作基地，依托于吉家庄新石器时代文化遗址，并将其传承、发展，所以窑口取名为吉家窑。团队经过努力钻研，复原了唐代九大窑口之一的浑源窑的宫廷秘制釉色——茶叶末釉，并利用大同当地的陶土及矿物，创造出大同独有的釉色——吉釉。现吉家窑陶瓷基地规模 3000 平方米，陶瓷工艺团队 30 余人，中国陶瓷工业协会黑陶专委会、中国黑陶艺术研究所也落户大同吉家窑陶瓷基地。

三、新建打造三大文化产业集聚区

（一）古城文化产业创新试验区

试验区以大同古城内 3.28 平方公里为核心承载空间，将重点发展创意设计业、动漫游戏业、演艺娱乐业、艺术品交易业、数字文化产业、文化贸易业六大产业，打造文化产业协同创新中心、文化产业金融服务中心、文化创意及设计产品会展中心等一批功能性、平台性项目。

盘活古城文化资源，打造"艺术古城、创意新区"文化创意产业集聚区。古城区是历史文化名城大同的重要组成部分，古城内的多项重点保护文物记录和展示了大同的历史轨迹和名城风貌。大同古城墙、代王府、九龙壁、华严寺、善化寺、鼓楼、四牌楼、纯阳宫、五龙壁、清真大寺，具有重要的文化价值。古城一直是大同建筑文化、商业文化、民俗文化积淀深厚的特色历史街区，是大同历史文化的精粹，是城市发展的记忆。这里古都风貌韵味浓厚，历史文化资源丰富，传统商业基础雄厚，旅游休闲设施完善，具有核心吸引力。

加快文化体制改革先行先试，积极探索促进文化产业发展的新路径、新手段，力争把实验区建设成为文化产业改革探索区、文化经济政策先行区、产业融合发展示范区，促进文化产业规模化、集约化、专业化发展，努力为大同市文化体制机制创新提供新的经验。

确定好集聚园区发展的文化主题，清晰定位，使集聚区内各企业既分工又合作，避免无序竞争。实验区将重点发展创意设计、演艺娱乐、艺术品交易、数字文化产、文化贸易等产业，并将建设文化产业协同创新中心、文化产业金融服务中心、文化产业人才培训中心、文化创意及设计产品会展中心、云计算及数字文化产业发展中心、文化企业总部基地等一批功能性、平台性项目，涵盖文化古城：艺术家村、音乐会、展览、教育设施、博物馆；时尚古城：时尚设计、娱乐体验、数字艺术、高档商业；乐活古城：便捷的交通网络，先进的配套设施，生活、艺术、工作融合，健康、可持续的生活方式，慢行空间、旅游休闲、体育设施；艺术古城：艺术试验田、音乐广场、艺术工作室、艺术馆。

完善集聚区公共服务平台。文化创意产业集聚区会集纳很多企业，各企业需要相互沟通、交流、合作等，需要共享交通、通信等公共设施，需要得到金融、咨询、培训、交流等有效服务。各集聚区要积极搭建和完善基于培训、咨询、中介、投融资、知识产权保护、交流展示等良好的公共服务平台，为集聚区企业排忧解难，提供优质服务，使文化创意产业集聚区健康有序发展。

加强文化创意产业链建设。文化创意产业集聚区如果缺乏完整的、较长的产业链，就会出现同质产品相互竞争而导致经济效益下降等严重问题。所以，发展文化创意产业集聚区必须建立起完整的文化创意产业链，并尽量拓展延伸，以形成规模，获得最大经济效益。同时，为避免或减少集聚园区竞争内耗，还必须强化集聚区内各企业的分工协作，优化和有效整合相关资源，将创意人员的创意成果转化为企业的经营资源，并尽可能延伸产业链，从而实现创意产品的市场化和产业化。

（二）打造高校文化创意中心

以大同大学为依托，规划建设高校文化创意中心，整合高校优势资源，以"大学生创新创业孵化器和教师科研创作成果转化器"为功能定位，培育文化创意企业，形成较为完整的文化创意产业链，集科学研究、人才培养、产品研发、文化传承与创新于一体的文化创意产业公共服务平台，为大同文化创意产业发展提供强有力的智力支持。

1. 高校文化创意企业孵化器

通过提供研发、生产、经营的场地，通信、网络与办公等方面的共享设施，系统的培训和咨询，政策、融资、法律和市场推广等方面的支持，降低文化创意企业的创业风险和创业成本，提高文化企业的成活率和成功率，打造产业集群，推动文化产业发展，具有创业、孵化、实验、研发、培训、展示、交易、示范、辐射等多种功能。作为成功培养创意型企业、创意产业业态和创意产业者的文化经济组织，文化创意产业孵化器是加快文化创意产业基地和区域性特色文化创意产业集群建设的重要载体。高校文化创意产业孵化器充分利用大学开展文化创意产业孵化的有利条件和潜力优势，是实现文化创意产业人才培养、创意成果转化和服务创意经济的重要平台，具有强大的创意资源聚合与创意辐射能力。

2. 文化科技开放实验平台

文化科技开放实验平台旨在激发大同地区高校师生在文化与科技融合实践领域的探索，引导其将创意转化为产品，继而享受政策扶植并发展成立文化企业，促进环高校经济带的产学研一体化进程。文化科技开放实验平台主要依托美术学院、文学院、云冈研究院和作为共享平台的公共基础等实验中心，联合理工科专业实验，建立共性技术研发平台，为文化创意产品的设计、研发提供实验平台。

3. 文创人才教育与交流平台

在高校文化创意中心下搭建文化创意产业人才教育与交流平台。该平台通过课内教学与课外实践相结合，增强创意人才的市场观念、品牌意识；依托平台增进各学校间的对话互访，共同提高；定期举办职业培训与讲座，扩大人才交流，实现资源共享；深入企业学习实践，完成在校学习与工作中的继续学习的无缝对接。进一步释放人才资源潜力，将资源优势转化为产业优势。通过聚集专业人才，搭建系列人才交流与合作平台，为区域的文化创意产业发展服务。

（三）老旧厂房改造文创集聚区

大同市老旧工业厂房、仓储用房及相关工业设施数量众多，建筑风格独特，承载着近现代大同工业发展的历史记忆，是传承发展历史文化、促进城市有机更新的重要载体和宝贵资源。保护利用好老旧厂房，充分挖掘其文化内涵和再生价值，兴办公共文化设施，发展文化创意产业，建设新型城市文化空间，有利于提升城市文化品质，推动城市风貌提升和产业升级，增强城市活力和竞争力。

以同煤老旧矿区、齿轮厂、蒸汽机车厂、煤气公司为重点，在普查登记、评估认定基础上，对照大同市国民经济和社会发展规划及土地利用、文化发展等相关规划，研究编制老旧厂房保护利用专项规划，明确大同市老旧厂房保护利用的范围、对象和层级，制定出台工业遗产专项规划及保护利用管理办法。

挖掘老旧厂房空间资源，承载文化馆、图书馆、博物馆、美术馆、实体书店、艺术影院、非遗展示中心等文化设施功能，提升公共文化服务保障能力；聚焦文化创意产业创新发展，积极推动达到一定规模和符合建筑标准的老旧厂房资源向文化创意产业园区转型，对接导入高端项目资源，实现经济效益和社会效益相统一。

切实履行政府职能，按照整体规划、合理布局、明确标准的思路，有序推进老旧厂房保护利用工作；充分发挥企业主体作用，支持以厂房租赁、企业资产重组、托管经营等多种方式，实现市场化运作。

坚持保护优先，科学利用。高度重视老旧厂房的工业遗产价值，该保则保、以保定用、以用促保，保护与再利用并举。科学分类，因类施策，做好保护性利用和创新性改造。严禁盲目拆建，避免过度改造。

四、三大专业生产交易集散基地

（一）铜器、文物工艺品生产基地

大同铜器制作技艺被列入国家级非遗名录。铜器产品系列有旅游工艺品、民用工艺品、文房四宝、奖杯、奖牌等。旅游工艺品包括：雕龙火锅、御锅、梅花火锅等，民用工艺品包括：铜锅、铜盆、铜壶、铜酒具、铜餐具等。积极开发利用大同铜器传统制作技艺，加快构建包括研究创作、收藏、展示、设计、生产、加工、交易等工艺品产业一体化，完善工艺品产业链。

建设文物工艺品生产基地，加强创意研发，开发大众化工艺品，扩大工艺品消费群体。重点拓展文物工艺品"飞天结艺"、大同木雕、广灵剪纸、康氏绢人、书画工艺品、玉石工艺品、金属工艺品、矿石工艺品等专业市场，搭建公共交流交易平台，举办国际性、全国性或地区性的艺术品鉴赏、交流、展销活动。

（二）银器生产基地

以大同宗银、银星、金泰为龙头，带动相关企业，进行白银冶炼及深加工，生产银质旅游文化纪念品、徽币、器具，形成产业集聚。

（三）艺术品交易基地

依托魏都古玩城、昊雅古玩城、大同潘家园项目，打造华北工艺美术、艺术品交易集散基地。

结合大同本土文化特色，构建文化艺术品的交流交易平台，与确权公证、鉴定估值、保险保管、资金存管清算、艺术品登记等第三方服务机构深度合作，提供更加完善的展会服务，融入展览、拍卖、艺术品典当等多元化内容。

构建文化艺术类资产所有权及相关权益流通服务体系，全力打造文化创作者和文化消费者满意和信赖的艺术品交易、投资收藏、文化交流、教育培训、信息发布、展览展示、项目推介和投融资服务平台，逐渐形成一条具有自身特色的组合产业链。

五、四大主题娱乐园

（一）大同方特欢乐世界

位于平城区，总占地面积约 800 亩，是晋冀蒙地区高科技主题乐园。大同方特欢乐世界以科幻和互动体验为特色。大同方特欢乐世界由飞越极限、生命之光、逃出恐龙岛、魔法城堡、唐古拉雪山、火流星、海螺湾、华夏五千年、熊出没、脱口秀等 20 多个主题项目区组成，涉及主题项目、游乐项目、休闲及景观项目等 200 多项。下一步需要进一步结合本土文化特色，加大 IP 开发力度，研发更多高品质的文旅体验项目，同时加强景区提质升级，注重游客群的打造，配合时间节点加强营销。

（二）大同万龙白登山国际滑雪场

万龙白登山滑雪场规划总占地面积 246.28 公顷，是大同市首家大型专业滑雪场。滑雪场最高海拔约 1240 米，垂直落差 122 米，打造雪场夜场的照明灯光，是以初中级滑雪娱乐为主、高级滑雪为支撑的运动滑雪休闲胜地，吸引京津冀等周边地区的游客前来感受滑雪的欢乐，品味地方民俗的独特。未来将陆续投建冰雪小镇、温泉酒店及房车营地等，进一步丰富大同现代休闲体验游项目。

（三）晋华宫矿山公园

晋华宫矿山公园位于晋煤控股集团晋华宫矿，2012 年 9 月 7 日建成开园，成为我国首批国家矿山公园之一。晋华宫矿山公园是国家及省市重点支持的云冈域旅游景点配套项目，以晋华宫矿煤都井下探秘游项目为依托，凭借与云冈石窟隔河相望的地理位置，依靠悠久的采煤历史文化和罕见的侏罗纪煤层地质奇观，获得国家 4A 级旅游景区称号。

（四）大同魏都生态水上乐园

大同魏都生态水上乐园是一个集水上乐园、韩国汗蒸、中西餐厅、酒店客房、商务会议、农业采摘、滑冰滑雪、休闲垂钓等为一体的大型综合性娱乐项目，项目总占地面积 34 万平方米，总投资约 5.2 亿元。它是山西省目前最大最全面的生态旅游休闲综合体，也是集大型水上公园娱乐项目，温泉、游乐园、游泳、桑拿、汗蒸、会议及休闲度假为一体的旅游观光综合体。

六、文化＋产业集群

为传统产业注入新的活力，催生新产业、新创意、新业态，文化＋是文化要素与经济社会各领域更广范围、更深程度、更高层次的融合创新，推动业态裂变，实现结构优化，提升产业发展内含的生命力。加大资源挖掘、要素整合、产业耦合力度，在各种业态之间架起桥梁，实现文化产业由初级阶段表层融合向高级阶段深层融合的过程。文化作用于产业发展，主要体现在四个方面：强化精神动力，引领产业发展；增加文化含量，优化产业结构；激发创新创意，增强产业活力；激活消费潜能，拓展产业空间。

（一）文化 + 康养集群

以桑干河流域火山、温泉、冰雪及乡村旅游资源为重点，结合大同市生物医药和大健康产业集群建设，依托两大医药园区以及新国大现代医药健康产业园、库邦医药中间体等项目，深入挖掘大同市文化宗教生态资源，拓展康养医养文化市场，建成品牌化、特色化、规模化康养产业集群。同时充分发挥大同市"夏都""大同蓝"等品牌优势，以及大同中医药资源优势，以"火山颐养、田园乐养、长城趣养、湿地康养、温泉疗养"为支撑的大同情境式康养模式，构建以生态、温泉、冰雪与乡村相交融的康养产业。积极做好康养旅游产业营销宣传，做好顶层设计，制定政策，建好平台，谋划项目，推动全国综合康养产业区建设。

（二）文化 + 通用航空产业集群

提升中德通航产业园的文化内涵，完善教育、文旅、服务功能，形成集研发制造、高端服务、教育培训、文化娱乐、生态休闲等为一体的综合型产业园区。锚定北航长鹰蜜蜂飞机制造、大同航空动力轻型活塞发动机、山西通用航空职业技术学院二期、灵丘机场、阳高机场等重大项目，培育中低空旅游新业态，规划精品线路，策划举办航空会展、论坛、飞行者大会、航空嘉年华等精品活动，打造航空文旅发展环境，抢占低空旅游领域发展先机，形成多板块互补性产业发展生态圈，打造中国航空研学旅游目的地。

（三）文化 + 羊毛羊绒产业集群

助力中银羊毛羊绒产业链生产基地建设，积极谋划晋蒙地区羊毛羊绒交易平台、毛纺产业研究中心、中西部绒毛大数据平台等项目，推动羊毛羊绒全产业链发展。挖掘大同边塞文化、边贸文化和民族交融历史，突出大同"丝路起点"的文化地位，丰富中银基地文化内涵，以羊毛羊绒生产为引擎，推动纺织服饰创意设计、品牌推广、展示发布、人才培训、大师工作室等板块的设立，按照民族化、国际化、产业化、高端化、创意化的发展目标，将基地的羊毛羊绒创意设计打造成行业标杆。

（四）文化+黄花产业集群

深入贯彻习近平总书记视察山西重要讲话、重要指示，牢记"把大同黄花保护好、发展好，做成大产业，做成全国知名品牌，让黄花成为乡亲们的'致富花'"重要指示，全面落实山西省委"四为四高两同步"总体思路和要求，进一步建立健全大同黄花种植、加工、营销三大体系，夯实全产业链开发、全价值链提升、全政策链扶持三大支撑，完善"三三三"脱贫增收产业模式，稳基地，提质效，促融合，强产业，保护好、发展好大同黄花特色优势产业，成为大同市巩固拓展脱贫攻坚成果，引领示范乡村产业振兴的主导产业、强农富民产业。

依托创建大同黄花国家现代农业产业园和大同国家农业科技示范园区工作，以黄花为主打造景观农业，带动农文旅融合发展。广泛开展具有乡土特色的文化活动，推动文化与特色农业有机结合，提升农产品文化附加值。组织举办黄花旅游活动月，推出黄花菜品展示大会和黄花产业发展论坛。

突出种植标准化、加工标准化、品牌标准化三个标准化生产，做好"保护好"这篇文章；强化科技型支撑、全产业链发展、保姆式服务、多渠道营销、融合式发展五个产业化环节，做好"发展好"这篇文章。

（五）文化+"六新"产业集群

加强文化创意和设计服务与大同市新材料产业集群、装备制造产业集群、节能环保产业集群建设的对接，提升文化创意和设计服务企业服务"六新"产业的能力，支持基于新技术、新工艺、新设备、新材料的应用设计和文化内涵开发，进一步提升实用功能和审美性，促进工业设计向高端综合设计服务转变，推动工业设计服务领域延伸和服务模式升级。同时推动在生活消费品制造中引入创意设计元素，提高附加值，引导消费升级。鼓励文化企业与制造企业深度合作，通过形象授权、限量复制、加盟制造、委托代理等形式开发文化衍生产品，推动文化创意和设计服务渗透到制造业产品生产、销售流通、宣传推广全过程。

（六）"文化飞地"产业基地

积极推动跨区域协同发展，探索实施"飞地经济"新模式。加强与京津冀、长三角、粤港澳大湾区的创新合作，共建成果转化服务中心、离岸创新孵化基地，提升科技创新能力，建设"文化飞地"产业基地。

七、企业集群培育

实施大企业带动中小企业集群化发展战略，推动文化资源与要素适度向优秀企业集中，各行业门类形成一批主导企业，各地区培育一批骨干企业。支持有条件的文化企业实施跨地区、跨行业、跨所有制兼并重组，打造一批在全国有影响的重点企业。

（一）打造、提升骨干文化企业

大同日报传媒集团：推进集团多元化发展，形成内容生产、媒体广告、发行配送、印刷印务、策划创意、数字出版、文博会展、论坛演艺、教育培训、文化旅游十大产业格局。

大同演艺集团：朝着"一主两翼"的格局发展，以艺术创作和演出为主，兼顾文化产业和文艺教育。打造成集人才培养、文艺创造、艺术生产、演出经纪等多种功能为一体，在全省乃至周边省份都具有市场竞争力的一流文化企业。

大同广播电视集团：以大同广播电视台为主体，组建广播电视集团，重点发展影视传媒业、动漫游戏业。积极投入当地影视基地建设中，面向国内外引进优质传媒资本，共同组建合资公司，成为晋北传媒产业中心。

大同新闻网：充分运用互联网传媒手段和大同新闻资源，以其权威、全面、快捷、亲切的特点，成为大同市最具权威性的网络信息汇集中心和对外宣传平台。

大同文旅集团：以文旅资源的优化整合、文旅产业的融合发展和文旅项目的拓展开发为主要经营内容，专业从事文化旅游产业发展。打造大同市文化旅游产业"旗舰"和国内外旅游市场"尖兵"，以全产业链布局为导向，聚焦文旅主业发展，强化创新驱动，突出项目支撑，构筑景区运营、酒店管理、智慧旅游、康养产业、综合能源、海外园区、产融结合、资产管理等板块，形成协同发展的产业格局。

（二）发展中小型文化企业

青年创业孵化：设立专项创业基金，以大同市为主，面向晋北、晋冀蒙地区进行青年创意征集大赛，重点扶持在校和应届毕业生自主创业，鼓励 10 人以下创业型企业的建立。

培育微型企业：在重点文化产业门类中发展专业性微型企业，与龙头企业形成企业集群，培育 5—10 人，注册资本 10 万元以下的创意型企业，为文化产业发展提供生产性服务。

培育创新主体：落实全省企业技术创新领跑计划、强筋计划、育苗计划，牢固树立企业是创新主体的理念，增强企业自主创新能力，年内高新技术企业达到 100 家，逐步形成大中小接续创新、强中弱梯次推进的创新主体培育体系。充分发挥科创园和中科院热物理研究所大同分所等平台作用，推动规模以上企业研发活动实现"从有到强，从强到专"的跃升。鼓励大企业牵头组建创新联合体开展"六新"攻关，推动企业与各类创新主体融通创新。支持大同大学建设重点学科、协同创新中心和重点实验室。

八、市场体系建设

促进以公有制为主体、多种所有制共同发展，形成多元投入格局。重视非公有资本在资本运作、生产管理、技术运用、市场营销等方面的优势，鼓励和引导非公有资本参与发展文化事业产业，培育一批大型民营文化企业，为文化建设注入新的血液和发展动力；促进文化产业和要素在全市范围内合理流动，充分发挥市场在资源配置中的积极作用，缩小城乡文化发展的差距，推进企业兼并重组，淘汰落后产能，加快文化产业产品结构调整；促进物流配送、电子商务等现代流通组织和流通形式的发展，构建全市文化流通网络。

（一）构建多元发展格局

鼓励、支持和引导非公有资本以多种形式进入政策许可的文化产业领域。

积极引导和规范个体、私营资本投资组建的非公有文化机构，以内容提供、项目投资等方式加强与国有文化企业的合作，参与文化产品和服务的提供。进一步创新文化体制机制，为各种生产要素参与文化发展提供平等机会。结合各区县特点，重点在新闻出版、演艺娱乐、广告会展领域加大中小型企业扶持，形成龙头企业带动、中小企业活跃的企业生态环境。

（二）逐步完善文化要素市场

破除以区县行政区划为标准的文化市场建设，摒弃文化要素流动中的区域封锁、市场分割思想，以大文化市场的理念引导文化资源合理流动。重点推进优势、新型文化产品和服务的开发，促进科技、资本、人才等资源向新型文化业态流动，从而优化产品结构。

（三）发展现代流通组织和流通形式

推进出版物发行网点建设，提高资源利用效率。以图书超市和图书市场为依托，以新华书店和民营发行业为两翼，以连锁、零售、农家书屋等形式互为补充、互动发展的覆盖有序、布局合理的发行网络。支持新华书店发展为晋冀蒙毗邻地区的图书配送中心。继续繁荣发展民营书业，做大做强图书音像批发市场。鼓励利用技术通信等高新技术，发展网络书店、电子交易平台等各种形式的现代出版物交易系统。

第五章　文化旅游融合发展

第一节　配置资源，合理布局

文化旅游产业要作为构建现代产业体系的关键一环，借势高铁经济，加快壮大大同文化旅游产业，主动迎接大众旅游、全民旅游时代的到来。在打造硬基础方面，全面实施云冈景区大扩容、恒山旅游大提升、古城建设大提速、长城景区大整合、火山景区大完善，加快推进云冈古镇、恒山生态公园、长城一号国家风景道等重点项目，进一步开发平型关、桑干河、晋华宫、温泉、冰雪旅游景区，形成四季宜游的全域旅游发展格局。

一、发挥大同文化优势，构建"一核三带"全域旅游格局

以大同古城为核心，打造"全域布局、全景覆盖、全局联动、全业融合、全民参与"的大旅游格局。

北部长城历史文化旅游带。以长城一号旅游公路为轴，统筹串联天镇、新荣、阳高、左云，以"游大同长城、赏古堡风情、品边塞文化"为主题，建设摩天岭、得胜堡、守口堡、李二口等特色景点，建设一批长城人家，建设大泉山生态旅游区，发展长城沿线古村古堡游，讲好大同长城故事，让中国古都·塞上长城成为大同文旅的新金字招牌。

中部生态休闲康养旅游带。以大张高铁和高速公路为轴，串联阳高、云州、平城、云冈，完善构建市县乡三级旅游公路线串联特色农业、温泉康养、边塞体验、生态山岳、火山地质、非遗民俗、红色文化、剪纸艺术等文化组团，打造生态休闲康养旅游服务带。

南部恒山生态文化旅游带。以荣乌高速为轴线，以恒山山脉的自然生态风景为依托，统筹灵丘、浑源、云州、广灵等地，建设北岳恒山国家森林公园、桑干河康养产业集聚区，打造恒山生态文化旅游带。

二、培育文化旅游新业态，激发产业发展新动能

（一）丰富文旅融合产品供给

非遗＋旅游。建立适应文旅融合发展要求的非遗名录，择优包装一批非遗项目进旅游景区、旅游度假区、乡村旅游区。完善非遗生产性保护示范基地旅游功能，培育发展工业旅游、文创旅游、定制旅游等新业态，开发一批非遗主题旅游景区、旅游小镇、旅游特色村。

博物馆＋旅游。加快现代博物馆体系建设，通过虚拟现实、人工智能等科技手段，打造数字博物馆和虚拟旅游，纳入全市文化旅游精品线路。重点完善大同市博物馆、中国雕塑博物馆等重点场馆旅游集散咨询服务功能，叫响大同"博物馆之城"旅游品牌。

演艺＋旅游。学习借鉴"又见"系列、"印象"系列等国内外领先的大型旅游演艺模式，以大同文化为主题内容，新塑一批高品质大型演艺品牌，提升现有旅游演艺品质，创作一批小而精、小而优、小而特的景区剧场项目。到2025年，4A级以上景区、国家级旅游度假区至少打造一个常年演出的品牌化旅游演艺项目。

文创＋旅游。发挥文化创意在旅游开发中的"点石成金"作用，以创意提炼旅游符号，围绕广灵剪纸、大同铜器、阳高布艺、折纸、煤雕等，大力支持发展文化创意设计和生产，打造一批独具大同特色的"好礼大同"文化旅游伴手礼，塑造大同设计、大同创造文创产品形象。

影视＋旅游。借鉴横店影视城等影视产业与旅游业融合的成功经验，结合大同文化资源，开发汉魏、辽金、明清等历史主题，以及现当代工业文化主题，黄土风情主题，长城边塞文化主题，重点推进特色影视产业基地、影视园区、影视旅游综合体建设，开发一批旅游主题的影视节目和影视文化旅游衍生产品。

（二）大力发展文旅 +

推动文化旅游与一二三产业的深度融合，培育支撑经济发展的新动能，促进文旅产业高质量发展。

文化旅游 + 工业。挖掘大同工匠精神，讲好大同工业故事，将工业旅游培育成文化旅游发展的新领域和工业转型的新动能，建成具有大同地域风格、鲜明时代特征、完备品牌体系的国内外著名工业旅游目的地。加强大同煤矿、大同市煤气厂、永定庄岩岭发电厂旧址等工业遗产的保护传承和利用，建设提升晋华宫矿山公园、开源一号文创园等工业旅游项目，强化体验性、参与性，完善服务设施配套建设和环境提升，策划丰富的工业节庆会展活动，打造工业旅游商品品牌，培育工业旅游消费业态。

文化旅游 + 体育。提升体育设施的文化旅游休闲功能，鼓励体育场馆开发特色运动、歌舞、杂技、多媒体等体育演艺产品。依托重点景区和旅游度假区，发展房车露营、户外运动、冰雪运动、低空飞行等体育旅游业态，加快推进大同市体育中心、体育馆、工人体育场等共同体育设施的开放力度。支持举办高水平体育赛事活动，提升国际骑游大会、环古城健步走、大同国际马拉松赛、大同—左云摩天岭长城杯中国公路自行车联赛、热气球锦标赛等赛事的影响力。根据疫情对人们健康理念、生活方式带来的影响，坚持线上线下结合，创新发展体育旅游新业态、新模式，大力发展智慧体育旅游，推动运动体验数据化、运动展示视频化。

文化旅游 + 交通。深化交通运输与旅游融合发展，推动旅游专列、旅游风景道、旅游航道、自驾车房车营地、低空飞行旅游等发展，完善客运枢纽、高速公路服务区等交通设施旅游服务功能。发挥京大、大西高铁优势，开发乘高铁游大同旅游产品，培育特色旅游线路。依托大运、大塘、大准、大张等公路干线，串联生态文化、民俗文化、红色文化，打造塞上风情、长城之旅、桑干康养等文化旅游品牌。整合桑干河流域文化旅游资源，开发特色文化旅游产品，构建景观长廊和文化旅游长廊。立足大同各县区实际，设立通用航空示范基地，着力推动全市通用航空机场健康有序发展，开展低空飞行旅游，培育低空旅游区，推出多种飞行器体验项目，鼓励开发空中游览、航空体验、航空运动以及航空运动主题公园、航空小镇等低空飞行体验项目，提升大同国际航空模型节等节事活动的吸引力。创新开发机场、高速公路服务区等交通枢纽和设施的旅游休闲功能和消费业态。

文化旅游＋会展。统筹协调文化旅游与会展产业的政策制定、设施建设、市场营销与监管，重点以同和文化论坛为核心，"同一纬度，同样精彩"大同国际旅游会、世界石窟（大同）国际文化论坛、"五大城市"（大同、大庆、大理、大连、大阪）互促大会在大同举办，提升大同城市国际品牌站位，建设以同和大会为核心、多会并举的会展产业。

（三）开发系列精品文化旅游线路

综合型经典文化旅游线路。整合经典景区与精品旅游项目，串联山西省域重要旅游目的地品牌，通过快速交通线路与客源地之间的衔接串联，推出综合型经典文化旅游线路。

主题特色型文化旅游线路。以文化旅游资源为依托，以客源市场需求为导向，串珠成链，大力开发不同主题旅游线路，推出红色旅游、特色主题文化旅游、研学旅游、乡村旅游、自驾游、摄影主题旅游等系列主题特色型文化旅游线路。

三、大力发展智慧文旅，激发文化旅游活力

强化科技赋能，推动互联网、物联网、大数据、云计算、现代信息技术、人工智能、AR/VR/MR卫星导航、5G技术等同文旅产业实体经济深度融合，加大文化旅游设施设备研发力度，提升文旅休闲产品科技含量。结合APP建设，实施一部手机游大同智慧文旅重点工程，提升文旅服务管理智慧化水平，全面提高文化旅游产业发展的科技含量，推动文化旅游产业转型升级，提升核心竞争力。

（一）推进文旅信息资源整合共享，构建文旅超脑体系

依托大同市统一的政务云、政务网和大数据管理平台，进一步加强统筹，按照统一标准规范，将各级目的地文旅信息归并整合，构建文旅主题信息资源

库，彻底破除"信息孤岛""数据烟囱"。坚持共建共享、共同推进、共同推广，实现大同市文旅信息统一汇聚，共享利用。强化数据融通共享，融合大同市文旅相关数据资源和互联网涉旅海量数据，实现文旅信息资源统一汇聚管理和共享。建立大同市文化和旅游消费数据监测体系，以大数据和人工智能技术为驱动，构建大同市文旅智慧大脑。

（二）推进文旅公共服务智慧化，打造符合现代旅游需求的服务体验模式

以满足国内外游客需求为目标，建设平台集约统一、信息共建共享、产品满足供给、宣传有机协同、服务全面有效的大同市智慧文旅公共服务体系。利用现代信息技术有效整合优质文化旅游产品资源，串珠成链、连片成面，针对主要客源市场，开发一批适应国际国内游客需求的旅游线路、目的地、旅游演艺及特色商品，加大目的地攻略、游记、主题旅游产品等内容的生产和传播力度。重构大同市文旅消费服务体系，推广移动互联网新兴支付方式，引入移动支付、刷脸入园、扫码识景、AI智能、无感支付等工具，完善入境游客移动支付解决方案，实现主客共享的一脸一码游大同市旅游体验。

（三）推动文旅管理智慧化，提升大同市文旅市场治理水平

推动大同市文旅行业管理流程再造，提升大同市旅游管理信息化水平，提供人工智能客服、知识库、舆情分析、数字可视化辅助决策等服务，打造一键投诉、及时响应、联动处置、实时反馈、限时办结的涉旅投诉管理体系。实现涉旅执法、信用监督、应急处置、电子合同等政府管理服务创新，全面提升服务品质、市场治理与行业监管水平和游客满意度。

（四）推进文旅企业服务智慧化，提升文旅产业智慧化经营服务水平

加强智慧文旅基础设施建设，实施智慧景区、智慧酒店、智慧乡村旅游点、智慧文旅小镇、智慧博物馆等一批重大基础设施数字化工程。在重点文旅产业服务场所优先部署5G网络，结合疫情防控常态化背景下景区管理限量、预约、错峰要求，强化智慧景区建设，搭建线上快速服务窗口，推广景区门票预约、游客流量管理制度，实现实时监测、科学引导、智慧服务。建设大同市文旅企业数字服务体系，提升文旅产业要素资源数字化、智慧化水平。建立大同市统一的宣传营销数据库，基于互联网、移动互联网、两微一端、短视频、VR 全景等新技术、新渠道，建立大同市文旅网络营销体系。建立完善大同市文旅系统自媒体营销矩阵，深化省、市、县、文旅企业自媒体联动机制，借力网络文旅自媒体大 V，组建文旅自媒体营销联盟。针对国内外主要客源市场的区域、人群、消费能力等属性进行市场细分，利用大数据对营销目的地进行定位分析、需求分析、营销内容分析，制定智慧化营销策略，提高旅游网络营销精准化水平。

（五）大力发展数字文创产业，激发文旅新业态活力

统筹实施大同市文化信息资源共享工程、数字图书馆推广工程、数字博物馆和数字文化馆建设，提升大同市公共文化数字化水平。深入实施互联网＋文化产业行动计划，推动文化艺术资源数字化、信息化和网络化，促进文旅产业与现代技术相互融合，发展新一代沉浸式体验型文化和旅游消费内容。结合文学、音乐、游戏等方式以及文创大赛等活动，实现文化资源多渠道高效转化。将营销创意、国际赛事、品牌跨界、数字体育、影音娱乐与当地特色文化结合，进行数字化创新，推动线上文旅产业投融资，开展文创产品在线生产、营销和销售。

第二节　开发旅游产品，提供优质服务

一、打造红色旅游精品，传承红色基因

充分发掘和利用革命历史文化资源，传承弘扬革命精神，实施革命文物保护利用工程和红色旅游精品工程，全面提升红色旅游开发和管理水平，促进红色旅游持续快速健康发展。

（一）全面加强革命文物保护，不断丰富红色旅游内容

开展革命文物调查征集，组织重大课题研究。加大革命文物保护力度，实施革命旧址维修保护计划、馆藏革命文物修复计划和革命文物预防性保护计划。推动革命文物集中连片保护利用，建设红色文化旅游片区。实施重点革命旧址保护项目，推动重点革命主题线路整体保护。拓展革命文物利用途径，改进创新红色旅游宣讲和展陈方式，组织开展各类具有庄严感和教育意义的主题纪念活动。创新革命文物传播方式，推出革命文物展览、联展、巡展。

（二）完善红色旅游精品体系，打造红色旅游品牌

创新红色旅游发展模式，丰富红色旅游产品，提高红色旅游服务质量。打造一批重点红色旅游经典景区，使其成为主题鲜明、交通便利、服务配套、吸引力强、在国内外有较大影响的旅游目的地。推出一批红色旅游精品线路，举办一批红色旅游节事活动，增强红色文化吸引力，打造红色文化旅游目的地，形成全市红色旅游精品体系。

（三）丰富红色旅游体验，创新红色旅游发展模式

坚持把红色旅游与爱国主义、革命传统教育等相结合，充分利用大同市主要历史文化和革命文化资源，打造具有大同特色的红色文化研学旅游目的地体系。深入挖掘革命文物价值内涵和文化元素，开发文化创意产品。加强红色旅游人才队伍建设，推动红色旅游与其他旅游业态的融合发展，打造红色＋乡村、红色＋文创、红色＋民俗等红色旅游复合型产品，助推红色旅游高质量发展。

1. 革命旧址保护利用工程

党的早期革命旧址保护提升项目，推进雁北地区第一个党小组成立基地广灵县南村镇榆沟村、第一个党支部成立基地南村镇狼虎坪村的保护展示，保护提升平型关大捷遗址、杨庄白求恩特种外科医院旧址、石矾三五九旅旅部旧址、驿马岭阻击战遗址、刘庄三一惨案纪念地等抗日战争革命旧址。

2. 革命文物主题展示传播工程

实施革命博物馆纪念馆展陈提升项目，推进大同煤矿万人坑纪念馆、阳高

大泉山展览馆、大同红色记忆馆等基本陈列改造提升，提升大同市党性党纪教育基地展陈、教学水平。

3. 重点红色旅游经典景区提升工程

推动重点红色旅游经典景区上档升级，重点提升平型关战役遗址、大同煤矿万人坑纪念馆、平型关烈士陵园、白求恩特种外科医院旧址、玉福山烈士陵园、大同市革命烈士陵园等重点红色旅游景区开放服务水平，重点推进大泉山森林公园建设。

4. 红色旅游节事活动

提升引导阳高县红色旅游文化节、平型关战役纪念活动、革命烈士陵园清明节祭烈士活动、红色主题教育活动等旅游节事的开展。

二、大力发展乡村旅游，助推打造乡村振兴大同样板

坚持发展乡村旅游与乡村产业振兴、人才振兴、文化振兴、生态振兴、组织振兴融合对接，实施乡村旅游提升工程。

（一）推进乡村旅游集中连片发展

重点构建五大乡村旅游集聚带。

长城风情乡村旅游带：依托长城国家文化公园建设，选择长城沿线区位条件突出的古镇村、景点，打造以长城文化体验、民俗文化休闲为主的乡村旅游产品体系。

太行风情乡村旅游带：依托太行冰雪、温泉、湿地、自然风光、红色文化等资源，打造以山区民俗体验、康养度假、健身休闲、红色培训、研学旅游为主的乡村旅游产品体系，重点推进广灵县六棱山滑雪度假项目、浑源县千佛岭景区、穆桂英景区、天赐沟景区、广灵县百工小镇建设。

桑干河—唐河风情乡村旅游带：依托桑干河—唐河自然风情、传统乡村、民俗文化、农耕文化等资源，打造以农业研学科普、农耕农事休闲、民俗文化体验为主的沿河乡村旅游产品体系，培育一批田园农耕型、生态休闲型、民俗

文化型水岸风情特色村。

城郊休闲乡村旅游带：借助市区县城郊交通便利条件和农林保障产业基础，发展城市近郊休闲度假、乡村休闲、劳动体验乡村旅游产品体系。

黄土风情乡村旅游带：选取山区特色村落，结合美丽乡村建设，打造黄土风情乡村旅游带。

（二）创新乡村旅游业态

以果园、田园、菜园、林园、牧园、古村落、特色乡村等为依托，打造田园综合体、农旅特色小镇、智慧农业园区、乡村旅游特色村、农耕体验基地等龙头示范项目，提供农事活动体验、乡村文化体验、休闲游乐、养生养老等服务功能，带动农业产业链延伸和价值链提升。利用公司＋村集体＋家庭农场等组织运营模式，推进休闲农业和乡村旅游融合发展。发展乡村创意农业，引进文创、艺术、民宿、乡村酒店等业态，建设一批农业创意园区，开发农业文创旅游产品。打造乡村地标农业，加大对大同黄花、浑源黄芪、左云苦荞、广灵小米、天镇唐杏等重要农业文化遗产的申报和保护利用力度，讲好大同乡村故事。实施地理标志农产品保护工程，引导地方优质绿色农产品进景区、度假区。创新策划开展花会、灯会、庙会、歌会、农业嘉年华等民俗活动，打造春节、中秋节等传统节日乡村旅游品牌。

（三）打造乡村旅游精品

坚持乡村旅游标准化、个性化并重，实施乡村旅游精品工程，丰富完善乡村旅游示范单位、乡村旅游民宿、乡村旅游服务等标准体系，促进乡村旅游规范发展。坚持分类施策，将发展旅游民宿融入田园综合体、特色小镇、美丽乡村、美丽村居等重点工程，充分挖掘传统文化和乡土风情，融入旅游民宿开发建设。引导旅游民宿集聚发展，重点打造古都、军旅、边贸、禅心、民俗、绿野等生活体验于一体的同宿品牌。规划策划具有大同特色的乡村博物馆，打造乡村文化旅游融合发展精品项目。推进乡村旅游改厨改厕改房，因地制宜建设农村生活污水处理设施并实现达标排放，建立相应的长效运行机制，探索建立乡村旅游专业服务机构，切实解决乡村旅游的吃、住、厕等生态环境问题。到

2025 年，打造 50 个景区化村庄、20 个精品旅游特色村、10 个特色文化旅游小镇，推出一批现代农业园区、精品民宿集聚区、特色乡村旅游园区。

三、大力发展夜间旅游和淡季旅游，拓展文旅发展新空间

（一）繁荣发展夜间旅游

完善繁荣夜间经济政策措施，丰富夜间旅游产品，改善夜间旅游消费环境，强化交通、安全保障，鼓励引导夜间旅游消费。依托主要景区、特色街区、文化旅游公共服务设施、文化消费集聚区，培育夜间观光游憩、文化休闲、演艺体验、特色餐饮、购物娱乐等业态。鼓励城市主题公园和主要景区开办灯光夜场，举办灯光节、音乐节、露营节等夜游节庆活动。大力发展夜间曲艺演出、影视娱乐、文化休闲等业态和博物馆、非遗传承人工作坊等夜间旅游打卡景点。延长博物馆、图书馆等开放时间，鼓励开发文博场馆奇妙夜夜间体验项目，丰富夜间文化活动品类和场次。重点组织创作推出一批旅游实景演艺，推动文化演艺进景区，打造"白天观景，夜晚看剧"全天候旅游体验。提升老街巷文化旅游魅力，推动旅游与城市商圈融合发展，打造集美食、娱乐、购物、休闲为一体的城市夜游集聚区。组织举办各类美食节、小吃节、啤酒节、餐饮嘉年华等活动，做大餐饮市场夜间消费规模，引导建设 24 小时便利店。实施城市亮化美化工程，美化亮化夜间环境。优化交通线路设置，加密夜间运行班次，延长夜间运营时间，提升夜间旅游交通服务水平。

（二）开拓淡季旅游市场

推出淡季旅游惠民措施，制定实施淡季景区门票减免、演出门票和旅游饭店打折等优惠政策。创建旅游城市新空间，引导发展文创商场、特色书店、小剧场、文化娱乐场所等多业态消费集聚地。丰富淡季产品供给，引导文化和旅游场所增加参与式、体验式消费项目。大力开发冬季研学旅游产品，建设主题研学旅游基地。依托博物馆、文化馆、传习所、历史文化名城名镇名村与历史文化街区、传统村落、文化遗址和自然公园、自然保护区，面向青少年推出冬

季研学到大同活动，推出塞上冰雪游、"游大同·读历史"寒假线路。突出温泉＋冰雪特色，学习借鉴先进地区经验，开发融合滑雪、探险、冰之酒吧、冰之实验室、冰之餐厅等主体产品的冬季度假综合体。依托各处温泉、旅游度假区、医疗康养综合体，大力发展四季温泉度假、医养健康休闲旅游。发挥冬季民俗活动密集、特色突出、体验感强、传承性强的优势，持续办好古城灯会、春节庙会，开展过大年系列体验、研修、美食、亲情之旅。大力发展会奖旅游，充分利用年底各大公司企业会奖旅游高峰期，争取更多机构来大同市举办各种年度总结、商务年会、股东会议、社团年会、奖励会议等，提供一站式冬季会奖旅游优质服务。探索推广旅游一卡通，吸引游客淡季出游和错峰出行，带动景区及周边的多次消费，落实降低景区门票价格及惠民项目。

四、强化要素集约，打造八大要素产品体系

1. 醉美大同

依托精致城市、美丽乡村、魅力田野、美观建筑、风景廊道，打造一批国际知名景区、国家级旅游度假区，优化提升及新创 5A 级旅游景区，持续美化旅游景区景观风貌，重点打造城市主要景观风貌带、特色文化街区、乡野田园景观，全面提升游的质量。利用融媒体开展具有大同特色的最美图片、最美短视频、最美风景绘画艺术作品等系列征集评选活动，开展最美网红地打卡游，进一步扩大美景大同的知名度。

2. 康养大同

抓住后疫情时代康养旅游发展的机遇期，推动医养健康产业和旅游产业融合发展。以桑干河流域火山、温泉、冰雪及乡村旅游资源为重点，以生态培育为基础，以现代农业为主导，以休闲观光为主线，以避暑康养为特色，以冰雪温泉为优势，构建田园休闲度假旅游体系，形成宜居、宜业、宜游、宜养的乡村旅游目的地，形成以"文化心养"为核心，以"火山颐养、田园乐养、长城趣养、湿地康养、温泉疗养"为支撑的大同情境式康养模式，构建以生态、温泉、冰雪与乡村相交融的康养产业，打造桑干河农文旅康养示范区。

3. 演艺大同

发挥传统戏曲优势，推动文化 IP 创造性转化。通过构建 1+4+N 同和主题多元演艺产业，包括一场大秀《北魏长歌》，四台演艺恒山的《神溪记忆》、桑干湖《水城实景秀》、云冈石窟《云冈舞》、得胜堡《隆庆议和》，有效延长游客驻留时间，带动住宿、餐饮、购物等多重旅游消费市场。扶持打造一批山西梆子村、耍孩儿村等。开展讲大同故事、说大同历史、唱大同民歌、听大同书会等系列文化旅游活动。举办歌唱大同、最具大同味的曲艺作品、最具大同特色的抖音等系列评选活动。

4. 游学大同

以大同文化为底蕴，重点围绕丰富的历史文化、红色文化、科技等资源，策划打造精品研学旅游产品体系，强化研学旅游导师体系、课程体系、产品体系构建，充分利用红色景区、革命文物、博物馆、纪念馆、考古遗址、工业遗产、科研院校等游学资源，建设一批红色教育、知识科普、体验考察、励志拓展、探索发现等多类型研学旅游基地，策划推出到云冈学国学、研兵学、习书法、练武术等系列活动，重点开发大同历史文化名人之旅、红色研学之旅、博物馆之旅、美术馆之旅、科技馆之旅、非遗之旅，策划"游大同·学历史"等系列产品，培育大同游学品牌。

5. 美食大同

推动传统菜走进现代、现代菜回归经典，按照统一品牌、统一形象符号、统一装修和服装、统一服务标准、统一配送主要食材和调料的要求，制定大同菜馆品牌标准和扶持奖励政策，加快实现大同菜馆品牌的连锁经营，推动大同菜国际化。构建大同菜人才培养体系，建设大同菜高技能人才培训基地、大同菜大师工作室，选拔一批大同菜大师。强化大同菜品牌宣传推广，深入挖掘饮食文化，实现与康养的深度融合。持续开展大同最受欢迎的特色美食评选和推介活动，培育一批特色美食街区、特色餐饮企业和地方名小吃品牌店。

6. 乐宿大同

高水平建设一批精品民宿、高星级酒店、高品质度假酒店、文化主题酒店、温泉酒店，形成布局结构合理、主题特色鲜明、文化元素独具的休闲度假体系。建设一批富有大同文化特色的文化主题酒店，打造大同客栈文化主题酒店品牌。依托大同独特的乡土文化和民俗风情，充分利用古镇、古村等特色建筑，策划多元化、具有地域文化特色的乡村精品民宿。培育精品酒店，支持省内品牌旅游饭店集团化发展，吸引国际国内知名饭店集团落户大同。依托旅游度假区，引进一批顶尖国际连锁休闲度假饭店品牌。顺应"特色星级酒店既是配套设施，也是旅游景点"的趋势特点，高标准打造一批特色鲜明的高端旅游酒店，培育生态型、文化型精品休闲度假酒店集群。

7. 欢乐大同

着力提升特色节庆活动。依托自有优势资源，创新办好农民丰收节。策划举办有地域文化特色及面向不同群体的路跑、骑行、垂钓、武术等主题赛事活动，提升方特、滑雪场、水世界等主题乐园项目。面向家庭亲子市场，丰富休闲、体验等亲子活动，开发一批野生动物园、亲子游园、儿童公园、农事体验园等家庭亲子参与体验项目。积极发展低空飞行、跳伞蹦极、房车露营、温泉滑雪等一批旅游新业态，加快发展动漫、网游、网络视听、虚拟现实、电子竞技等体验式文化旅游游乐产品。

8. 好礼大同

推进旅游购物向购物旅游转型，持续提升购物消费在旅游花费中的比重，持续推动旅游商品品牌建设工程，打造高端旅游购物品牌。加强老字号、特色农产品、地理标志保护力度，擦亮旅游购物品牌，打造地理标志产品品牌。培育乡村旅游"后备厢"工程示范基地，鼓励包装开发面向自驾车游客的原生态农副土特产品，培育推出系列化农村旅游商品。实施文创产品研发工程，支持开发标志性文创旅游商品。拓展线上线下两大市场，支持优质特色旅游商品进景区、特色商品街区、高速公路服务区等游客聚集区，与知名电商合作运营大同有礼旗舰店。

五、打造热情好客服务品牌，提升游客满意度

突出热情好客主题，从硬件服务、软件服务两方面着力，全面提升精细化管理和服务水平，为游客提供更加人性化、便利化、特色化服务。

（一）优化旅游交通可进入性

加快构建快捷通达、无缝连接的高铁、航空、公路综合交通运输体系。

（二）提升公共服务水平

适应疫情防控对文化和旅游公共服务提出的新要求，补短板强弱项，强化服务功能，创新服务模式，完善管理机制，全面提升服务规范化、便利化水平。推进文化和旅游公共服务设施标准化，完善公共文化设施的旅游服务功能，构建主客共享的文化旅游新空间、新体验。统筹公共服务资源配置，在游客聚集区引入文化旅游服务设施，组织实施文化旅游服务惠民活动。推进主要旅游交通枢纽、旅游步行街区及旅游景区、省级以上旅游度假区、重点乡村旅游区等的旅游服务中心建设。持续推进"厕所革命"，推动建设一批无臭无味、自动化程度高的生态厕所，4A级以上景区、省级以上旅游度假区的厕所设置第三卫生间。规范完善文化旅游标识体系，推动4A级及以上旅游景区全部实现旅游标识标准化。推动大同市文化旅游服务设施、景区为游客提供多语种标识和解说服务。加强旅游景区、文化场馆等场所的应急管理体系和能力建设，完善应急预案和安全保障方案。

（三）打造热情好客服务品牌体系

构建精品旅游标准化体系，编制旅游标准化发展规划和旅游标准化体系表，制定旅游产业新旧动能转换暨精品旅游基地建设运营标准，以及旅行社、旅游景区、旅游饭店等服务标准；探索制定乡村旅游、文化旅游、城市旅游、生态旅游、工业旅游、中医药养生旅游等专项旅游服务标准。突出精细化和个性化旅游服务，培育创建十佳优质旅游服务企业、百个优质旅游服务班组、千名优质旅游服务明星，鼓励旅游企业开展个性化、亲情化、细微化服务，培育企业服务品牌。倡导"微笑迎宾、有问必答、有求必应"好客准则，广泛开展"好

客大使"等文明旅游评选活动，推动全民践行好客文化。实施旅游服务质量提升计划，发展壮大各类旅游志愿者队伍，建设一批义务导游员、文明劝导员、卫生监督员、交通引导员、秩序维护员队伍。探索建立激励机制，培育壮大金牌导游队伍，设计特色服饰，规范与创新导游解说词，让导游成为传播大同优秀文化和美丽大同形象的一道靓丽风景线。提升公共交通、出租车行业和窗口单位服务人员外语能力和服务水平，培育城乡居民文明素养。

第六章　对外文化交流传播

第一节　打造文化交流传播品牌

一、挖掘历史文化资源优势，紧抓"一带一路"建设发展契机

积极开展对外文化交流传播，努力提升大同文化软实力，是弘扬大同优秀历史文化、树立大同良好形象的迫切需要，有利于增强大同市文化竞争力和影响力，进而以文化优势助力全面提升大同综合发展实力。

（一）做好千年古都的文化保护与传承工作

习近平总书记在云冈石窟考察时强调，云冈石窟体现了中华文化的特色和中外文化交流的历史。这是人类文明的瑰宝，要坚持保护第一，在保护的基础上研究利用好；历史文化遗产是不可再生、不可替代的宝贵资源，要始终把保护放在第一位；要让旅游成为人们感悟中华文化、增强文化自信的过程。

习近平总书记的重要讲话点明了大同历史文化传承保护和文化旅游业的发展方向，即既要做好千年古都的文化保护与传承工作，又要充分挖掘大同厚重的历史文化资源优势。寻找大同文化符号，按照"大保护、大产业、大融合、大建设"的发展路径，充分发挥云冈石窟、大同古城、北岳恒山等核心景区的牵引带动作用，加快构建文化＋、旅游＋产业生态，将大同打造成为以关塞都城与同和文化为特色的世界文化旅游目的地。在系列工作的基础上，构建和传播大同城市形象，打造城市文化品牌，提升大同在全国乃至全世界的知名度。

（二）紧抓"一带一路"建设的发展契机

建设"一带一路"是党中央提出的重大构想，其主旨不仅是要开展与"一带一路"沿线国家和地区的经贸合作，更重要的是要打造政治互信、经济融合、文化包容的人类命运共同体。它的实现需要强大的文化作支撑，需要文化先行。

大同是"一带一路"的重要节点城市，历史上与丝绸之路有着深厚渊源。1600年前，大同是北魏的都城平城，也是南北朝丝绸之路的起点。尽管后来丝绸之路的起点随着朝代更迭而改变，但大同在中国历史发展中的作用不容忽视。云冈石窟的开凿，标志的不只是佛教的盛行，更展现出了当时世界商贸融通与世界多种文化的相互包容。

"一带一路"是当今世界上最具发展潜力的经济带，为世界各国架起了沟通交流的桥梁。作为重要的节点城市，大同被赋予了开放发展的难得机遇，大同与沿线国家的文化交流有了更加广宽的平台，大同市需借助其独特的古色文化和边塞文化，在文化交流上提升文化自信，聚集文化力量，让世界认识大同、了解大同、爱上大同。

支持大同市文艺演出精品剧目带到"一带一路"沿线国家交流展演，做好民心相通的工作，让大同的文化产品走向世界。主动与相邻国家衔接，开展互为旅游目的地的推介宣传活动。

抓住中蒙俄经济走廊建设契机，举办好中蒙俄（大同）文化交流博览会。中蒙俄经济走廊建设是我国实施"一带一路"倡议的重要组成部分，大同市在其中发挥着重要的纽带作用，开展并不断丰富提升中蒙俄文化艺术展演、中蒙俄商品展销、大同市广场舞大赛、游乐嘉年华、健康美食节等主题的文化交流项目。

除此之外，还要进一步深化对"一带一路"沿线国家和地区文化发展的研究。此举有助于提升城市文化的国际化发展水平，聚集国际高端文化要素，从而富有成效地同沿线国家和地区开展文化交流活动，加深相互之间在文化层面的沟通和理解。基于国际受众的需求加以分析，打造大同文化精品，凝聚大同文化品牌，使输出的文化产品和服务的内容与切入点符合海外消费者的习惯。

二、打造文化交流品牌

（一）凝练城市文化形象标识

植根北魏都城、辽金陪都和明清重镇的城市历史脉络、城市文化优势，充分挖掘大同古城文化、老工业文化、石窟文化等文化品牌资源，树立大视野、大理念、大手笔的思维，擦亮"中国古都·天下大同"这一文化名片。挖掘、提炼、组合和综合优化城市品牌形象信息，包括城市整体形象理念系统、文明行为系统、视觉传达系统等的规划设计与建设，创造与定位相符合的城市形象，既彰显大同城市历史文化魅力，又体现老城现代化建设的崭新形象，提升文化大同的品牌效应，提升城市声誉，扩大城市影响力，打造鲜明的城市文化形象。集合政府、企业、居民等各方面的力量，吸纳文化专家、媒体人士等领域的专业意见，形成系统的、明确的城市文化形象，还有实施和传播的方案。[①]把培育城市品牌贯穿到各行各业的精神文明创建活动中去，把城市文化形象标识建设融入经济社会发展的方方面面，使城市形象标识深入人心。

（二）打造文化交流的品牌

利用大同"三省交界、北方门户"的地理位置优势，通过现代交通、通信和信息传播手段，从双边交流向多边交流发展，积极举办高水准、国际化、标志性品牌活动，加强文化交流力度。将本地已有的会展、活动品牌化，如古都灯会、云冈文化旅游系列活动，以及中国（大同）国际汽车文化嘉年华、中国（大同）云冈文化旅游系列活动、中国（大同）国际雕塑双年展、"影像的力量"中国（大同）国际摄影文化展等大型文化活动，提升其品牌知名度，作为城市对外交流名片。进一步鼓励包括各类艺术节、旅游节、运动会、大型会议、展览等在内的其他国内外文化体育交流活动在大同市举行，努力争取主办权和话语权，积极参加和举办国内外大型文化活动，提升文化交流的覆盖面和影响力，充分展示城市形象，参与重大问题探讨，构筑全方位、多层次、宽领域的

对外文化交流新格局，助推城市经济和文化的双线增长。

充分调动各领域、各方面群众文化工作者的积极性、主动性，组织好主题明确、特色鲜明的文化交流活动。要由文化部门制定规划，明确目标，统筹协调，精心组织，整合资源优势、艺术优势和人才优势，集中推出代表大同的优秀文化作品，努力发挥规模效应，从而最大限度地扩大大同文化的影响力。

三、推动文化交流传播工作创新

文化交流与文化传播是一体两面、相辅相成的关系。传播力是指一国或地区文化信息的传递、扩散能力，是文化软实力的重要物质载体和最终得以实现的传导机制与中介要素。[①]一座城市的文化影响力，不仅取决于其内容是否具有特色化，更取决于其是否具有强大的传播能力。在当今世界全球一体化的发展进程之下，国际文化交流日益频繁且必要，强大的文化传播力决定了其文化信息在境外的扩散度与知名度。因此，只有创新对外文化交流传播理念，创新文化交流传播渠道，才能在激烈的软实力竞争中占据有利位置。

（一）开展国际友好城市工作

大力开展国际友好城市工作，促进与友好城市地方政府交流，推动实现资源共享、优势互补、合作共赢。日本大牟田市、英国贝利市、法国加莱市、泰国暹粒市等已与大同结为友好城市，国际友城间通过开展文化、旅游、教育、体育等方面的交流与合作，增进了解、友谊，从而提升大同文化软实力，促进民心相通。

鼓励社会力量参与，拓展友城交往渠道。一是扩展国内外社会团体的交流范围。进一步发展与国外各领域的著名专家、有影响力的名人、前领导人、企业家等的交流合作关系，同时与国外的地方行业协会、商会组织、贸易促进会等加强联系，突破交往瓶颈，交流共享更多互利信息。二是进一步加强与国内

---

① 姬煜彤，张强．全球城市国际传播力指标体系研究：广州城市传播力的国际比较［J］．中国名城，2019（11）．

侨联、工商联、工会、妇女团体、大专院校、科技团体、经济组织、学术团体等各行业、各领域的合作，拓宽民间交往渠道。三是设立咨询委员会，吸纳社会力量参与，提高决策民主性，发挥社会智囊团作用。

（二）活化文化交流思路

一方面实行对外文化交流阶段性策略，以点带面、循序渐进。在开展对外文化交流中，要紧密联系对大同有乡土情感的以及与大同关系友好的、在社会上联系广泛、具有一定社会地位和影响力的人群，尤其重点关注海外华人华侨群体。要有计划、有步骤地联系国内外政界、商界、新闻界、文化界人群，通过邀请访问等形式促进彼此交流、介绍大同文化，并借助其影响力向外界进一步传播大同文化。除此之外，同样不能忽视普通民众在对外文化交流中的作用。互联网时代，要善于扩大民间有利于大同对外文化交流的声音，使网络用户自成一个新的文化交流基站。另一方面要充分发挥非政府组织在对外文化交流中的作用。开展对外文化交流是一个综合性的系统工程，在充分发挥政府主导作用的同时，也要充分发挥非政府组织在对外文化交流中的重要作用，最终形成对外文化交流的合力。

同时，公共图书馆、博物馆、纪念馆、高等院校和科研院所在内的相关单位需有效利用自身资源开展富有特色的文化交流活动，制订长期开展对外文化交流的详尽计划。

要加强对本地民间组织开展对外文化交流活动的正确引导和资金扶持，努力提升民间组织开展对外文化交流活动的层次和水平。民间组织在开展对外文化交流上往往形式更多样、方式更灵活、影响更深远、活力更强劲，因此要坚持以政府为主导、民间为主体，政府推动与民间实施相结合的方式积极支持国内外非政府组织建立广泛联系，从而切实提高"一带一路"沿线国家和地区的普通民众对大同市发展文化以及经济社会发展的认同感。

第二节　完善文化交流传播体系

一、加强文化交流环境建设

优化城市对外文化交流的国际语言环境。坚持学校教育和社会宣传并重的原则，在本土高等院校努力提高外语人才培养的数量和质量的同时，政府部门也需要提升对外窗口机构人员的对外交流能力，提升普通市民的国际化意识。

优化国际组织发展的政策环境，有针对性地研究和制定吸引国际组织和跨国集团分支机构的政策措施，推动国际机构、文化协会组织和机构等来同设立代表处或办事机构。建立与外国驻华使领馆、我驻外使领馆及驻外经商机构、海外中国文化中心、跨国公司代表处、海外晋商组织等商协会、境外友好城市的合作交流机制，有针对性地邀请国外高层文化代表团组访问大同。依托国家驻外文化机构以及山西省与国际友好城市合作机制，搭建大同市在境外的文化交流与传播平台。

打造国际文化创意街区。可以通过老厂房改造来建设环境优雅、氛围良好的文化创意街区，将古城文化、西方文化相结合，增强对旅客尤其是国际旅客的吸引力。通过文化交流，建设多元、包容的文化环境，从而促进大同市文化的对外传播。

二、拓宽文化传播渠道

运用市场思维，树立用户意识，完善包括纸质媒体、广播电视媒体、移动媒体等在内的全媒体传播体系，继续开展如中国民航看山西·大同行、著名作家看山西·大同行、全国网络媒体大同行这类大型宣传报道活动，提高知名度和美誉度。不仅要注重主流官方媒体的宣传，也要畅通民间传播交流渠道，尤其是城市居民、海外归国移民的口碑传播。构建多元化对外传播形式，包括不限于制作大同城市宣传海报、宣传片，打造城市精神口号，需要注意的是在创新的同时注意内容导向的正确性、技术的可行性、传播的广泛性，[①] 多方位、多层次地讲好大同故事。

打造高端国际交流平台创新传播方式，促进市属主流媒体与省级、中央媒体深度合作，在中央级媒体播放城市形象宣传片和发布城市形象宣传片。精心组织报纸、广播、电视、网站等媒体开展深度宣传报道，围绕工业振兴、文旅振兴、乡村振兴，特别是争当能源革命和对外开放"尖兵"持续开展宣传报道，营造了全市上下同心同力加快发展的强势舆论氛围，塑造天下大同的美好形象。以云冈石窟等为文化载体，定期举办大型推广宣传活动，着力彰显大同古都文化新城的形象。加强对境外媒体记者的服务和管理，与友好城市共建对外传播基地，利用国家级平台积极拓展海外影响力。深化与国际主流媒体及海外华文媒体合作，进一步拓宽文化传播渠道，提升国际传播力度，增加大同市在国际主流传统媒体上的曝光次数、广告数量。

三、培养文化传播主体

（一）加强传媒人才队伍建设

1. 培养文化传播领域人才

加强各机构之间的资源整合，推动院校、职业培训机构与相关传媒类企业集团的合作，坚持产业导向和政府引导相结合的原则。以产业为导向，突出传媒人才培养的前瞻性、实用性、专业性与复合性的统一，实现了人才培养和行业发展的有效对接，促进行业可持续发展。通过政府部门对人才培养机构的认证、政策与资金的扶持，引导文化、传媒行业师资力量的投入，不断壮大文化传播人才队伍。同时，政府应该强化内部队伍自主宣传意识，增加合作单位，邀请行业精英举办讲座、交流会等传递市场经验，集中培训。

---

① 郭天歌.对新时代背景下创新文化传播形式和手段的思考［J］.才智，2018（12）.

2. 通过相关政策吸引优秀人才

出台优秀人才引进相关优惠政策，如开辟优先通道、给予购房优惠、住房补贴等，吸引海内外优秀人才来大同工作、创业、落户。完善人才培养使用和人事政策，确保海内外高层次人才真正享受政策带来的好处，做到吸引人才之后能够留住人才。同时，也可以通过加强城市宣传工作和文明建设吸引与留住人才，为研发、执业、参展、交流、培训等海外高端人才提供签证便利。通过相关政策的实施，建立多层次、全方位人才体系，助力创新人才成长。支持海外文化高层次人才在大同创业发展，着力引进大同市经济转型升级急需的文化创意领军拔尖人才，实施"凤凰计划"，促进大同人才回流，吸引外籍高层次人才在大同居住工作。

（二）扶持文化传媒企业

1. 重点扶持大型文化传媒企业，增强其国际竞争力

培育或者引进文化传媒龙头企业，切实增强文化对外传播交流的力度和水平。提高传媒企业的集约化生产，对文化资源的传播路径进行整合，积极发展跨行业、跨地区的龙头型国际文化传媒企业；鼓励和引导企业提升文化传播产品的科技含量，加大对国外同行业先进技术设备的引进力度，并在学习借鉴的基础上有所突破和创新。[①] 加强对文化传播关键技术的研发，将研发所取得的高新技术成果及时地应用到文化传播的过程中；可以适当吸收北京、上海以及国外城市的成功经验，打造出影响范围较大的文化传播企业，向文化创意产业全球价值链的高端攀升，让人们在文化传播的海量信息中听到大同声音。

2. 关注小微文化传播主体，丰富文化传播途径

互联网时代，小微文化企业以及自媒体的传播力量是不可忽视的。可以出台相关利好政策，帮助其正常运转，提高其抗风险能力，并针对其内容创作进行合理引导。官方媒体、传媒公司以及民间媒体力量可以通力合作，达成文化传播相关战略协议，形成上下协调、共同作用的局面，丰富大同城市文化的传

---

① 张国."一带一路"倡议下北京市对外文化交流的成效提升研究 [J].南方论刊，2018（8）.

播途径和方式。

3. 推动国际文化媒体机构交流

鼓励符合国家走出去政策的各类传媒企业在境外开展文化领域投资合作。加强对外文化学术交流，深化与包括国内国际主流媒体及海外华文媒体合作。申请举办区域、全国乃至世界媒体交流峰会，推动文化领域国际机构或组织在大同设立分支机构。

四、加强文化交流传播工作机制建设

党委、政府从思想上重视友城工作，形成一把手亲自抓，外事部门、文化部门归口管，相关单位积极参与的工作格局。

对文化交流传播工作在人员配备、项目经费等方面给予政策支持。各部门要重视对国际文化交流传播平台的利用，结合具体工作需求有针对性地开展对外交流合作。各部门要改变"各自为政"的思想，树立并提升"统筹发展、互利共赢"的工作理念。结合大同实际，编制大同国际文化交流传播发展规划，明确定位和发展方向，合理布局文化交流传播网络，建立文化交流传播的常态化交流机制，激活长期以来无实质性交往或交往活动较少的国际文化交流传播。制定文化交流传播工作实施意见和管理条例，统筹指导大同文化交流传播工作，形成行业规范；统筹市区县文化交流传播资源，加强合作共享，提供相互交流国际文化交流传播建设情况的平台。挖掘更多互惠互利的合作项目，开拓创新，积极发挥好大同对外开放工作的桥梁和纽带作用。

第七章 "文化强市"建设制度保障

第一节 组织、政策保障

一、强化组织保障

（一）建立健全领导体制

成立大同市"文化强市"建设领导小组，建立"文化强市"建设联席会议制度，对"文化强市"建设的工作进行统一领导、组织和协调。市委常委会每年专门听取"文化强市"建设领导小组关于"文化强市"建设的工作报告，并进行专题研究和跟踪督查。各县市区也要成立相应的领导小组，建立相应的联席会议制度。各级党校要将文化强市建设的内容纳入党政干部培训的重要课程。各级人大、政协每年要组织对"文化强市"建设工作的专题调研，并对工作落实情况进行全程督促检查。加强信息化建设，构建大同市信息基础平台及相关资源数据库，实现市内市外信息的整合、共享、互动，创办一年一度的大同市"文化强市"建设的学术论坛，打造市域经验交流、理论研讨、信息发布、项目推介、招商引资的一体化综合性平台。

（二）完善文化评价体系

完善"文化强市"建设综合评价指标体系。探索建立"文化强市"建设工作单独考核机制，考核结果与市委、市政府对各县市区和市直机关单位党政领导班子落实科学发展观政绩考核、绩效考核挂钩。各县市区和市直有关单位要将"文化强市"建设工作列入重要议事日程，纳入经济社会发展的总体规划，要按照"文化强市"建设的要求，分解年度工作目标任务，确保各项工作落实到位。

围绕把大同市建成全国文明城市、全国公共文化服务体系建设示范区、国家文化产业示范区，建成区域性文化中心和国际旅游目的地的总体目标，牢固树立"文化立市"理念，立足现有文化资源和良好的文化发展基础，尊重并科学保护和开发大同的历史文化资源，把文化资源变成竞争优势、产业优势，不断提高文化生产力发展水平，扩大大同地域文化的影响力，构建科学完善的"文化强市"规划体系，充分发挥大同文化资源特色和比较优势，带动和促进大同社会、文化、经济全面协调和可持续发展。加强社会主义核心价值体系建设和文化产业发展，完善公共文化服务体系，增强先进文化凝聚力。

通过建立科学合理的考评和督查机制，把文化建设工作纳入对县市区的考核指标体系。硬化标准、细化考核、量化评分，定性考评与定量考评相结合，平时考评与集中检查相结合，建立和完善文化建设的考核评估机制。建立健全"文化强市"建设统计监测体系。建立文化强市建设和文化产业发展指标体系，健全相关统计监测体系，相关统计数字在全市国民经济和社会发展统计公报中予以发布，为市委、市政府监测文化强市建设的发展进程、解决发展过程中出现的问题、实施有效的宏观调控提供及时、准确、全面的统计数据和研究报告。

文化建设必须坚持社会主义先进文化前进方向，把社会效益摆在首位。通过"文化强市"建设，进一步促进大同社会主义精神文明建设；通过"文化强市"建设，进一步促进大同区域统筹发展，城乡协调发展，实现大同公共文化惠民服务深化扩大，公共文化服务体系逐步完善。

二、落实政策保障

（一）建立健全法规体系

清理整顿现有的阻碍大同市发展的各类不符合市场竞争原则，不利于全市整体发展的地方保护、区域封锁、行业垄断、市场分割等政策、法规，以建立统一、开放、有序市场为目标，加快推进区域法规建设进程，建设统一开放、公平竞争、规范有序的法律法规体系。制定相应的生态文化旅游发展规划，并提请省及市人大审议批准本级区域生态文化旅游发展规划，以法规形式确保圈域的生态文化旅游及经济社会协调发展。

（二）制定产业发展政策

研究制定大同生态文化旅游圈的生态产业、文化产业、旅游产业发展政策及与生态旅游文化相关的配套设施所需的土地优惠政策、税收优惠政策。在一定时期内对生态农业、农业加工企业、文化旅游企业所得税、其他税费实行减免，支持具有大同特色的生态农业企业、文化旅游企业做大做强。加大招商引资力度。制定明确的产业结构调整目录，推动产业升级与合理转移，鼓励高新技术产业发展。建设城市旅游综合服务设施，加快旅游信息中介服务发展速度，鼓励旅游企业并购及整合旅游资源，鼓励新建星级宾馆，提高接待能力。实行差别电价政策，对城市星级宾馆实行优惠电价。

（三）完善财政保障政策

完善公共文化投入机制，明确"十四五"时期文化投入重点。进一步发挥政府公共财政的主导作用，继续加大财政对文化事业的经常性投入。引导大同市各级政府根据财力逐年增加投入，重点投入有助于增强大同文化集聚和辐射功能文化建设项目的同时，重点投入有助于实现公共文化服务均等化，有助于实现城乡平衡、区域平衡、群体平衡，有助于优化公共文化设施空间布局的文化建设项目，重点投入大同市目前较为薄弱的农村和欠发达地区文化设施建设以及艺术馆、文化馆等设施建设，重点投入城乡基层文化建设、基础设施建设、文化普及和精品生产。对列入国家非遗名录的传承人实行政府扶持政策。对承担文化产业发展中的创意环节上的风险成本，制定完善的基金资助办法，引入基金工具促进文化资源的流动性，强化政府对社会力量的引导作用。探索实施以奖代补的财政政策，给予符合生态文化旅游发展方向的主导企业以政府奖励。对生态保护、文化保护和旅游景点等项目，建立名录，争取得到国家相关部门的资金、政策支持。通过优惠政策对大同市地方财政较为困难的县市区，在交通、生态环境、公共文化等基础设施建设上予以扶持。

进一步完善公共文化投融资机制，改变文化投入方式，进一步拓宽政府招标、集中采购等方式的范围，发挥公共财政文化引领作用，提高政府资金投入效率。加大吸引社会资金参与文化发展项目的力度，能够由社会投资建设的文化项目尽可能利用社会资金建设。政府创造条件，利用特许经营、投资补助等方式，吸引社会资金参与有合理回报和一定投资收益的文化基础设施和公共文化事业建设。进一步完善鼓励、捐赠和赞助等政策，拓宽筹资渠道，引导社会资金以多种方式投入公共文化事业。以项目投入为手段，以激发活力为目标，加强审计和监督，提高公共资金使用效益。

（四）建立社会保障政策

改革文化宏观管理体制。建立健全全市文化事业和文化产业的统一管理体制，形成社会办文化、产业兴文化、政府管文化的发展格局。加快行政审批制度改革，进一步简化创办文化企业、举办文化活动、开展文化对外合作交流等方面的文化行政审批事项，对信誉好、操作规范的文化企业，有法律法规依据的可依法实行备案制，设立办理文化出口的专门机构和绿色通道。建立健全国有经营性文化资产监管体系，设立大同市国有文化资产改革管理办公室（设在大同市委宣传部），加强文化资产和经营收益管理，科学制定考核指标体系，确保国有文化资产保值增值。建立健全文化产业统计制度，市县两级统计部门每年定期发布文化产业统计报告。健全文化市场监督管理体系，建立文化企业信用档案、文化市场信用制度和文化市场进入退出机制，发改、经济和信息产业、工商、税务、文化等部门按职能对文化产业资金投入、项目规划、落实情况等进行监督检查，对未达到建设规划要求的实行退出机制。完善文化市场综合执法机制，构筑完善的知识产权保护体系，严厉打击侵权、盗版等非法行为。

创新文化单位运行机制。遵循文化艺术规律和市场经济规律，继续深化公益性文化事业单位劳动人事制度、收入分配制度、社会保障制度和行政后勤制度等改革，事业拨款由养人向保障项目和发展转变，形成有效的激励约束机制和资源优化配置机制。全面推进国有经营性文化事业单位转企改制，建立现代企业制度和规范的法人治理结构，实行公开招聘、竞争上岗、能上能下、能进能出的用人机制和按劳分配与按生产要素分配相结合的分配机制，推进转制企业成为自主经营、自负盈亏、自我发展的合格文化市场主体。加快国有文化企业产权制度改革，引进战略投资者，实行股份制改造，实现投资主体多元化。

营造全民参与文化建设新格局。进一步建立健全党委统一领导、党委宣传部门组织协调、行政主管部门具体实施、有关部门各负其责、社会力量和人民群众积极参与的文化建设领导体制和工作机制，形成齐抓共管、各方参与的文化发展新格局。各级宣传文化部门要进一步增强责任感、使命感，实行工作目标责任考核制度，形成干事创业的浓厚氛围。要充分调动广大文化工作者的积极性，崇尚文化，尊重人才，激发文化创造力，发挥文化建设主力军作用。各有关职能部门要把"文化强市"建设与本部门工作结合起来，积极支持文化建设。要调动广大人民群众参与文化建设的积极性，建立文化事业和文化重大项目社会听证和咨询制度，鼓励和支持群众团体和社会组织各展所长，发挥社会各界人士的独特作用，共同推进文化建设。

在国家意识形态政策许可的前提下，鼓励社会力量积极参与和支持文化建设，引导和鼓励企事业单位、社会团体和个人投资文化建设，鼓励社会资本在政策范围内以各种形式举办文化实体，承办政府组织的大型文化活动，参与文化基础设施建设。积极引进外资和吸收社会、民间资本进入政策许可的文化产业领域。加大文化招商引资力度，市政府除组织参加中国（深圳）文博会等全国性重大招商引资活动外，扶持组织全市专项文化旅游经贸洽谈会，充分运用联合重组、股份制等多种形式，推动社会资本参与国有文化企业改革重组，形成以公有制为主体、多种所有制共同发展的文化产业格局。

（五）落实文化经济政策

落实扶持文化产业的税收优惠政策。根据2008年《国务院办公厅关于印发文化体制改革中经营性文化事业单位转制为企业和支持文化企业发展两个规定的通知》有关精神，继续贯彻落实国家现行关于对文化产业发展的税收优惠政策，文化企业按《高新技术企业认定管理办法》的规定被认定为高新技术企业且当年符合高新技术企业条件的，当年可享受税收减免，按15%征收企业所得税优惠政策；文化企业开发新技术、新产品、新工艺发生的研究开发费用，允许按国家税法规定在计算应纳税所得额时加计扣除；出口图书、报纸、期刊、音像制品、电子出版物、电影和电视完成片，按规定享受增值税出口退税政策。

完善文化用地政策。文化建设用地要纳入各地城乡总体规划和土地利用总体规划编制之中，确保文化建设用地规模，鼓励利用"三旧"改造建设文化产业园区，重大文化基础设施和标志性文化工程、高新技术文化产业项目用地要优先予以安排，并在市政府职权范围内适当减免相关规费。新建的公益性文化设施所需用地，符合法定划拨用地范围的应当以划拨方式供地。符合法定条件的文化企业和文化创意产业园区用地可采取划拨、出让、租赁、有偿使用等方式，并在返还土地收益、减免建设规费方面给予优惠。

金融机构要加大对文化产业的信贷支持，创新贷款融资模式、信贷产品和服务方式，可在国家允许的贷款利率浮动幅度范围内给予一定的利率优惠。积极利用资本市场进行融资，培育、支持符合条件的文化企业股改上市融资和通过债券市场融资，鼓励有实力的企业、团体、个人依法发起组建各类文化产业投资公司和文化产业投资基金，逐步形成多渠道、多元化、能增强文化单位自我发展能力的综合性文化发展资金筹措和融资体系。

第二节　体制机制、人才建设保障

一、创新体制机制保障

（一）创新投融资机制

组建大同生态文化旅游圈投资公司。组织政策性投资公司，重点投资发展市内生态、文化、旅游、交通等基础设施，优化市内投资环境，形成投资导向，吸引国内外投资者。

支持建立完善大同市投融资运营体系，引导鼓励社会资本投资运营市生态文化旅游产业；支持组建生态文化旅游产业基金和创业投资基金，引导设立生态产业、文化产业和旅游产业创业发展基金，鼓励社会力量设立生态文化旅游产业信贷投融资担保机构，完善大同市担保和信用体系；尽快制定完善大同市生态产业、文化产业和文化旅游业出口的投资、税收、汇率、知识产权等配套扶持政策，搭建有效的公共服务平台，吸引中外战略投资机构，建立功能完备的大同市特色生态产业和文化旅游产业对外贸易体系。

赋予优质资产组建文化产业投资集团，依托现有的文化产业集团和行业集团，规划产业布局，形成产业集群体系。打造产业发展投融资平台，创新资本运作模式，成立文化产业担保公司、风险投资公司，引入城市发展基金，开展多种形式的金融合作。

（二）建立重点项目推进机制

加强重点项目库建设，强化项目对产业的带动作用，精心选准一批重大项目，抓紧储备一批重大项目，统筹投资支持优先建设的规划项目。鼓励旅游区评级升格，简化文化项目核准审批程序。引入社会资本参与文化建设，动员社会各方面力量投资文化事业和文化产业，并为社会投资文化事业和文化产业提供法律保障和政策支持，充分调动社会各方面力量投资建设文化的积极性、主动性和创造性，把广大人民群众的智慧和力量引导到实施文化发展战略的行动中来，在全社会形成人人关心文化建设、人人从文化发展中受益的良好氛围。

（三）建立整体宣传营销机制

在市委宣传部的统筹下，建立大同市整体宣传策划管理运维公司，整体宣传策划中国·大同生态文化旅游形象，协调好门票定价、客源市场等问题，加强与市外旅游市场、营销市场的联系；通过有组织的媒体宣传、项目推介、影视创作等一系列活动，策划生态文化旅游主题宣传，举办大同生态文化旅游圈旅游主题年会、大同市文化高峰论坛，积极组团参加国内外旅游展销博览会等，提升城市公共文化形象。推进信息化建设，建设"三库一网一平台"（旅游信息资源库、生态信息资源库、文化信息资源库，大同生态文化旅游圈信息网，信息资源共享平台），以大同市经济和社会发展的需求为导向，加快旅游、生态、文化等信息资源的开发利用，促进大同市各区县在生态文化旅游建设发展上的资源共享、协调互动、整体形象提升。

（四）建立产业联动机制

加强生态文化旅游产业及相关产业的协调联动发展，促进全市形成围绕生态文化旅游的大产业协调发展的格局；大力扶持和引导农业、工业、商业、交通客运、文化体育、房地产、报刊娱乐等行业立足自身优势，向旅游业延伸发展。

加强大同市"六新"产业带与文化产业进一步融合，加大生态农业、医药食品产业集聚，突出电力、建材等产业的和谐有序环保绿色发展，建设以文化产业为核心的区域性商贸中心、物流中心、信息中心、金融中心等，推动区域产业发展与产业布局一体化、区域市场一体化、城乡建设一体化、环境保护与生态建设一体化。

（五）建立统筹协调机制

加强大同市的生态文化旅游产业与周边省市相互联系，统筹协调市内外（晋冀蒙、京津冀）交通设施、交通线路、旅游线路的衔接，旅游品牌的联合策划，旅游产品的联合开发等，形成资源共享、优势互补、相互促进的良性发展机制，促进大同市经济社会与周边地区共同协调发展。

（六）健全公共文化治理结构

以文化体制改革为重点完善公共文化治理结构，加快形成科学有效的宏观文化管理体制。进一步推进政府职能转变，理顺政府部门与文化企事业单位的关系，确立党委领导、政府管理、行业自律、企事业单位依法运行的管理体制，推进政企分开、政资分开和管办分离，切实把政府从办文化的具体事务中解脱出来，正确划分政府与市场、社会的边界，使政府的职能严格限定在市场和社会解决不了的领域，使政府能够集中精力履行文化管理和公共文化服务职责，真正实现从微观管理向宏观管理的转变。按照创新体制、转换机制、面向市场、增强活力的要求，深化公益性文化事业单位改革，积极培育微观公共文化服务主体和社会组织，发挥企业和社会组织各自的比较优势，从而为转变公共文化发展方式创造基础性的制度条件。

（七）创新公共文化服务绩效考核与评估机制

研究提出符合实际的公共文化服务体系建设绩效评价指标体系，并进行相应的制度设计，使公共文化服务体系建设指标化、项目化、实事化、科学化、规范化、制度化，使公共文化发展真正成为硬任务、硬指标，成为可衡量、可检查、可考核的对象，并纳入对各地各部门的考核评价体系之中。研究制定乡镇（街道）综合文化站、村（社区）等公共文化设施的服务规范，实施对馆、站的绩效评估；研究实施文化先进乡镇（街道）的创评机制，不断提高大同市乡镇（街道）文化服务水平。

二、推进人才建设保障

强化人才是第一资源的观念，聚焦经济转型和"六新"突破，拿出专项资金建设专家库、智囊库、人才库，广泛集聚具有较强战略思维能力、市场研判能力、资本运作能力的领军型经营管理人才，持续引进熟悉产业政策、市场经验丰富、创业能力较强的专家型企业精英人才，坚决留住身处核心岗位、掌握关键技术、具有突出贡献的实用型高级技能人才。要采取平台聚才、事业留才、环境引才的办法，让各类人才干事创业有平台、实现价值有舞台。

（一）牢固树立人才资源理念

以人为本、人才为要，切实增强加快建设人才强市的责任感和紧迫感，提高做好人才工作的自觉性和主动性。把人才优先思想、人才资源是第一资源理念落实到大同市公共文化发展的各项工作部署中，充分发挥文化人才的基础性、战略性作用，努力为人才营造一流的社会环境、工作环境、生活环境和制度环境。

（二）加大文化人才财政投入

一是各级政府优先保证对人才发展的投入，确保教育、科技支出增长幅度高于财政经常性收入增长幅度，卫生投入增长幅度高于财政经常性支出增长幅度。逐步改善经济社会发展的要素投入结构，较大幅度增加人力资本投资比重，人力资本投资占国内生产总值比例不低于全省平均水平。二是各级政府在整合已有人才发展资金的基础上，建立人才发展专项资金，按不低于本级财政一般预算收入的 2%，纳入各级财政预算体系，专门用于人才培养、吸引、使用和奖励。三是在重大建设和科研项目经费中，应安排部分经费用于人才培训。四是通过税收、贴息等优惠政策，鼓励和引导用人单位、个人和社会组织投资人才资源开发。五是鼓励和支持企业、社会组织建立人才发展基金。六是建立完善人才支出效益监管和绩效评价制度，提高人才资金使用效益。

牢固树立人才投入是效益最大投入的观念，实施人才投入优先战略。发挥政府财政在文化经费、人才专项资金等投入中的主导作用，在"十三五"期间资金投入基数基础上，增加财政投入，做到资金充足、到位；设立文化人才开发专项资金，专项资金除在引进、培养、激励人才等工作中发挥重要作用外，要针对文化发展新情况，增加新项目，在促进人才工作新发展方面发挥积极作用；鼓励用人单位加大人才引进与培育、开发、激励以及改善人才工作、生活、事业发展环境等方面的投入，发挥其在人才开发中的主体作用；引导社会和人才自身的投入，形成多方投入的机制和格局；保证和支持文化人才引进力度加大、文化人才开发层次提升、文化人才流动机制规范、文化人才激励手段优化、人才环境改善。

（三）建立多层次培养体系

切实加强人才培养、引进和使用工作。抓住培养、引进、使用三个环节，增加人才总量，优化人才结构，提高人才素质。坚持按需引进的原则，重点引进紧缺的公共文化服务人才；充分利用相关院校和培训机构，针对不同领域、不同岗位，分期分批培训全市文化业务骨干；打破论资排辈的旧观念，不拘一格用人才，对素质高、表现突出的人才，通过评荐机构推荐、引进或公开竞聘，选拔到重要岗位上，为其提供施展聪明才智的舞台和空间。

全面发挥和提升大同市大中专院校的作用，充分利用及全国教育研究机构的教育资源，抓好人才的基础教育，为大同市生态文化旅游及产业发展提供人才支撑。通过大力推进省域副中心城市、人才强市改革试验区建设，在中部同类城市中率先建成人才强市、人才发展各项指标位于中部同类城市前列，努力把大同建设成为特色产业人才优势明显、各类人才队伍协调发展、晋冀蒙毗邻地区具有较强竞争力的创新创业人才集聚区。提升区域文化人才的层次，重点建立大同市旅游人才培养基地；更新人才培养模式，积极推进企业、行业协会和高校的合作，培养多层次、复合型的人才梯队，同时加强旅游领域的国际和国内合作。

（四）完善人才工作机制

进一步深化干部人事制度改革，创新人才工作机制、人才培养引进机制、人才激励机制、督查制度和目标责任制度以及人才评价机制。大力推进人才强市战略，一是继续实施人才支持计划，完善各项配套政策。通过政府资助、奖励、风险投资融资、担保贷款等优惠政策，支持各类市场主体面向海内和海外人才市场，引进和培育一批领军人才和创业团队。统筹抓好各类人才队伍建设，让各类人才在大同大显身手、大展宏图，加快形成大同人才新优势，构建大同人才新高地。二是采取有效措施，为引进的海内外高层次人才、紧缺急需人才提供良好的居住条件。三是制定人才优待办法，出台优惠政策，创造良好环境，引进专业技术人才和高级管理人才。对有突出贡献人才、引进人才在医疗、子女教育等服务保障方面提供优质服务。四是构建面向高层次人才创新创业的公共服务体系。加强人才的交流互动，鼓励大同人才到外地学习深造，吸引外地人才到大同市进行技术传授和访问交流，提升大同市人才的专业技术能力和经营管理水平。

（五）优化人才创业环境

通过各种媒体，普及人才工作常识，倡导树立人才工作新理念，大力宣传党和国家人才工作的重大战略思想和方针政策，宣传加快建设人才强市的重大意义、目标任务、重大举措，广泛宣传《人才规划纲要》实施中的典型经验、做法和成效，特别是要加大对各类优秀人才的宣传力度，积极营造全社会关心、支持人才发展的良好氛围。成立中小企业文化创业风险基金，支持鼓励大中专院校毕业生创办旅游、文化企业，包括旅游服务、影视、动漫、文化娱乐等企业。借助京津冀智力优势，建立公共技术和公共信息资源共享服务平台；继续深化与知名企业、高等院校、科研院所、研发机构的对接合作，通过工作机制联动、科技资源共享、创新平台共建，聚集引进更多的资本、技术、人才等创新要素。以财政补贴的方式，对在大同市开办旅游、文化服务企业、个体工商户的应往届大学毕业生，给予房租补贴；对于在大同市创办文化创意企业和文化旅游企业的高端人才，为其解决户口、住房、配偶工作、子女升学等问题。遵循企业家成长规律，积极探索创新企业家培养、提升、激励的新机制、新路子，大力营造最适宜企业家创业的环境，创办企业家俱乐部、企业家论坛，为各类企业家干事创业、施展才华搭建广阔舞台，形成尊崇企业家的社会氛围，使更多的优秀企业家竞相涌现。

第八章　国外城市文化建设典型案例有益启示

第一节　美洲城市文化建设典型案例

一、旧金山

1. 旧金山概况

旧金山是美国加利福尼亚太平洋沿岸的港口城市。渔人码头是最有代表性的景点，其街道可以欣赏到世界上最伟大海湾之一的壮丽景色。金门大桥、科特塔、海湾大桥、唐人街、北海滩、维多利亚式豪宅、费尔蒙酒店等都是国内外知名且非常受游客欢迎的景点。旅游业是旧金山的主要收入来源。

2. 城市文化与特色

（1）文化中心的成熟形象

政府的明确发展宗旨、良好的公共文化资源等种种因素长时间积淀，使旧金山成为美国的文化中心城市。旧金山政府早在 20 世纪中旬就把旅游业作为城市的重点产业，而文化旅游是旧金山游客的首选，因此对文化和旅游产品服务的供给成为许多政策的核心内容。大量的艺术机构和文化资源也是旧金山的一大特色：早在 1880 年，城市就拥有了全美国最大的歌剧院之一、最大的酒店、公共公园、宏伟的教堂等文化资源。戏剧和音乐在这里蓬勃发展，旧金山交响乐团和旧金山歌剧院是全美国甚至全世界都有名气的两大音乐机构。由于文化旅游是占据旅游业整体经济的 20%，旧金山的旅游公司仍然致力于与当地文化创新人才建立合作关系，以活跃社区并吸引游客体验城市的各项创意。

（2）发达的建筑设计和公共艺术领域

旧金山的建筑设计和公共艺术领域非常发达，旧金山的博物馆收藏当中有许多独特的作品，比如亚洲博物馆的玉器和瓷器、加州荣誉军团官的罗丹雕塑、市中心的现代艺术博物馆以及消防局先锋纪念馆等小型博物馆中的许多独一无二的珍品等。1906年大地震造成旧金山市区严重损毁，100多年来市政府陆续建造和修复了多个文化机构，其中包括市政中心、公共图书馆、德扬博物馆、美术官等。现在的美术官是巨大的新古典主义圆形建筑，是探索馆（科技博物馆）的所在地。2009年，华特迪士尼家庭博物馆于普雷西迪奥隆重开业。旧金山以其博物馆、画廊、歌剧、交响乐、芭蕾而闻名于世。有了创新之城的发展目标之后，旧金山正在升级其作为传统艺术和文化目的地的地位，并开辟一条通往明天的创造性道路。

（3）民族色彩的休闲娱乐生活

人口和阶层的纷杂，使得旧金山市的文化多元性极强，并深刻影响到城市经济、景观、习俗、思潮甚至语言等诸多方面。各个民族的流行文化也是旧金山的一大特色——全美最大的唐人街、北海滩的小意大利、克莱门特街的俄罗斯殖民地等，都是极有民族色彩的地方。旧金山文化的重要组成部分藏在不同民族市民开设和经营的餐厅、酒吧和酒店的休闲娱乐生活当中。

3. 城市旅游发展情况

（1）游客、消费与税收情况

据统计，2019年到旧金山旅游的游客总数为2620万人次，其中过夜游客为1040万人次。游客直接支出总额达到103亿美元，其中7.2亿为会议策划与展览支出。国际会议、博览会和贸易展览是旧金山旅游业经济影响力的重要贡献者，大大增加了旅游业给当地经济带来的利益与价值。

游客消费产生的税收款项将投入旧金山的城市基金当中。2019年游客消费所收取的税费总额达到8.2亿美元，其中51%为酒店税（4.15亿美元）、22%为财产税（1.78亿美元）、12%为销售税（1亿美元）、6%为营业税（4670万美元）、10%为其他税（7980万美元）。可见，酒店业为旧金山的金库所贡献的款项是非常大的。除此之外，游客消费也大大提高了旧金山的就业情况，据统计，

2019 年有 8.6 万人的就业领域是旅游业，其中酒店业占据了接近 2/5。

（2）有关文件与机构介绍

由于旧金山的文化机构和景点相对而言都比较现代，有关文物保护的规定和政策不太突出，但对文化和旅游业的整体重视度非常高。近年，旧金山政府的各个部门出台了《2025 年视觉计划》，其中包括旧金山联合学区提出的教育计划、旧金山旅游协会提出的旅游业计划等。教育计划的宗旨和目标是守护城市的多元文化传统，培养出更多技能和文化能力水平较高的年轻人，让他们能够跨越种族、语言、文化和经济界限，利用城市的智慧和资源，进一步提升旧金山在全世界的影响力。旅游计划的主要目标和措施包括提高游客消费为旧金山产生的经济影响，宣传并强调旅游业作为旧金山的头号产业，鼓励旅行社将旧金山作为踏入美国国境的首要选择，通过创新的可持续性发展的方式引领潮流，推动旧金山成为全球最具有吸引力的目的地，利用网络科技逐步转向线上，为会议、贸易、媒体等领域的合作伙伴提供营销和网络支持等非常详细的步骤和具体的措施。

除此之外，旧金山当地酒店社区、市政官员和旧金山旅游公司于 2009 年合作创建了旧金山旅游改善区管理公司（SF TID MC）。从那以后，酒店客房收入的 0.75%—1% 评估收入将用于旧金山旅游的销售、营销和运营计划活动，以造福于行业，为其发展提供充足的资金并保持竞争力不断上升。该组织强调公开透明，由单独的董事会管理，其会议向公众开放。2003 年成立的旧金山旅游基金会主要支持湾区学院和大学的酒店管理项目。该基金会与酒店和餐厅基金会一起挑选年度奖学金的获得者，并为旧金山州立大学和旧金山大学的旅游营销课程提供资金支持。

4. 对大同文化建设的有益启示

（1）文化旅游定位鲜明、品牌识别度高

旧金山文化和旅游业良性发展的重要原因是其明确的定位。在支持、发展和维护地方特色的同时，城市将文旅的各个环节做到了极为丰富的程度，包括住宿、餐饮、娱乐、购物等各项服务的拓展和加强，成为吸引游客的有效方式。渔人码头、金门大桥等景点都是旧金山的名片，这些景点虽然有极高的知名度和文化背景，但对于游客而言仍然属于参观一次则几乎不会再去的地方。然而，数据显示，在所有游客当中有接近 2/3 的人已不止一次来到旧金山，并且游客的平均停留时长是 4 天。也就是说，旧金山不仅吸引着尚未来过的人，也让去过的游客想再次回到这里。起到这种效果的原因之一就是给游客带来舒适感和多种选择的发达旅游业，让来自不同地区、不同背景、不同经济水平的消费者均能够在城市中找到属于自己的游玩方式。还有部分原因是现代生活与文化遗产的有效交融。比如，在老城区进行灯光秀和现代音乐派对，在海湾附近开设镜子迷宫、飞梭体验场等。这些活动不仅使大众熟悉的景点充满新鲜感和体验感，还能紧跟时代的步伐，丰富和更新这些景点的感受途径。

将文化旅游产业发展到一定高度的过程显然离不开对消费者需求的关注，除文化设施之外的配套服务和产品是提高消费者满意度的重要方式。大同有着历史悠久的景区和大量的文化遗产资源，但周围的配套设施如餐饮、娱乐等还需进一步开发。除此之外，这些资源与现代文化相结合，或许可以达到更有吸引力的效果。例如，云冈石窟景区可以建设观景台和飞梭体验场，大同城墙可以进行灯光秀、音乐秀或攀岩、骑行等运动体验活动，这类休闲娱乐的元素与历史文化相结合可以成为全新的发展方向。

（2）政府投入大量公共基金，以促进旅游业的发展和维持

二战后，旧金山所在的加州政府和联邦都加大了对旅游业的资助，用财政资金、公共用地和其他的公共资源，使旅游业跳出以往的私人合作模式，成为官方认可的权威产业。特别是 1946 年后，政府对旅游的限制减少，人们的财富增多，流动性增强。联邦政府对旅游设施和其他基础设施进行了大规模投资，使开发商和企业家深受鼓舞，利用各项政策与金融的便利手段，大肆拓展修建酒店、公园、会议中心和主题公园。为吸引更多游客来此，大规模的工程项目和再开发债券也统统被用于景观建设或把旧景观翻新改造成新的景观。

与此同时，旧金山的经济和人口不断扩展。人们长期以来对旅游和娱乐的消费欲望随着高速公路、机场的修建形成旅游市场的供需平衡。

（3）加强对旅游地区的管理和经营策划

在丰厚的资金支持下，旧金山所在的加州旅游从业者们开始苦心经营。以

主题公园和大型购物中心为主要模式的经营开发理念，可以说是南加州对全世界旅游景区经营理念的一大贡献。南加州主题公园和大型购物中心的建设，以及郊区和景点附近丰富健全的配套服务，让旧金山成为全美甚至全球旅游业的中心城市，引领世界范围旅游业发展的潮流和趋势。

（4）深化市场研究，重新塑造主要旅游景观

从 20 世纪 70 年代起，随着旅游业市场研究的深入和大众市场的进一步分化，旅游景观都得以丰富和重新塑造。美国汽车拥有量高居世界前列，高速公路的建设也带动了沿途观光旅游的新需求。当地政府根据实际情况与游客需求，建造了著名的加州一号公路观光路线。加州一号公路从北至南连接着旧金山与洛杉矶，沿着美国西海岸蜿蜒前进，全长超过 1000 公里。由于得天独厚的地理环境，一边是海阔天空惊涛拍岸，风帆点点碧波万顷；一边是陡峭悬崖群峦叠翠，牧草如茵牛马成群，美不胜收，被称为世界上最美丽的公路之一。这是在重塑旅游景观、增建旅游设施的同时，开发新的旅游资源的经典例子。它让本是旅游热点城市的旧金山和洛杉矶，由加州一号公路相连接，大大提升了游客的出行便利性，又让公路本身成为世界级的打卡地，可谓一举多得。

（5）以文化事业推动文化产业

旧金山的文化中心地位很大程度上依托于城市的整体氛围及其包容的思想空间。优越的文化设施和平台为各种人才提供了展示才华的机会，吸引了大量的艺术家和文化工作者来旧金山举行丰富多彩的文化艺术活动，尝试相关领域的创新创业等。城市的文化面貌不断由政府和市民一同丰富，以及市民自主组织的众多活动与项目均在发挥重要作用。旧金山从公共文化服务机构和许多项目的建设，到为众多人才营造舒适的包容环境，再到吸引这些人才并支持其奇思妙想和多元文化，这个过程即是由公共文化服务和城市文化氛围的建设推动文化产业的繁荣和城市快速转型的过程。

二、利马

1. 利马概况

利马是秘鲁的首都和最大城市，有超千万的人口，约占秘鲁总人口的 1/4，集中了国家的人力、资本、政治和社会创新的资源。利马的卡拉奥港位于秘鲁太平洋海岸的中心，长期以来一直是该国与外界的唯一出入点。利马市通常被称为章鱼，代表秘鲁国的其他地区就像章鱼腿一样，依赖并附属于利马。利马切实在国家占据了主导地位，其工业产值占秘鲁工业总产值的绝大多数，金融业几乎占其金融交易总额的全部。利马的人口规模使其成为国内进口商品的主要市场。

2. 城市文化与特色

（1）文化设施与遗产

利马由弗朗西斯科·皮萨罗于 1535 年创立，是一座迷人的城市和历史宝库。最杰出的大学均位于利马市，包括南美洲历史最悠久的大学——圣马科斯国立大学（1551 年成立）和秘鲁天主教大学（1917 年成立），以及许多其他学校。几乎所有的主要学院、学会和研究机构都位于利马大都市，国家文化机构也是如此。利马也是全国博物馆最集中的地带，主要包括国家考古博物馆、人类学和秘鲁历史博物馆、艺术博物馆等，市区众多的博物馆展示了秘鲁前哥伦布时期和殖民时期的丰富历史。利马城区有许多保存完好的印加前沿海文化的考古遗址，以及西班牙殖民时期的优雅大教堂和华丽宫殿，城市南部矗立着秘鲁最大的西班牙前宗教中心之一——帕查卡马克的遗迹。另外，利马还有数十处史前遗址尚在等待挖掘和调查。

（2）娱乐与文化

利马的娱乐形式多种多样，即包括各项体育活动，如足球、排球、赛马、斗牛、游泳等，也包括风格多样的演出，包括古典剧、现代剧、实验剧、传统戏剧、舞蹈表演和儿童剧等。利马还有数十家以民间音乐为特色的俱乐部和夜总会。利马鲜艳活跃的戏剧、音乐和民间传说仍然非常流行，秘鲁其他地区的公民大规模移民到利马，使得首都新城区与其原籍地之间的文化联系不断加强。

秘鲁人民十分重视国家的非遗文化和传统，各种俱乐部和协会几乎每周都会举办以传统歌曲、舞蹈和特色美食为主题的活动和节会。

3. 城市旅游发展情况

（1）旅游产业概况

利马是秘鲁最具主导和活力的文化中心，但旅游业不是给城市带来经济效益的主要产业，其核心收入来源于多种多样的工业活动，从造船和炼油到食品加工，以及化学品、药品、塑料、纺织品、服装与家具的制造等。秘鲁外贸旅游部的长期规划提到，国家正努力将旅游业提升为第二大外汇来源的产业，将重点发展文化旅游业以吸引更多海外游客。2018 年，踏入秘鲁国境的游客达到 442 万人次，是所有南美国家游客流量和消费总额的前 5 名。

（2）旅游资源概况

利马的旅游资源相当丰富，给游客提供了多种多样的选择，包括无数个文化景点、自然景色、特色美食等。其中，以印加文化和殖民历史为主题的文化旅游是多数人的选择。秘鲁是美洲古代文化的发祥地，利马的街道既能看到许多古印第安人的遗迹，又能发现西班牙殖民时期留下的文化遗产，同时又能强烈地感受到利马特有的秘鲁文化。多种文化的冲击与结合、丰富多彩的自然景观、历史悠久的文化遗产都让利马成为独一无二的目的地。

4. 对大同文化建设的有益启示

（1）注重文化遗产保护

秘鲁悠久的历史和灿烂的古代文明留下了丰富多彩的文化遗产，如马丘比丘古城遗址、库斯科城、卡拉尔古城等。利马较好地保留了不同时期的建筑文化遗迹，各种不同年代的遗址与艺术作品和谐地融合在一起。

1821 年秘鲁独立后，利马成为全国的政治、经济、文化中心。一些原有的与宗教与政治有关的文化与代表性建筑得以保留，并对印加文化进行了再衍生。受欧洲和阿拉伯等外地宗教文化、艺术的影响，各种建筑、壁画艺术等文化遗产均得到了很好的保护。为了应对厄尔尼诺现象给古迹带来的威胁，秘鲁文化部制定了加强对沿海地区考古遗址的预防性保护工作计划。根据计划，由考古学家、文物保护工作者、建筑工程师和土木水利专家组成专门团队对通贝斯、皮乌拉、兰巴耶克等北部 5 个省的文物古迹进行排查、加固和修缮，尤其对世界上最大的土筑古城、昌昌古城进行重点保护，为其搭建保护棚，在周围修建引水道，以免其受到山洪冲击。

（2）公共服务领域的财政支持

由于利马城市人口密集、流动人口较多，市政府常年以来重点关注市民的基本公共服务均等化与公平性问题，不断扩大公共服务的范畴，调整财政体系与结构，把更多财政资金投向公共服务领域，包括在教育、文化、生态环境、公共基础设施等方面的投入。这种财政资金"取之于民，用之于民"的精神使得市民心中对政府采取的措施更加自信，并对以上包括文化在内的领域更加重视，同时起到公共效益和带头投资的作用。

（3）提升市民文化水平

除投资之外，公共服务领域的设施建设与社会保障为提升市民整体文化水平带来机遇。从 20 世纪下半叶开始，由于利马市的产业改革让市场出现了大量全新岗位。无论是现代化的生产还是服务业或旅游业，都需要受过良好教育培训的职员，而当初大部分城市公民与新移民文化水平较低，难以适应新时代带来的变革。因此，近年来利马政府着重发展公共文化服务和教育领域，特别是提升市民文化水平成为重要的目标之一。对于大同而言，要从工业城市转向"文化强市"，则少不了城市居民整体文化水平的提升，市民的文化意识要跟上丰富的文化资源开发，才能真正意义上打造全面的文化旅游中心城市。

（4）博物馆主题丰富、数量众多

利马分布着形形色色的博物馆，主题涉及西班牙黄金、皮斯科酸酒历史、古老艺术品和冷兵器等，不一而足。穿梭在这些 16 世纪和 17 世纪的古老建筑中时，能够亲眼见证秘鲁历史和文化的更迭。拉尔科博物馆（Museo Larco）坐落在一栋 18 世纪的皇家建筑之中，是一家私人博物馆，因收藏前哥伦布时期的陶器和珠宝而闻名。利马艺术博物馆（Museo de Arte de Lima）是利马的标志性文化景点，位于利马市区的博览会公园，馆内收藏了大量珍贵的秘鲁艺术品，历史跨度达 3000 年，包括摄影、绘画、陶器、装饰品和史前古器物。

除前哥伦布时期的艺术珍品外，馆内藏品还不乏精妙绝伦的现代作品。皮斯科酒博物馆（Museo Pisco）不是传统意义上的博物馆，这里没有古代文物的展示厅，它也没有市政府的正式认定或批准。尽管如此，皮斯科酒博物馆很快成为颇受秘鲁人喜爱的手工鸡尾酒吧，并因为卓越和别出心裁的调酒技术而深受人们尊敬。秘鲁黄金博物馆和世界武器博物馆（Museo Oro del Perú）位于利马的圣地亚哥德苏尔科区，是米格尔·穆希卡·加洛（Miguel Mujica Gallo）的私人博物馆，陈列了他毕生所藏的珍贵物品。博物馆整体分为两个部分：一部分展示了秘鲁出土的各种金银制品、木乃伊、纺织品、陶制品等，游客从中可了解秘鲁前哥伦布时期的文化和习俗；另一部分展示了16世纪以来世界各国的兵器，包括中国古代的刀剑、拿破仑使用过的兵器。

（5）美食特色鲜明，餐饮业吸引游客

2007年，利马政府协助成立了秘鲁美食协会，将秘鲁全国的美食协会聚集在一起，一同组织活动并加强秘鲁美食文化的民族认同。另外一个组织，APEGA协会，汇集了厨师、美食培训机构、餐厅老板、营养师、研究人员、记者等，与美食市场全产业链的各个企业合作举办大型美食活动。比如，2008年首次举办的南美最大的名为Mistura（葡萄牙语"混合"）的烹饪节，汇集了特色餐馆、食品生产商、厨师、烹饪机构甚至街头小贩，以庆祝美味的食物。项目获得了跨国界的极大成功，每年的参观人数超过百万，让利马作为旅游目的地变得更加多元，利马也因此被誉为南美的"美食之都"。基于政府支持、鼓励宣传、资金投资等举措，通过西班牙、安第斯和亚洲的烹饪传统的融合，重塑了秘鲁的民族自信和对本土文化的欣赏，在这些基础上建立了利马传统与现代相结合的"美食之都"的积极形象。对于大同而言，饮食文化是地方文化的重要组成部分，应加大对大同美食的宣传，吸引游客品尝大同风味。

第二节 欧洲城市文化建设典型案例

一、圣彼得堡

1. 圣彼得堡市概况

圣彼得堡作为俄罗斯人心目中的"文化首都",通常被称为"一座世界性的博物馆"。这座城市的文化面貌总是吸引着大量的游客,以其独特的建筑、纪念碑、博物馆和剧院而闻名于世。

2. 城市文化与特色

(1)文化设施与资源

圣彼得堡是俄罗斯甚至全世界公共文化设施最多样的城市之一,最著名的包括国家隐士博物馆、俄罗斯国家博物馆、马林斯基剧院、爱乐乐团、国立大学,以及彼得霍夫、普希金、帕夫洛夫斯克等宫殿和公园。联合国教科文组织已将4000多个位于圣彼得堡的遗址列入世界遗产名录中。圣彼得堡有约200座博物馆供游客选择。其中,隐士博物馆、俄罗斯国家博物馆和其他博物馆除了常设展览之外,经常举办多种多样的主题展,使游客有反复参观的意向。除了博物馆展出的过去作品收藏外,圣彼得堡还有约50家艺术画廊和当代艺术展厅。该市每年还会举办许多国际艺术节、音乐节、戏剧节、比赛、展览和首映式。

由于圣彼得堡具有独特的自然景观和丰厚的自然资源,城市郊区有许多全年提供治疗和娱乐服务的多功能综合中心。温带的海洋气候、风景如画的湖泊和芬兰湾水域、休闲舒适的海滩和松林、含有溴和碘成分的新鲜空气、丰富的矿化水和治疗泥浆等资源,使该地区具有极大的旅游关注度。

(2)文化产业的政策支持

对于圣彼得堡文化领域极其重要的政策,是市政府与圣彼得堡文化委员会协同施行的《圣彼得堡文化领域发展计划》，其中包括 5 年计划和年度计划。其宗旨是在圣彼得堡文化历史遗产的基础上，确保城市独特又和谐地良性发展。该计划包括四个主要部分：其一，是遗产，即圣彼得堡的文化和历史遗产的保护、发展和推广；其二，是艺术，即专业艺术领域的保护和发展以及对圣彼得堡多元化创作活动的支持；其三，是城市形象，即圣彼得堡以文化为核心竞争优势的形象塑造；其四，是教育，即维护和发展圣彼得堡公共教育机构系统，并为儿童提供更多艺术与创作领域的教育方案。2019 年，《圣彼得堡文化领域发展计划》下的预算资金支持共计 270.3 亿卢布（约 4.16 亿美元），其中联邦政府支持 2.5 亿卢布（约 385 万美元），剩余 267.8 亿卢布（约 4.12 亿美元）均为圣彼得堡政府支出。270.3 亿卢布当中，42% 为遗产部分资金，31.8% 为艺术部分资金，8.6% 为城市形象部分资金，17.6% 为教育部分资金。

3. 城市旅游发展情况

（1）旅游产业概况及特色服务产品

2019 年，前往圣彼得堡的游客人数为 1040 万人次，其中外国游客 490 万人次、俄罗斯游客 550 万人次。旅游业对圣彼得堡经济的年度贡献总额（游客在城市的总支出）约为 3750 亿卢布（约 58 亿美元）。

圣彼得堡政府常年重视城市的文化和旅游领域，因而其公共文化服务结构非常发达和完善。圣彼得堡的特色之一——城市旅游信息局成立于 2000 年，是俄罗斯第一个统一的国家免费旅游信息服务机构。其主要目标是为游客和居民创造一个舒适的信息环境，并在国内外旅游市场上推广圣彼得堡的旅游产品。定期更新的机构信息库包含游客和城市居民可能感兴趣的各种信息，精通外语的工作人员可以随时解答有关城市和郊区活动、短途旅行、交通运输、博物馆和其他机构的相关问题，并在紧急情况下为游客提供帮助。

（2）旅游产业的政策支持

2021 年 1 月 15 日，圣彼得堡旅游发展委员会颁布了最新的《旅游业支持措施》汇编，涵盖了一切适用于旅游业的有效政策与法规。其内容十分丰富，包括对旅游业企业的补贴和优惠、税收政策（如疫情之下 2020 年和 2021 年对酒店、疗养院、旅游公司、运输公司免征财产税、土地税、运输税等税款的决

定)、有关保险费的规定 (如对旅游业企业实行推迟付款期限，减少保险费等待遇)、有关房产租金的规定 (如旅游业用途房产所有人免征房产税，房产租赁人延期交租金等规定)，以及金融和信贷支持与各项许可等内容。

4. 对大同文化建设的有益启示

（1）高度重视历史文化资源保护

俄罗斯非常重视保护世界遗产，圣彼得堡市则进一步把保护世界遗产提升到战略高度。2005 年末，政府颁布了《圣彼得堡遗产保护战略》，战略中明确了对各级各类历史文化遗产和城市环境的保护措施、修复标准和利用方向，提出了保护与发展并重的理念。在这一战略和相应法律的支撑下，现在圣彼得堡市的历史风貌得以很好地保存，一些著名的历史景点如涅瓦大街依然保留着原始风貌。

（2）注重强化城市形象和旅游品牌打造

圣彼得堡市是藏在欧洲深处的高纬度城市，其发展旅游产业面临着气候寒冷、交通成本较高的不利条件。但圣彼得堡市利用其自然条件积极开发特色资源，以多种方式提升城市的品牌影响力，为打造世界级的旅游城市提供了重要支撑。比如，圣彼得堡在每年夏至到来时举办为期一周左右的白夜艺术节，以白夜现象的独特魅力打造城市旅游品牌，不仅展示了高纬度地区的神奇魅力，也增强了游客进一步体验极夜现象、欣赏极光现象的好奇心。另外一个极为特别的项目是圣彼得堡的屋顶游。由于圣彼得堡的老城区大多为低层建筑，本地的旅行社和自由导游创造出了一种全新的体验，即带领游客在屋顶上行走，欣赏各种风格的建筑和装饰，从高处观望本地人的生活，并感受城市的日落和白夜。圣彼得堡市还被冠以"北方威尼斯"的美名，通过借助威尼斯效应达到了强化其旅游品牌的目的。另外，二月革命、十月革命、二战印记等特殊的历史记忆，也都被圣彼得堡市化为城市精神和城市品牌的一部分，成为其城市形象和旅游品牌提升的重要内容。

（3）"以会聚人、以人兴旅"促进旅游发展

圣彼得堡市会展业对旅游业的促进作用十分明显。据统计，圣彼得堡每年举行 600 多场会议、峰会、会展活动，其中 80% 具有国际背景。如始于 1997

年的圣彼得堡国际经济论坛已经成为知名的世界经济交流盛会；2019 年 6 月举办的第 23 届圣彼得堡国际经济论坛，有来自 70 多个国家、270 余家企业约 1.5 万余人参加。圣彼得堡市充分利用这一机遇，自 2007 年起在每届论坛进行过程中，同时举行丰富多彩的文化活动，包括歌剧演出、艺术品展览、音乐节等。可以说，"以会聚人、以人兴旅"已经成为圣彼得堡旅游业发展的重要经验。

（4）加强软硬环境建设

就软环境建设而言，俄罗斯联邦政府相继出台《旅游发展行动计划》《2011—2016 年俄联邦发展旅游业（境内游和出境游）专项纲要构想（草案）》《俄联邦国内和入境游发展纲要（2011—2018 年）》等一系列文件，圣彼得堡市政府通过制定发展战略和行业规章制度将旅游业列为优先发展产业，并对本地区旅游业的发展方向进行调整和规范，加大资金投入，打破行业垄断，多角度、多层次地开发旅游产品，保障了市场的稳步增长。2017 年以来，俄罗斯放宽了中国游客赴俄签证政策，增加了汉语导游人数，加强了与中国银联的合作，在圣彼得堡的中餐馆数量也日渐增多，这些措施使圣彼得堡在吸引中国游客方面更具竞争力。在硬环境建设方面，圣彼得堡交通条件相对于俄罗斯其他城市更加便利，公路、铁路、水运、航空运输俱全，各级各类旅游服务机构超过 3000 个。有数百家大型旅游企业在该市开展上下游产业的开发，与之相关的商业和服务企业也达到 6 万多家，规模巨大。

（5）加强安全城市的形象

对于任何城市而言，安全指数是重要的吸引力指标之一。在俄罗斯联邦整体安全指数相对较低的环境下，为了提高在圣彼得堡旅游和生活的舒适度与安全水平，市政府陆续落实了多个项目，其中包括游客热线。这是一个现代化的信息咨询平台，一天 24 小时一周 7 天均为游客和市民提供服务。2020 年，圣彼得堡成为俄罗斯第一个加入国际安全旅游计划安全出行的城市。圣彼得堡市内符合具体的国际卫生和安全标准的文化旅游业组织、公司和从业者可以获得安全出行的专属标志 Safe Travels SPb，给游客提供可以信赖的安心服务，并促进圣彼得堡作为最安全城市的营销计划的推进。用实际行动在市民和游客心中加强安全城市的形象，有助于经济、旅游、文化等各个领域的有序发展。

二、巴塞罗那

1. 巴塞罗那概况

巴塞罗那是一座全球著名的旅游城市，以其休闲生活、高端艺术文化、各项运动俱乐部、海滩景点和时尚潮牌而闻名。这座城市的历史和文化是独一无二的，每年到访巴塞罗那的数百万游客也为城市带来了很多改变。巴塞罗那的旅游业让城市成为一个繁荣的热点——它拥有无穷无尽的节日和演出、博物馆、娱乐中心、艺术画廊和各种活动。

2. 城市文化与特色

（1）文化设施建设与基本情况

巴塞罗那拥有丰富的文化遗产，这座城市的过去与现在有着密切的联系，而文化和艺术已经成为当今市民的灵感源泉。巴塞罗那市民非常重视其独特的加泰罗尼亚文化，并知道如何从生活的方方面面享受这个文化，他们真真切切地推动了文化的发展。对许多西班牙人，特别是年轻人而言，文化就业已经成为进入劳动力市场的重要切入点。在西班牙，15—29 岁的年轻人从事文化领域工作的比例高于该年龄段在整个国民经济的就业比例。

巴塞罗那博物馆的种类十分多样，从巨大的海事博物馆，到当代十分流行的蜡像馆。成立于 1990 年的加泰罗尼亚国家艺术博物馆涵盖了现在和过去的艺术作品，其中包括加泰罗尼亚艺术博物馆（主要展示罗马式和哥特式的绘画作品）以及现代艺术博物馆（主要展示 19 世纪和 20 世纪的作品，特别是加泰罗尼亚艺术家的作品）的收藏。费德里科·马雷斯博物馆（Museo Frederic Mares）展示着许多由马雷斯收藏的趣味文物，如最有名的各种形状的烟斗、镶嵌贝壳的玻璃花瓶等特别的生活用品，以及从古代到 19 世纪的各种雕塑。巴塞罗那也有许多致力于收藏和城市有关的著名艺术家，其中最引人注目的是画家琼·米雷（琼·米雷基金会）和巴勃罗·毕加索（毕加索博物馆）。

（2）文化节日、会展

巴塞罗那一直是西班牙语世界的主要出版中心之一，市中还有纪念米格尔·德·塞万提斯的宫殿博物馆——塞万提斯宫。每年的 4 月 23 日是国际图书派对（Fiesta del Libro）。这个节日是历史和社会的重要传统，也是图书贸易的一件大事。巴塞罗那也是西班牙的国际会议、展览和交易会的主要举办地。比如，拉菲拉（Feria de Barcelona）是自 1929 年以来每年在蒙朱希展览中心举行的重要国际活动。

传统的艺术文化形式在巴塞罗那被充分地展现出来。1847 年成立的利丘歌剧院为市民和游客展示歌剧和芭蕾舞表演。自 19 世纪以来，罗密欧剧院一直是加泰罗尼亚语戏剧的焦点。音乐官和巴塞罗那市交响乐团为喜爱古典音乐的游客表演精彩的加泰罗尼亚和西班牙音乐的著名作品。巴塞罗那文化最显著的特点是其层次的多样性——除了大型的公共文化设施如佩德拉贝斯官和里面的传统艺术展之外，兰布拉斯的路面艺术家等自由偶然的文化活动也无处不在，一切与艺术文化创作相关的活动和机构都充满了巴塞罗那文化十分独特的色彩。

（3）文化遗产保护制度概况

在城市景观与文化遗产保护的领域，巴塞罗那的文化保护系统是比较前沿和完善的。城市多年以来实施《特别城市计划》（Special Urban Plan），其目的是保护在巴塞罗那市范围内的所有标志性建筑、机构、景观等，并提高城市整体保护质量。各个受保护的建筑或遗址均有专属的保护计划，包括详细描述环境与经济评价有关的城市规划法规、管理措施等具体的条款，使得文化遗产保护的相关工作有效率、有依据、更顺利地进行。

3. 城市旅游发展情况

2019 年，前往巴塞罗那的游客人数约为 1395 万人次，其中 33.1% 的游客来到巴塞罗那的次数已超过 3 次。这无疑证明该城市的超大吸引力和文化旅游业的极高发展水平。

1992 年奥运会前夕极大的推广度，使加泰罗尼亚首府成为世界上最热点的城市之一。在奥运会之前，城市建设了许多新的酒店，铺设了高速公路，重建了埃尔普拉特机场。奥运会的主要目标是将国家的历史与奥林匹克文化结合起来，但对于举办城市而言，这更是一个将城市发展为重要的商业和旅游吸引地的机会。这样，1992 年的奥运会就成为巴塞罗那旅游业的转折点。种种因素的叠加引起了一次极为深刻的变革，使公民和游客在近 30 年后的今天仍然可以明显地感受到当初成功的回报——巴塞罗那已成为全球最受欢迎的国际旅游目的地之一。

4. 对大同文化建设的有益启示

（1）科学规划城市更新改造

巴塞罗那在 21 世纪初所经历的以文化引导旧城改造的方式成为全球城市更新的典范，被誉为"巴塞罗那模式"。巴塞罗那的改造理念体现出城市对文化遗产的重视。高度尊重现有工业区街道和历史空间结构是核心理念之一，比如，对于工业遗产的艺术建筑进行全面保护并维持历史遗迹本体，对一般历史建筑的旧工业厂房进行活化利用，将其改造为公共艺术空间、创意办公空间、新产业生产空间等。规划的目标之一是打造宜居、宜业、宜游的多元空间，充分利用更新区域来提高公民和游客的生活、工作、出行的水平。这种合理且有效的改造方案，帮助巴塞罗那塑造了一个以文化新经济为基础的全新城市空间组织模式。大同作为重工业城市，在转向"文化强市"的过程可以借助巴塞罗那和其他城市成功改造的经验，挖掘更新区域的多元性并将核心放在已有空间的合理开发上，逐步推动城市转型改造。

（2）工业遗产保护打造文化热点

历史文化是城市的灵魂，在巴塞罗那普布诺更新改造的过程中，对 114 个重要历史和文化遗产进行严格保护。普布诺地区除了保留区域传统工业文化特色外，还对相应区域的主要街道和环境风貌进行了保护更新。比如，通过保留蒸气时代的砖砌烟囱等特色工业建筑遗存，形成连续的历史风貌景观，或通过设计高低错落的新建筑立面以满足街区多功能使用需求，与工业建筑遗存共同构成特色街道景观的变化。

采矿业曾经是比利牛斯山脉最重要的工业，但位于巴塞罗那郊区的矿山几乎已不再使用。当前，该地区开设了塞克斯矿业博物馆（Museu de les mines de Cercs），专门展示煤矿开采的历史和技术，介绍珍贵的矿物质是如何提取和使用的，并展示许多不同的挖掘设备、工具等，讲解矿山工作人员的运输、医疗、饮食等的生活和工作条件，详细介绍20世纪初采矿殖民地的生活。大同作为全国知名的矿业中心城市，可以利用其地位通过博物馆、体验馆等形式来推广和科普更多与煤炭、电力、化工等产业相关的知识与其背后的文化。

（3）创新产业集聚引领区域经济发展

在文化新经济的发展背景下，巴塞罗那提出将具有一定规模的创新企业、小型工作室及商业等服务产业链接起来，打造一种多元融合、极具活力的城市产业组织，其中的核心方法主要包括以下三个方面：

第一，城市空间方面。为了吸引集聚高新技术的公司，所有加泰罗尼亚的大学均在普布诺地区内设研究中心，成为初创企业的孵化器。此外，普布诺地区为中小企业提供办公空间的同时，还为其配套咨询公司、技术中心、法律服务中心、产权保护中心等，充分满足了不同发展阶段、不同类型的企业需求。

第二，产业服务方面。巴塞罗那普布诺地区为初创企业提供企业发展指导和职业培训服务，为有潜力的中小企业寻求各类融资和商业合作的机会。此外，普布诺地区重视企业间的关系网络建设，通过成立企业互动协会，促进了各企业专业人士的技术交流。这种快速高效的知识与技术的碰撞，对于提升地区的创新能力有着重要意义。

第三，人才政策方面。巴塞罗那瞄准专业人才，希望通过提升其生活品质，强化人才的地区归属感，包括两个方面：一是加强专业人才和区域之间的联系，通过建设高品质社区，满足专业人才对生活环境的高追求；二是积极组织各种文化活动，推进各个社区间的创新文化融合发展。

（4）积极举办大量的国际大型活动

举办奥运会之后，巴塞罗那的旅游中心城市地位在全世界极速提升。因举办奥运会、国际展会等活动而爆火的城市已不在少数，证明大型国际活动对于城市的发展而言是十分重要的。巴塞罗那市长在讲话中多次提到，即使是文化艺术中心城市，其举办的活动也未必局限于传统的艺术展和会演，还有大量的美食节和分享会、比赛和运动会、论坛和交流会等，种种活动的背后都蕴含着城市独特的文化风貌。正是这些有国际背景的活动和项目让城市成为大众的热点话题，有效提高了城市知名度，以此吸引人才、吸引游客，促进城市的良好发展。

（5）重视公共空间建设，以此提高生活品质

通过公共空间的建设与改善来提升居民的生活品质，是巴塞罗那政府自20世纪80年代就开始施行的都市空间改善方案的重要目标。巴塞罗那大大小小的户外活动已经成为城市的独特品牌，由各种活动和整体氛围塑造积极、热闹、有趣的城市形象，在市民和游客心中是"各种活动不停的城市"。从已有的公共文化设施出发，再针对每一个中小型空间进行设计与改善，以点带面，逐步提升整座城市公共空间的环境品质。巴塞罗那政府始终认为公共空间应该为人考虑，因为只有人可以为公共空间和各项活动注入活力。因此，他们选择用高品质、耐用的材料去设计简单、易用的空间造型，创造出平易近人、有亲和力的便民空间。将简单、朴素与耐用相结合，再加入大量的艺术元素，让空间充满个性色彩和辨识度，是巴塞罗那公共空间建设与改善的重要经验。

三、佛罗伦萨

1. 佛罗伦萨概况

佛罗伦萨是意大利的重点旅游城市，位于罗马西北约230公里处，四周环绕着缓缓起伏的山丘和充满意大利休闲气氛的别墅、农场、葡萄园和果园。佛罗伦萨的历史悠久，始建于公元前1世纪，是罗马军事殖民地。早在14—16世纪，佛罗伦萨就在商业、金融、教育和艺术领域取得了卓越成就。佛罗伦萨的荣耀根源主要是它的过去。位于市中心的老城区在1982年被列入世界遗产名录。佛罗伦萨是文艺复兴的摇篮，这里的每一座建筑都是独一无二的艺术作品，更多的艺术作品藏在这些建筑里面，城市的各个角落都印满了制作这些作品的艺术家的特征。佛罗伦萨最著名的文化巨人包括达·芬奇、米开朗琪罗、但丁、马基雅维利、伽利略，以及著名的美第奇家族统治者。

2. 城市文化与特色

（1）文化产业风貌

至今，佛罗伦萨依然是重要的文化、经济、政治和艺术中心城市，其位于连接意大利北部和南部的交通线路使佛罗伦萨成为意大利的贸易市场焦点。尽管城市近年发展了信息技术等新兴产业，但其对旅游业的依赖程度依然非常之高。佛罗伦萨主要依靠旅游业和留学领域带来的资金为生。对于城市经济来源而言，传统的手工艺品（玻璃器皿、陶瓷、锻铁、皮革制品、贵金属制品、艺术复制品等）与一些高级服装和鞋类生产等产业，仍然具有一定的重要性。在这里运营的知名时装品牌公司包括古驰、费拉格莫等。作为商业与文化交融的城市，佛罗伦萨以其惊艳豪华的节日和展会而著名。这里的音乐、歌剧和视觉艺术达到了极高的水平，一年一度的马焦音乐节（Maggio Musical）和其他的传统节日吸引着来自世界各地的游客。佛罗伦萨全年举办许多展览会，包括国际古董展、国际时装秀和多种工匠艺术展。

（2）文化设施建设

佛罗伦萨有许多博物馆，主要展示绘画和雕塑艺术作品。国家中央图书馆一直是意大利的重要文化机构，自1870年以来保存国家出版的每一本书的副本，也收藏了数百万件亲笔签名、手稿、信件、墨书和各种书籍（包括稀有版本）。佛罗伦萨有许多顶级的教育机构，如天文台，美术、科学、文学、农业经济等领域的专属学院，历史、艺术史、光学史等研究所、意大利但丁协会、意大利植物学会和地理研究协会等机构均位于佛罗伦萨。除此之外，有越来越多的外国大学在佛罗伦萨开设研究基地和分校，如哈佛大学设立的意大利文艺复兴研究中心，以及斯坦福大学、巴黎大学、锡拉丘兹大学、加利福尼亚州立大学等世界一流大学的分校。

（3）文化遗产保护制度

佛罗伦萨对文化遗产的保护体系是非常出色和完善的，既有限制性规定，也有许多鼓励和支持文化产业良性发展的政策，如名为艺术奖励（Art Bonus）的文化遗产修复计划。该计划为赞助文化遗产的公司和个人提供了巨大的税收优惠，因此，费拉加莫品牌曾赞助150万欧元来修复老城区的海王星喷泉，古驰拨款 34 万欧元用来保护韦基奥官的艺术品等，以这种方式加强文物保护意识并促进文化遗产得到跟进时代步伐的保护。佛罗伦萨传统工艺和非遗文化的保护也得到重视，政府多年以来着力发展现有并建立全新的手工艺品作坊，推广佛罗伦萨工艺大师的产品。除了文化遗产的保护之外，现代艺术的引进也是佛罗伦萨近年来的新潮流。例如，前些年本地的公司和画廊在韦基奥官举办了杰夫·孔斯和扬·法布拉的展览。他们的作品是当代艺术中最引人注目的现象之一，在文艺复兴时期的韦基奥官展示这样的艺术作品无疑是一种挑战，但这就证实了佛罗伦萨也可以成为当代艺术的中心城市。

3. 城市旅游发展情况

（1）文化与旅游结合发展战略

佛罗伦萨市政府一直把重点放在文化和艺术领域，通过打造闻名遐迩的文化艺术活动中心城市，以文化带动旅游，再以旅游促进文化繁荣。通过大量的文化遗产、节会与活动吸引游客并加强旅游业来壮大城市经济，又为文化遗产的保护、开发和发展提供大量的资金支持，以这种方式实现文化与旅游的双赢，使文旅产业走上可持续性循环的发展道路。佛罗伦萨这种文化与旅游相互推动的战略，为城市形象的建设与知名度的提升起到了巨大的效果。

（2）旅游业的影响及相关对策

据统计，佛罗伦萨的旅游人数一直在不断增加，2019 年已达到 537 万人次。对于一个人口仅 38 万的小城市而言，如此高的游客量虽然是城市经济的顶梁柱，但同时也是当地居民比较大的困扰。交通拥堵和人流拥挤是游客给佛罗伦萨带来的最大困扰之一。发展公共交通，建设新的有轨电车线路，环保出行的推广是佛罗伦萨政府正在管制的重点内容。佛罗伦萨已经成为欧洲电动汽车充电站最集中的城市，市内几乎所有的汽车都是混合或电动的。汽车和自行车共享系统也在不断完善，政府希望减少二氧化碳的排放并鼓励市民和游客使用共享汽车。比如，共享汽车的使用者可以开车进入老城区，而电动汽车的使用者可以不受限制地开进城市的所有区域。老城区的步行区域也已经扩大了许多，让居民和游客都可以享受到更加宽阔舒适的空间，提倡步行，维持健康美好的环境。

4. 对大同文化建设的有益启示

（1）对文物古迹实行严格有效保护

对于文物古迹的保护，意大利有国家级的法律法规，也有专门的中央政府职能部门进行垂直管理。为确保国家文物古迹保护法规的彻底贯彻，国家还组建了一支专门负责文物保护的宪兵部队，随时准备处置文物古迹保护方面出现的紧急情况。

此外，佛罗伦萨市在文物古迹保护方面也有十分具体的措施。首先，古建筑在属于国有的前提下，私人可以购买室内使用权，但不得擅自进行内部改造，即使是正常维修也要依法进行，登记批准；其次，为防止过度商业化对文物造成损坏，多处明文限制开放时间和参观的批次人数；最后，为确保每年文物古迹管护所需资金，政府采取财政拨款、发行彩票和发动民间募捐等办法进行筹措。

总之，由于采取了各种严格有效的保护措施，使佛罗伦萨的文物古迹得到较为完好的保护。

（2）重视新建筑的建设和旧建筑的修复

2000多年来，由于风霜雨雪的侵袭和遭受战火兵灾，佛罗伦萨不少文物古迹坍塌毁灭，历代当权者们主要从两个方面扩大城市建筑规模：一是新建扩建。比如，1293年该市爆发了反对贵族的行会起义，于是当局兴建了一座主教堂，以作为起义中平民取得胜利的纪念。在15世纪中叶，这座城市就大力兴建了一批教堂和宫殿。二是恢复重建。比如，早在11、12世纪就新建或改建了一系列教堂，佛罗伦萨在二战后重建了那些被战争摧毁的殿堂、桥梁和重要广场（如共和国广场、君主广场等），正由于不断新建和修复，佛罗伦萨的古建筑才能有现在的辉煌和壮观。

（3）城市建设中不随意毁旧建新

据说，佛罗伦萨最早是罗马军队驻扎区，发展到15、16世纪经济文化已相当发达，城区也形成了规模。尤其是文艺复兴留下了许多大师的建筑、雕塑杰作，今天佛罗伦萨就像一座充满艺术珍品和瑰宝的大博物馆。虽然历代为了现实需要新建一些建筑，也会修复被毁坏的建筑，但这类建设十分重视文物古迹的保护，绝不随意破旧立新，更不大拆大建。20世纪初在现代城市规划中，为缓解地面交通拥挤也只好选择修建城市地铁。因此，今天的佛罗伦萨城区看不到一栋现代化的摩天大楼，仍保留了罗马殖民时期的基本布局。

（4）在保护的同时发挥文化的作用

佛罗伦萨凭借深厚的文化底蕴和完善的文化服务设施，在对文化机构和文物进行有效保护的同时，又充分发挥其中的文化、价值、习俗的社会作用，其中有两点做得十分成功：一是开展文物古迹的展示活动。把文物古迹包括珍藏的名画、名雕像向市民和游人开放，使参观文物古迹成为旅游者的主要目的地，每天参观的游客络绎不绝。二是经常性地推出诸如电影节、戏剧节、音乐节以及各种艺术品展览活动，营造出浓厚的城市文化氛围，让游客在参观欣赏文物古迹的同时又能受到城市的高雅艺术熏陶。佛罗伦萨的教育和科研事业也相当发达，大量的美术学院、文学研究院等机构为文化的可持续发展提供了智力和人才支持。

（5）以文化带动旅游，又以旅游促进文化繁荣

佛罗伦萨利用城市大量的历史遗迹和文物开展旅游业，每年引来数以百万计的各国游客，实现了文化和旅游的双赢。佛罗伦萨市民以其宏伟和独特的文化为荣，每年举办许多以文化、艺术、手工为主题的节会和活动。除了特殊节日之外，平时的佛罗伦萨街道也是充满节日气氛。例如，老城区的共和国广场上建设了旋转木马等娱乐设施，经常有传统的音乐和舞蹈表演，周围有许多特色餐厅和咖啡厅，游客还可以观看和体验古代的马车和服装秀。这些政府鼓励的活动都给佛罗伦萨的日常带来了更多独特色彩，也让游客更直观地感受到古代和现代佛罗伦萨的生活气息与传统文化究竟是什么样子。对于大同而言，仅仅推出大型的全国性或国际性的节展项目是不够的，城市的文化氛围还需要更多日常性的文化活动来营造和提升。市场化、高档次、频繁运作的活动和项目能够提高城市整体的文化品位，让"文化强市"的符号变得更有说服力和吸引力，并有助于打造大同的独特风貌。

四、雅典

1. 雅典概况

雅典是希腊的历史名城和首都。雅典是世界上最古老的城市之一，其有记载的历史跨越 3400 多年。古典文明的许多思想和艺术思想都起源于此，雅典被普遍认为是西方文明的发源地。

2. 城市文化与特色

（1）文化设施与资源

1987 年被指定为世界遗产的雅典卫城、世界著名的帕台农神庙都是人类文化遗产最耀眼的珠宝之一。两个新的地标性空间也促进了城市文化形象的塑造：国家当代艺术博物馆和斯塔夫罗斯尼亚科斯基金会文化中心。后者由著名建筑师伦佐·皮亚诺设计，也是希腊国家歌剧院的所在地。雅典的公共文化设施几百年前即已非常充足，如 1837 年重建的雅典大学和国家图书馆、1891—1897 年间建造的皇宫（现为总统官邸）、1926 年重建的雅典学院、1896 年重建的有约 7 万个座位的雅典体育场等。

（2）文化遗产的高度保护

希腊作为全世界文化遗址最丰富的国家之一，在全球文物保护领域拥有非常强势的地位。希腊自 2020 年以来担任灵活机制（the Flexible Mechanism）秘书处的东道主。灵活机制是在联合国监测全球保护举措进展和执行情况的倡议下建立的一个实体，旨在有效协调保护世界文化遗址的现有渠道。秘书处由希腊、教科文组织和世界气象组织的代表组成。[①]《雅典历史古迹修复宪章》早在 1931 年即已通过，其内容明确表示历史遗迹应得到严格的管护，且保护历史遗迹的问题在所有国家均应通过一级的立法解决。而 2002 年通过的《关于保护文物和文化遗产的通论》，则引导该领域往全新的方向发展。该法律不仅拓宽了保护对象的范围，而且拓宽了保护的内容，主要强调文化遗产的社会功

---

① See New Europe. Greek representative plays key role in global drive to protect cultural heritage. The European political newspaper on 2nd Feb 2021. https://www.neweurope.eu/article/greek-representative-plays-key-role-in-global-drive-to-protect-cultural-heritage/2021.02.23 .

能，不再把保护本身视为最终目的。新增了保护对象与公众和学者的联系，加深了文化遗址保护程度，创新了文化遗产融入当代社会生活的方式，增长了公众对保护对象的认识等。[①]

3. 城市旅游发展情况

（1）旅游产业基本概况

2019 年，希腊的国际游客人数达到顶峰，约为 3400 万人次，而同年前往阿提卡区（雅典所在的大区）的国际游客总数约为 590 万人次。2019 年，希腊的国际游客消费收入为 177 亿欧元，其中阿提卡区的收入约为 26 亿欧元，排在所有大区的第三位。可见，位于阿提卡区的雅典虽然是希腊首都，但并不是国家的主要旅游目的地，大多数游客在参观雅典卫城和在普拉卡街道后即会告别这座城市。然而，最近几年希腊首都本身就成了越来越多游客的最终目的地，通过古代传统与现代城市相结合的气氛，吸引着各个年龄段和不同兴趣的游客。

（2）吸引游客的战略经验

面对吸引和留住游客的问题，雅典市政府一直在促进旅游领域的发展，让雅典从只有卫城的首都成为值得反复参观的有趣城市。政府提出的项目之一是《我的雅典》，其中认识当地人计划是极为特别的。通过专用的政务平台，游客可以认识到志同道合的本地志愿者，并在城市散步的过程中听他们分享最真实的城市精神和生活体验，揭示城市的所有秘密。通过这种呈现最纯粹的城市景观的方式，政府逐步引入了一些从未被游客参观过的地方和商店作为旅游景点。从这个意义上说，雅典的旅游地图除了有最耳熟能详的景点之外，慢慢增加了从未被视为旅游景点的许多地方。另外，特别雅典（Alternative Athens）也是雅典本地非常成功的一项计划。在该计划下，通过历史观点来展示所有古迹的传统方式由更趣味的方式来代替——通过神话来解读文物。例如，哪些是

---

① See Daphne Voudouri. Law and the Politics of the Past Legal Protection of Cultural Heritage in Greece. Cambridge University Press, 2010. https://www.academia.edu/6113166/Law_and_the_Politics_of_the_Past_Legal_Protection_of_Cultural_Heritage_in_Greece2021.02.19.

与雅典卫城有关的神话，它们背后隐藏着什么，它们反映了当时社会的哪些现象与现实等。这些都是雅典旅游业尝试实行并成功引进的独特方案。

（3）旅游环境优化政策

除此之外，政府也为雅典的多元化发展做出了不少贡献。首先，交通拥堵和空气污染问题的缓解。这是雅典长期普遍存在的现象，但由于政府对交通基础设施的大规模改善，这些问题带来的困扰近年都大大减少了。其次，雅典旅游的季节性问题逐渐得到解决。大部分游客选择从5—9月前往雅典，希腊旅游联合会实行有效宣传等措施后，淡季前往雅典的游客人数出现了明显的增加迹象。这一趋势将继续下去，城市将成为冬季的热门目的地。最后，该市作为会议和展览举办地的潜力也脱颖而出。比如，世界上最大的当代艺术展览之一14号文件（Documenta 14），2017年由卡塞尔和雅典共同主办，吸引了约34万游客到希腊首都，改变了热爱艺术的公众对这座城市的刻板印象。展览结束后，雅典获得了"联合国教科文组织2018年世界图书之都"的荣誉。[①]

4. 对大同文化建设的有益启示

（1）注重文物保护，实行"一扩三优先"的政策

1933年8月，在希腊雅典会议上制定的《雅典宪章》，是近现代第一份关于城市规划的纲领性文件，提出城市要与周围影响地区成为一个整体来研究的规划理念。同时，也是第一次单列"有历史价值的建筑和地区"章节，明确"有历史价值的古建筑均应妥为保存，不可加以破坏"，"代表某一时期的建筑物，可引起普遍兴趣，可以教育人民"等理念。

1934—1935年，雅典政府曾邀请德国著名土木工程师编制了都市计划，规范城市居住、工作、娱乐和交通四大功能，建立了理性与秩序的城市空间，但不幸被战争中断。二战之后，尤其是1970年后，希腊政府依据国际三大宪章、一个公约和本国的文物保护法律，不遗余力地保护历史城市、历史地段和历史建筑，取得了显著的成效。

---

① See Greece Is. Why Athens is Becoming a Top City Break Destination. https://www.greece-is.com/why-athens-is-becoming-a-top-city-break-destination/ 2021.02.21 .

希腊历代重视文物保护立法。1821 年独立之后，国王曾邀请德国人前来成立古迹保护机构，编制古迹保护法律。1899 年，希腊制定文物古迹所有权法律，确认希腊所管辖的土地、水下，挖掘所发现的古物，百分之百属于国家，不属于个人。1975 年，立法通过《建筑文化遗产保护法》，规定在重要古迹附近的建筑物，虽然名义上是私人的，但实质上属于社会，可用不能买。严禁私下买卖，只能卖给国家。翻修方案需经文化遗产管理机构批准。2002 年，希腊颁布《文物法律 38 条》，这是一个全面规范希腊公民和相关部门文物保护行为的法律，希腊现行的文物保护管理，均以此法律为准绳。

希腊文化遗产保护实行"一扩三优先"的政策。

"一扩"，即将文化遗产概念扩大到包括所有存于希腊的物品，包括不可移动的古迹和遗址、可移动文物、非遗（口头传统、神话、音乐、舞蹈、技巧和实践）；保护的概念扩大到包括物质保存和保护、鉴定、研究、存档，以及文化遗产的社会学、美学研究和教育方面。总之，用更加综合的视角来看待文化遗产，将物质文化遗产从传统的古迹和考古遗址延伸至较近代的建筑遗产。

"三优先"，即希腊政府文化遗产管理部门对古籍、考古和历史建筑保护管理职能优先，具有干预的特权；文化遗产保护经费一向在财政预算中处于优先；大力促进国际文化交流，希腊文化月和在国际著名博物馆举办的考古展览优先。

（2）多年坚定不移的文化中心定位

雅典自古以来有着"文明发源地""欧洲文化中心"的形象。到了 21 世纪，市政府仍然保持着城市在世界上的地位，从来都把文化与文明作为城市发展的重点趋势。2004 年在雅典举办的奥运会被打造成为举世无双的文化奥运会，通过大量的活动和艺术形式去呈现和强调诞生于古希腊的奥林匹克精神及其文化与价值。雅典市内的建筑和街头不像很多现代城市，建满了高楼大厦和现代空间，而是保持着一种充满历史气息、文化氛围的状态。可见，雅典政府将维持城市定位和国际形象的目标放在极高的位置，不会轻易为了科技发展、经济改革、办公用地等需求去改变其发展宗旨。

（3）旅游业发展，由政府带头

除了带领文化遗产保护工作和培养市民心目中的文化自信之外，雅典政府一直在为带动旅游业而行动。特别是奥运会结束后，为了维持雅典的国际知名度和形象，政府出台了大量的政策和方案，其中包括带动旅游业支持系统的完善政策、以旅游城市为定位的多项宣传方案、改善和维护原有酒店并新建酒店的鼓励政策、旅游产品多元化和品质化升级的各项方案、大型活动和展览的举办方案、旅游企业金融辅助的手段多元化和手续简单化政策、推动面向高收入阶层的高端旅游服务政策等。雅典政府一直强调质量升级，鼓励企业通过宾馆、度假场所，以及专业设施和会议设施来提高旅游产品的质量，打造雅典具有高级感的文化中心城市形象。

（4）多元文化在现代化节奏中得以活化保存

希腊对文化遗产严格保护，倡导一种民族和市民的自觉，不仅仅是对物质层面的旧城、街区、建筑和文物的守护，而且是对原生态的传承和复原与对原生活方式的传承和延续。这样使希腊多元的文化在现代化节奏中得以保存。

千方百计使文化遗产处于活态，是希腊文化遗产现行做法的一大特色。比如，鼓励私人举办博物馆，政府予以资助；鼓励私人将文物主动捐赠给博物馆，国家考古博物馆为褒奖自觉捐赠埃及文物的著名收藏家，设专厅展出，既凸显传统亮点，又使这些文物处于活态。

在世界文化遗产罗得中世纪古城中，高大圆堡形城门、四周外城墙以及内城墙、东正教教堂、几十幢中世纪建筑、U 形的三条大理石相铺的老街等，均得到完整的保护。在政策引导下，除一处博物馆外，其余沿街私人历史建筑形成了充满活力的纪念品、古玩、服饰、皮件、酒吧、餐馆、土特产的店铺，经营者绝大多数是当地希腊人，他们把经商作为一种文化和生活方式。有的皮件店，前面是皮鞋、皮包样品，后面就是自裁自制的工作间。一般一种款式的皮鞋、皮件只有一件，出售后才做第二件。他们认为经商不能粗制滥造，品质和信誉是第一位的。被誉为"世界最美日落最佳观赏处"的锡拉岛伊亚镇，从巴士站至观日处，是一条 L 形坡状老街，两边历史建筑均自觉形成了个性鲜明、一店一品的店铺，教堂晚钟、民俗歌舞、初榨葡萄酒和橄榄油更具特色。世界各地来的游客乐而不倦地在这些活态的文化遗产中进进出出，享受属于雅典的独特风采。

（5）公众参与旅游项目的推荐与管理

前些年雅典政府推出了许多实验性的旅游项目，如我的雅典等。其最大的特色之一在于市民的极高参与度——政府鼓励旅游公司和当地市民主动提出他们认为值得参观的地方。国家级的景区和文化遗产早已是大家熟悉的景点，但在参观这些景点之外，如何让游客在短时间内感受到城市的特色文化和生活方式，就成为政府收集当地人民建议的目标。这样，更多以前不被列为景点的艺术家作坊、市场和步行街等成为游客能够融入雅典生活的新途径。该项目实施后有越来越多的游客对城市文化产生兴趣，雅典成为这个小型实验项目的成功典范。

第三节　亚洲城市文化建设典型案例

一、京都

1. 京都概况

京都是日本西部的内陆城市，属于日本三大都市圈之一的大阪都市圈。作为曾经的首都，京都拥有得天独厚的历史文化氛围，以及相当丰富的历史遗迹，是日本传统文化的重镇之一。京都是日本文学的发源地，《源氏物语》和《挪威的森林》的故事舞台就发生在京都。京都也是日本传统表演艺术——歌舞伎表演的发祥地。京都市内有众多大企业及知名大学，人才资源充足。京都盆地东部因其地势较高且较为干燥适宜居住，绿色资源较为丰富，森林覆盖率达75%，2019 获得全球绿色低碳蓝天奖。京都是日本的粮食基地之一，南部丘陵产的茶非常有名，乳肉用养畜业发达，渔产丰富，海陆运输便利。京都也是日本重要的工业地区之一，主要有传统产业和电子产业。旅游业是京都的另一大支柱型产业，在保存千年文化遗产和自然环境的同时，逐渐发展为世界文化交流中心，位列 2019 年全球城市 500 强榜单第 86 名。

2. 公共文化

（1）公共文化设施

日本高度重视本国国民素质的提升和社会教育的普及，并深刻认识到公共文化设施在其中发挥的重要作用。为此，日本各级政府一直致力于各项公共文化设施的建设和发展，搭建了涵盖文化艺术、社会教育、广播影视、体育健身等众多领域的综合性社会服务、供给体系及相关设施，向全体国民提供方便快捷的公益性文化产品与服务。据统计，在全部91221家社会教育设施当中，有53804家公立设施，约占总数的58.98%，绝大部分是公民馆、图书馆、文化会馆等基础文化设施，其余37417家均为私立设施，占比约为41.02%。因此，在日本的各个社区和街道，可以看到各种风格的美术馆、博物馆和图书馆等私有文化设施，它们与公立文化设施互为补充，相得益彰。日本民众积极参与公共文化设施服务的情况非常普遍，在各类社会教育设施中登记的志愿者总数为55.2万人，其中公民馆的志愿者登记人数高达19.1万人，图书馆的志愿者登记人数为11.1万人，社会体育设施的志愿者登记人数为7.4万人。

（2）政府机构分工及法律法规

对于公共文化的建设，日本有合理的政府机构分工——从有关设施和机构的突出功能以及便于管理的角度来划分文化领域的具体管理机构，并根据实际工作需要成立由各相关部门负责人和专家学者组成的专门委员会、审议会，协调推进相关工作。日本主管文化事业的最高中央机构是隶属于文部科学省的文化厅，主管文化艺术、文化遗产保护、著作权、国际文化交流、日语教育、宗教事务、国民娱乐、美术馆和历史博物馆等方面的工作。日本文部科学省终生学习政策局负责公民馆、图书馆、博物馆、文化会馆等公共设施和机构的指导和管理，隶属文部科学省的体育厅负责体育事业的振兴和发展，经济产业省负责电影、动漫产业的振兴和发展，总务省负责广播电视事业的政策制定和协调发展等。此外，完善的法律法规保护以及配套措施，很早就将文化纳入文教领域的范畴。除了必须由政府财政负担的基础公共文化设施的建设和服务之外，日本政府还通过财政补助、减免税收、表彰奖励、加大宣传引导等多种方式，充分发挥个人和社会团体的积极性和主动性，鼓励和支持社会各方力量共同参与公共文化设施的建设和管理，以及举办面向民众的各类文化节庆活动。

日本尽量减少政府部门的大包大揽，更多地发挥各类法人机构、行业协会、文化艺术团体、民间非营利性组织、非政府组织等社团组织的作用。比如，文化厅下辖的独立行政法人国立文化财机构不仅负责管理东京国立博物馆、京都国立博物馆、奈良国立博物馆、九州国立博物馆、东京文化财研究所、奈良文化财研究所、亚太非遗研究中心 7 家单位外，还协助文化厅开展文化遗产领域的相关调查和研究工作，积极致力于全国文化遗产的保护和利用。日本电影伦理委员会是日本电影界为了保护电影的自由表现方式、维护青少年健康成长而自主成立的第三方民间权威机构，针对所有公开放映的日本电影、媒体进行独立审查而不受政府的节制，所有日本电影在上映之前，都要经过该机构检阅分级后方可上演。与此同时，该机构还积极与其他电影行业的社团组织合作，就日本电影产业的振兴和发展向政府部门提出相关建议和意见。2003 年，日本政府专门对《地方自治法》进行了修订，废除了公共设施委托管理制度，创设了独具日本特色的指定管理者制度。该制度将以往只能由地方政府部门或其外围团体从事的公共设施的管理和运营工作，按照一定的遴选方式和标准，将包括文化设施在内的大量公共设施的管理和运营工作指定给企业、财团法人、民间非营利性组织法人、市民团体等相关团体或组织负责，既节约了公共财政支出，又提高了公共设施的使用效率。据统计，在 53804 家公立社会教育设施当中，有 14098 家设施引进了指定管理者制度（占比约 26.2%），文化会馆的占比数更是高达 53.7%。日本政府非常重视文化在传统习俗保护、城市开发建设、地方经济发展、国民娱乐普及等方面所具有的特殊地位和功能，积极倡导文化艺术创造城市的理念，要求充分发挥文化艺术的创造性、文化遗产的独特性，为振兴地方产业、旅游业和提升城市活力服务，鼓励和支持全国各地举办各类传统和现代的文化节庆活动。

（3）京都政府

各地方行政区域在日本中央的指导下，也成立相应的管理机构，综合推进各项公共文化设施和机构的建设发展。近 20 年，京都市一直致力于文化城市建设，兴建了不少文化、科研机构，举办全国和国际性会议。1995 年，京都颁布了《京都国际化规划：21世纪从京都走向世界》，其目标是通过提升城市国际化，以振兴文化产业，搞活地方经济。

3. 文化产业

自20世纪90年代以来，日本经济长期低速徘徊，促使日本政府把文化和经济结合起来。1995年，日本确立了文化立国方略，2001年全力打造知识产权立国战略，明确提出10年内把日本建成世界第一知识产权国，2003年又制定了观光立国战略，计划到2010年让到日本旅游的外国客人达到1000万，比2001年提高1倍。2000年以后，文部科学省开始关注、研究文化产业的发展情况，并建立了文化产业年度统计制度。

政策方面，为促进文化产业发展，日本制定有一系列健全的法律法规，其中最具代表性的是1970年5月6日颁布的《著作权法》。该法经过20多次修改，于2001年10月1日更名为《著作权管理法》并开始实施。新形势下，又制定了许多新法律如IT基本法、知识产权基本法、文化艺术振兴基本法等。可操作性强是日本文化产业法律法规的特点，新的法律颁布后，往往还有更为具体的措施相配套。比如，同《文化艺术振兴基本法》相配套的就有《关于文化艺术振兴的基本方针》。

对振兴地区和地方文化，日本政府有明确的规定。比如，政府应支援地区文化活动，包括重新挖掘、振兴具有地方特色的文化遗产、民间艺术、传统工艺和祭祀活动等，制定长期规划，对具有地方特色的文化艺术提供综合援助。中央政府与地方政府联手举办全国规模的文化节，京都也利用当地的文化优势和旅游资源优势，提出了"文化立市、旅游立县"的战略口号，获得了良好回报。

市场化发展是日本促进文化产业发展的重要经验。凡是可以市场化的文化，都应通过市场运作方式来发展，文化产业项目都进入市场操作。即使是个性化的文化活动，日本也依靠市场化运作。在日本，各大报社都设有专门从事文化活动的部门和中心，其文化中心经常邀请大学教授和专家学者举办讲座。讲座面向普通百姓，收费很低，内容涉及高雅表演艺术、美术、书法、摄影等，很受大众欢迎。行业的准则和标准也多依赖相关行业组织和中介机构。

4. 文物保护

（1）文化遗产概况

京都是日本传统文化繁荣之地，如花道、茶道、偶人、能乐剧等，被称为"真正的日本"。它是日本的佛教中心、神道圣地，共有佛教寺庙 1500 多座、神社 200 余座，古文化遗产占日本全国的 15% 左右，位居日本之冠。京都格外注重对文化遗产保护，表现在积极申报世界遗产上，被称为"世界文化遗产之都"，包括清水寺、二条城、金阁寺在内的 17 项古遗迹被认证为世界文化遗产。[①]

（2）京都的文化遗产活化

第一，京都注重文物古迹和自然风貌的融合，如清水寺、二条城、金阁寺等几处世界遗产，既有历史文物古迹可赏，又有著名的枫樱景点可寻。同时，京都的非物质文化遗产也保留较为完整，每年都会举办各种各样的传统节庆活动，许多游客甚至为了体验这些节事活动专程来京都旅游。

第二，为保护文化遗产，京都还发起了未来遗产运动，内容为修复古建筑、疏浚河道、保护古村落原貌、保存铁道等产业化遗迹等，旨在将这些文化宝物留给后代。当地其他文化特产，比如油纸伞、清水烧、西阵织和糖果，都作为工艺品和旅游纪念品出现在大大小小的商铺中。

第三，京都对于文化遗产的保护有完善的政策法规。早在 1930 年，京都就建立了日本第一个景区整体景观保护体系。1950 年就颁布了《文化遗产保护法》，后多次修订完善。根据条例，京都市在市一级确立有指定和注册文化遗产的制度，并为此设立由 19 位学术专家组成的京都市文化遗产保护委员会。1966 年，通过京都同奈良、镰仓合作，日本颁布了《古都保护法》。1997 年，京都建立起社区合作中心，以社区最佳的景观和生活环境为宗旨，充当居民、企业和市政府之间的媒介，促进社区伙伴关系的形成，其中文物修复技术也被归类为需要保护的非遗。为加强文化遗产教育，政府还鼓励文化遗产对游客开放，以便为游客提供了解和欣赏美术或手工艺品遗产的机会。

① 鲍文，田丰. 京都市文化遗产保护与可持续旅游发展研究［J］. 中国名城：中外名城比较.

第四，在数字时代，京都这座古城率先展开了文化遗产数字化。早在 1971 年便开始收集保存电影资料，建设胶片图书馆。现在收藏有京都制作的经典名作电影约 780 部。[①] 目前，京都建立了数字博物馆，采用现代技术保存传统文化资料，把与京都相关的各种素材以数字技术进行记录、保存，其中包括京都收藏的名画，还有桂离宫、修学院离宫等非公开设施，以数字影像、电影介绍、解读，把木匠、瓦匠、铁匠、石匠、漆器、草席、竹篱的工艺技术、劳动过程全部记录了下来。把京都府内主要的神社佛阁、旅游地、文化设施、特产、菜系，还有一年到头各地举办的传统行事、祭祀等，四季变化的京都风景穿插百姓的生活风貌，按照 1—12 月组成，反映京都的形象。现在已经完成的有近代建筑、工匠、祭祀、街道、河川、无形民俗文化的拍摄制作，专门建立了京都大学电子图书馆收藏，市民可以借阅、购买，也可网上下载。

5. 旅游业

2017 年前往京都的游客多达 5362 万人。其中，外国游客人数为 353 万，创历史新高。旅游消费总额高达 1.13 万亿日元（合人民币 600 多亿元），同样突破了历史记录。旅游业的发展给京都带来了巨大的经济效益，京都市人口总数为 150 多万，从事旅游相关产业的工作人员占人口总数 10%。[②]

京都的旅游业起步非常早，早在 1956 年第一个京都市民宪章就宣布："我们京都市民热烈欢迎游客。"为缓解经济萧条，恢复城市的经济活力，2001 年京都市制订了第一个旅游促进计划，并确定 2010 年达到 5000 万游客的目标。到 2014 年的第四个旅游促进计划，即《京都旅游促进与会展战略 2020》，京都开始转向高质量发展的目标，建设世界一流的旅游会展城市。京都市政府自 1958 年以来连续 60 多年开展综合旅游调查，努力解决旅游不满等挑战，以实现旅游业可持续发展。每 5 年制定一次的旅游促进计划都将重点放在这些挑战上。如游客的季节性问题，由于近京畿地区，冬季气温较低，1997 年的时候，

① 日本的世界名城之路及其对扬州的启示 [EB/OL]．（2013-1-9）[2021-2-25] http://www.360doc.com/content/13/0319/22/6605377_272574974.shtml.

② 刘文颖、李华成．日本京都古城旅游对荆州的启示 [J]．长江大学学报（社会科学版）．第 42 卷第 2 期．

最高月访客量／最低月访客量的比例为3.4，旅游淡旺季之间差异明显。之后，京都通过开发具有吸引力的淡季旅游项目，比如京都冬泳活动。如今，京都的旅游已不再受季节限制，旅游业已成为京都市的重要增长支柱，每年游客量约为5500万人次，且处于不断增加的趋势。

6. 对大同城市文化建设的有益启示

可以看出，京都的文化建设是将文物古迹、自然、交通、教育、科技等众多资源进行高效整合的产物，打造完备的文化系统，制定完美的法律法规和执行政策，每一个行动都能带来额外的收益，经济效益和社会效益并存，古色古香的小巷和大型商业区让整座城市风格鲜明，又宜居宜游。作为历史悠久的古老城市，京都绝不故步自封，大力发展教育和科技，经济方面传统产业和高新产业共存，并且全力做好文化遗产的保护工作，开发旅游业，在景点之间建立密集的交通网络。在此借鉴意义上，大同可以：

（1）活化文化遗产

日本京都与大同都是历史悠久的古都，且同为内陆城市，因此，在对古代文化遗产的保护和开发方面，京都模式对大同文化建设有很强的借鉴意义。京都众多具有历史价值的文化遗产形成了独特的城市景观，对经济增长做出卓越贡献，这些古迹也是城市复兴的动力来源，通过文化遗产及周围地区规划、京町保护、文化设施完善和社区协作形成对文化遗产的保护，配合基础设施、交通运输规划、独特的城市景观保护，促进旅游业可持续发展，而旅游业能够反向带动城市复兴。大同市作为北魏旧都，文化遗产和古迹众多，可以借鉴京都，加强文物、古迹的保护工作，最重要的是，将这些文化古迹配合周边其他建筑。比如，位于大同市中心的古城墙，就可以联合周边商圈，共同打造成风格鲜明的城市景观，同时完善周边的基础设施，和居民社区协调联动，组织古城墙文化活动，实现古迹活化。非遗也是不能忽略的，比如广灵染色剪纸、浑源凉粉制作等，可以将其开发成旅游文创产品。此外，根据《国家级非遗代表性项目保护单位名单》，大同还有如高县文化馆唢呐艺术、左云县传统音乐保护协会佛教音乐、阳高县文化馆道教音乐、大同市北路梆子剧种传习中心北路梆子、灵丘县罗罗腔等表演类的非遗，可以将表演融合现代元素，讲好文化遗产背后的故事，发展成文旅演艺项目。这些举措都能够将技艺传承下去的同时促进旅游经济发展。

（2）创新旅游产品

目前国内许多城市的旅游业通病是旅游产品过于大众化，缺乏地区特色，京都之所以能够成为日本关西旅游文化圈的中心，正是因为其深度挖掘京都独有的文化产品，不论是文化表演——京都歌舞，还是实物纪念品——西阵织织品，都是独一无二的。因此，打造创新性的文创产品，能够带来巨大经济效益。同时，打造旅游＋的概念，旅游业与现代信息、云计算等大数据技术结合。京都和大同还有一个共同点就是旅游淡季的问题，京都为解决旅游淡季经济效益，针对淡季旅游资源进行创新，打造出适宜淡季旅游的产品和路线。大同市秋冬季节天气寒冷，对旅游业十分不利，可以挖掘季节性的旅游产品进行改善。

（3）文旅融合

京都非常善于将旅游业与文化遗产、丝织产业融合，并打造开放式的旅游模式。如上文提到，每年有大量游客慕名前来体验京都传统的庆祝和祭祀活动。游客可以在路边租赁日本传统的和服，欣赏艺伎表演的古典京都舞，临走还能在纪念品商店里购买到渗透着日本文化的油纸伞、清水烧摆件、西阵织钱包，真正做到文化和旅游相融合，将内敛优雅的古典东方文化传播出去。

为了让游客拥有更加良好的体验，京都在挖掘文化资源的基础上，不遗余力地打造基础设施，除了针对景点的点对点的交通设施外，其他日常设施也非常完善，比如清洁度和便捷度极高的卫生间，还有吸烟区。另外，即使在旅游景区也坚持垃圾分类概念，这些礼仪氛围能够影响游客，不仅能给人以舒适干净的游玩体验，还能够给人留下文明城市的良好印象。

（4）传统文化与国际接轨

"国际化"和"现代化"是作为古都的京都在当今世界仍然持续璀璨的关键词。因此，大同市应做好长期教育和人才引进工作，增强国际旅游的便利性，加大对外宣传力度，对城市文化社区进行创新性的现代化改造，满足国际游客的需求，成为国际化窗口。

二、马六甲

1. 马六甲概况

马六甲市位于马六甲海峡北岸，战略位置极为重要，交通便利，空路、公路、海路、铁路四通八达，距吉隆坡 148 公里，距新加坡 254 公里。马六甲市是马来西亚历史最悠久的古城、马六甲州首府，始建于 1403 年，曾是马六甲王国的都城，后来曾被葡萄牙、荷兰、英国所统治。马六甲市终年气候宜人，平均温度 21℃—27℃，自然环境优越，有丰富的旅游资源。面积 303 平方公里，人口 40 多万，马来人占 50%、华裔占 40%，此外还有印度裔、葡萄牙裔及欧亚混血儿等，建筑亦分别呈现出马来西亚、中国、荷兰、葡萄牙等多种风格。马六甲是东西方文化交融的汇合，有不同民族各具特色的文化习俗，拥有丰富的文化资源。马六甲市盛产橡胶、椰子、水果与稻米等，以工艺品著称于国内外。马六甲港口为橡胶出口和大米、白糖等杂货的进口港。

2. 文化产业、事业发展情况

（1）文化产业

马来西亚有较为发达和成熟的文化旅游业。在旅游产业开发上的几点共性是：传统文化与多元文化融合，旅游服务比欧美相对低价，周边的餐饮业、娱乐业、酒店业、购物业较为完善，旅游产业的文化附加值也较高。马来西亚将佛教文化、伊斯兰教文化、少数民族文化、王室文化等深深地浸润到风光旅游之中，并最大限度地保持了它们的原始生态，而非侵略性、破坏性的商业开发与改造。旅游业是马来西亚的第三大经济支柱、第二大外汇收入来源，2019年外国旅游者 2600 万人次，旅游业收入 861 亿令吉。

（2）公共文化服务

马来西亚政府十分重视公共文化服务基础设施建设，从 1886 年英国人在太平建立了霹雳博物馆，就此开始了马来西亚现代博物馆的发展，该馆实际上是殖民者所建寥寥无几的机构之一。马六甲国家博物馆建于 1953 年。1957 年马来半岛取得独立之后，民族主义精神唤醒人们，使他们感到需要保护和维护国家丰富的历史和文化遗产。因此各式各样的博物馆，大都是州一级的博物馆纷纷建立起来，①如 1959 年的吉达州博物馆，1963 年的国家博物馆，1965 年的槟榔屿州博物馆，1965 年的沙巴州博物馆，1976 年的彭亨州的苏丹阿布巴卡尔博物馆，以及 1979 的吉兰丹州博物馆。

由于历史的发展，马来西亚主要形成了以下几大类公共博物馆：第一，国家博物馆。它是国家级综合性博物馆，由博物馆署管理，完全由联邦政府提供资金。第二，州博物馆。它们属于州一级综合性博物馆。目前，除霹雳州博物馆外，各州博物馆均由州政府管理并提供资金。事实上，其中一座博物馆，即沙捞博物馆因其对史前考古学领域的贡献而举世闻名。第三，政府机构博物馆。许多政府机构有自己的博物馆，主要用于调研，它们属于林业部门、海关部门、地质部门、马来西亚土著居民部门等。第四，专业博物馆。它们由不同的政府机构及武装部队管理，包括在吉达州布江山谷的考古博物馆。第五，教育博物馆。它们隶属于高等学府，主要是大学的博物馆。

在马六甲当地有荷兰红屋、海事博物馆、马六甲王朝皇官博物馆、郑和文化博物馆、马六甲伊斯兰博物馆、马来西亚皇家海关博物馆、马六甲巫统博物馆、娘惹博物馆、马六甲文学博物馆、马六甲中国首饰博物馆、民主博物馆、马六甲可兰经博物馆、历史与民族博物馆等数十个博物馆，能让 40 万市民受到很好的文化熏陶。

（3）政府政策

为了加强民族和国家统一，培养和保护一种强烈的基于对宗教、种族和国土热爱精神的马来西亚人身份感和提高生活品质，即关于物质的、精神的和社会经济的平衡发展。

马来西亚的国家文化政策，主要助力于艺术和文化的发展，国家文化综合设施的持续艺术介绍；扶持广电事业，通过传播大众媒体的文化项目（无线电广播和电视）保护当地的特色民俗；通过庆祝不同的喜庆季节的马来西亚像开斋节、中国新年、达雅节、万灯节、卫塞节和圣诞节；资助文化项目，如由文化、艺术和旅游部门，政府文化理事会，地方大学的文化部门赞助的文化项

---

① 郁阳．博物馆在马来西亚社会教育中的作用［J］．中国博物馆，1989(02).

目等。①

3. 文物保护利用、非遗保护传承情况

（1）文化资源

马六甲世遗范围共 214.6 公顷，其中包括核心区及缓冲区。核心区即包括圣保罗山、哥打路、河边街、荷兰街、鸡场街、观音亭街、吉灵街、板底街、打铁街、打金街等老街区。三保山则被列入缓冲区。马六甲市内汇集有多国风格的文化遗产，其中包括青云亭、红屋、基督堂、法摩沙堡等建筑。流经市内的马六甲河在马六甲王朝是一条重要的水道，河岸设立了许多贸易场所。中国明朝三保太监郑和率领的船队曾停靠马六甲，在当地可以看见许多以郑和命名的古迹。

马六甲城内传统建筑最具特色，包括很多中国式的住宅、古代修建的街道，至今依然保存完好。马六甲城内的政府建筑、教堂、广场以及防御工事展现出这座城市早期的发展历程。街道曲折狭窄，屋宇参差多样，很多住房的墙上镶着图案精美的瓷砖、瑞狮门扣、镶龙嵌凤，处处显示出马六甲这座历史古都的独特风貌。被纳入国家文化遗产目录的建筑遗产有：荷兰红屋、米德尔堡城门、马六甲基督堂、圣地亚哥城门、马六甲象头神庙、甘榜乌鲁清真寺、甘榜吉宁清真寺、马六甲圣保罗教堂。

马六甲市内汇集有多国风格的文化遗产。华人领袖郑芳杨于 1567 年建造的青云亭是马来西亚最早的庙宇，供奉有观音菩萨、关帝、王母娘娘，至今仍是华人宗教活动的中心。中国山是一座大山冈，是马来西亚保留中国史迹最完整、最丰富的地方。此外还有纪念中国明代航海家郑和的三保山、三保井、三保亭等。葡萄牙式古迹有圣地亚哥古城门和圣保罗教堂等。荷兰式建筑有史达特斯教堂（现为市政厅）以及由荷兰民宅改建的马六甲博物馆，馆内陈列有国王（苏丹）曼苏尔·沙建国构想图、郑和与公主汉丽宝朝见国王的图文、古代兵器、农村用具等。

---

① Nazauddin HJ.Mohd Jali Ma'rof Redzuan, 赵艳，黄瑶 . 马来西亚的主要政策［J］. 法治湖南与区域治理研究，2011(04):266—293.

（2）法律政策保障

马来西亚2005年出台了《国家遗产法》，将文化遗产主要分为文物、水下文化遗产、遗址、国家遗产等5个大类。但因种族以及宗教因素导致政策偏颇，政府执行力较弱，[①]而公众对于文化遗产保护的热情参与，使马来西亚拥有较为成熟的民间文化遗产组织，在文化遗产保护工作上扮演着重要的角色。根据其不同的特点，可分为遗迹、文物、海底遗迹和国家遗产几个部分。

马来西亚政府在历史文化保护方面，除了在资金上的支持外，更多的是引导当地居民自觉地、主动地参与到保护工作中，加强保护工作的引导。以乔治市为例，政府成立了专门的世界遗产信息中心（GTWHI）。[②]该中心运用广告、漫画、影音和宣传册等易学易懂的办法教授广大群众如何辨别自家传统房屋的价值性，认识乔治市各个历史时期的传统老屋的外观、风格和建筑材料，对比传统做法和现代装修的差异性，对老屋的改造提供简单而专业的修复意见和措施等。

4. 旅游发展情况

（1）旅游数据概况

2019年，马来西亚共接待国际游客26100784人，比2018年增长1%。东盟或短途市场占游客总数的68.5%，为马来西亚带来了17880151名游客。同时，中途旅行市场份额占总游客人数的21.8%，达到5696151人，比2018年增长了8.7%。

在前十大市场中，新加坡以10163882人次入境游客位居第一，随后是印度尼西亚（3623277）、中国（3114257）、泰国（1884306）、文莱（1216123）、印度（735309）、韩国（673065）、日本（424694）、菲律宾（421908）和越南

---

① 王月，张璐，张冰，刘嘉赢．基于使用者行为模式的文化遗产地旅游规划策略研究［A］．中国城市规划学会，东莞市人民政府．持续发展 理性规划：2017中国城市规划年会论文集（09城市文化遗产保护）［C］．2017．

② 翁锦程，李怡婉．马来西亚历史文化遗产保护经验对我国的启示：以马六甲和乔治市为例［A］．中国城市规划学会．城市时代，协同规划：2013中国城市规划年会论文集（11－文化遗产保护与城市更新）［C］．2013．

（400346）。同时，旅游收入获得 2.4% 的增长，为马来西亚的收入贡献 861 亿令吉。贡献最大的是传统市场，即新加坡，游客消费为 205 亿令吉，其次是中国（153 亿令吉）、印度尼西亚（129 亿令吉）、泰国（40 亿令吉）和印度（36 亿令吉）。

（2）政策支持

第一，马来西亚国家经济纲领中促进旅游业发展的措施。马来西亚政府在政策上对旅游业的优先度较高，其政策制定的透明度、旅游政策的完善和便于实施等方面都做得较好。这样的优势将在一段时间内使马来西亚在东南亚国际旅游人次保持在第一的位置。由此可见，除了丰富的旅游资源、良好的商业环境及基础设施外，旅游政策的正确制定和实施是马来西亚旅游业取得成功的另外一个重要原因。

1956—1990 年间，马来西亚先后执行了 7 个经济发展 5 年计划（2 个马来西亚 5 年计划，5 个马来西亚 5 年计划）。作为国家经济发展规划的纲领性文件，历次 5 年计划的主要目的在于改变经济结构，开发资源，建设并改善基础设施，促进经济发展，最终提高人民的物质生活水平和缩小国民收入差距等。

为了更好地发展旅游业，马来西亚政府在 1991—2010 年期间的 4 个马来西亚 5 年计划（即"六五计划""七五计划""八五计划"和"九五计划"）中提出了旅游业发展的目标和具体措施。

第二，马来西亚国家层面政府主导制定的国家旅游发展政策。1975 年的《马来西亚旅游发展计划》（Malaysia Tourism Development Plan），1989 年的《国家旅游业发展指引》（Guidelines for National Tourism Development），1990 年出台的马来西亚旅游政策文件（Malaysia Tourism Policy Document），1992 年的《国家旅游政策研究》（National Tourism Policy Study），2003 年出台的国家旅游政策（The Second National Tourism Policy）。其中，1992 年的《国家旅游政策研究》影响最广。

马来西亚提出对其海洋、沙滩等旅游产品格局进行突破，决心发展一系列的新形态产品，包括生态旅游、乡村旅游、文化遗产旅游、会议与展览等。同时，通过大量投资旅游购物业和举办销售嘉年华活动，将马来西亚建成著名的旅游购物目的地。通过出台专门的旅游发展政策，确立发展旅游业的目标，开发新形态的旅游产品，马来西亚中央政府各部门之间都为实现旅游业发展的目标承担一部分任务，有利于从中发挥各自的作用，也有利于旅游资源差异较大的各州根据自身实际，开发优势旅游项目或产品。

第三，政府制定和实施的专项旅游政策。马来西亚第二家园项目起源于 1996 年马来西亚旅游部对外国退休老人实施的一项较长时间居住计划，即银发族项目，鼓励外国的退休老人带着自己的退休金到马来西亚旅游并长期居留生活。第二家园项目为了吸引外资，也为了鼓励更多的外国游客频繁地访问马来西亚，[①] 符合资格的外国人加入该项目后除给予 10 年有效期的护照自由出入外，还将在马来西亚享受自由购置房产、免税购买汽车、定期存款利息免税、子女就读当地学校等一系列的权利。据统计，马来西亚第二家园项目自 2002 年启动以来，至 2010 年 3 月为止共有 15816 人 / 户加入，其中以中国、孟加拉国、英国和日本等国国民居多。

5. 对大同文化城市文化建设的有益启示

（1）充分发挥民间机构在保护历史文化遗产中的作用

马六甲市民间机构与政府相互配合，全民参与的保护模式，避免政府"孤军作战"的局面，使得整座城市的风貌不会在城市建设、住房改造等过程中消亡。[②] 比政府单纯的自上而下强制的保护更有力，也能得到更多市民的支持，在细微间体现出对历史文化的珍惜。大同应该借鉴马六甲市全民参与保护的模式，让经过时间沉淀的文化风貌，在历代大同市民的传承保护中得到创造性转化和创新性发展。

（2）保留文化遗产原真性

马六甲的华人组织特别委托修复专家进行详细调查和研究，并进行了建筑

---

① 罗文标. 马来西亚旅游业快速发展的政策因素及启示 [J]. 商业时代，2013(10):114—116.

② 翁锦程，李怡婉. 马来西亚历史文化遗产保护经验对我国的启示：以马六甲和乔治市为例 [A]. 中国城市规划学会. 城市时代，协同规划：2013 中国城市规划年会论文集（11- 文化遗产保护与城市更新）[C]. 2013.

的绘测及文物汇编工作，在修复过程中也逐一拍照、录像并记录修复过程中的情况，为后人留下完整的参考资料。在保持原有建筑风貌方面，该修复工作特别邀请了中国闽南地区的匠师进行，修复材料也是进口原产于闽南的材料，务求保持建筑的原真性。长城是世界文化遗产，也是人类文明的瑰宝。大同古长城长 528 公里，集赵、秦、汉、北魏、隋、金、明、清各朝长城遗址，有主要城堡 72 座、边城 776 个、火路墩 833 个，是天然的长城博物馆，具有极高的历史文化价值和科考价值。① 但风化侵蚀严重，多处成为残垣断埂，旅游主体参与度低，不够大众化。大同应学习马六甲的建筑景观修复工作，通过对古长城遗址进行保护、生态修复，充分发挥古长城的潜在优势，创建大同市旅游古长城品牌。②

（3）传承与创新相结合

马六甲具有重要历史价值的中国寺庙、西洋教堂、清真寺、印度神庙等时至今日仍然发挥着重要的宗教作用。另一些历史建筑经过修复翻新活化，被改造成博物馆、酒店旅社或餐厅，使历史文化能够创造价值，与时俱进。

云冈石窟依山而凿，世界闻名，是集佛教、历史、音乐、美术、书法及建筑学等为一体的艺术结晶，生动形象地记录了古印度和中亚非佛教艺术和文化向中国佛教发展的历史过程。北岳恒山为道教圣地，是国内唯一儒、道、佛三教合一的寺庙，悬空寺以其建于悬崖峭壁间，"上延霄客，下绝浮尘"，"悬、奇、巧"闻名。华严寺是我国现存年代最早、保存最完整的三大辽金寺院之一，殿内佛像年代久远，精美至极。华严宝塔是中国唯一纯铜建造的宝塔，塔下近 500 平方米纯金千佛地宫，金碧辉煌，内藏世界少有的佛经、舍利等价值极高的宝藏。这三大宗教圣地知名度高，但长期以来依旧主要依靠宗教古迹遗产参观游为主，结构单一，增长潜力小。如能深度开发宗教文化活动，发展宗教研习、宗教朝圣、开光法会、品尝宗教饮食等项目，生产多样象征意义大的纪念

---

① 王宏达，冯潇. 山西省大同古长城文化遗产廊道中的慢行设施体系规划［J］. 景观设计学，2019(06).

② 郭羿承. 城市文化旅游 IP 如何实现多元文化可持续发展［J］. 齐鲁艺苑，2020(05).

品，将会带动大同市旅游业相关产业的发展。

（4）多元文化彼此融合

马六甲从 16 世纪起，历受葡萄牙、荷兰、英国的殖民统治。数百年来，华人、印度人、阿拉伯人、暹罗人及爪哇人相继来到马六甲。正是这座城市对各类文化的包容，让东方和西方、古典与现代的文化在此交流碰撞，再经过时间积淀，形成了马六甲特有的文化风貌。大同同样是一个拥有多元文化的城市，不仅拥有积淀悠久的历史文化遗产，还有"中国煤都"之称，工业文化雄厚。只有通过文化的包容与融合，能够更好地让大同的工业文化与传统历史文化碰撞出创意的火花，让这座历史古城凸显出工业风味。

三、清迈

1. 清迈概况

清迈为泰国北部城市，环境优美，气候凉爽，以玫瑰花著称，素有"泰北玫瑰"的雅称。清迈历史悠久，文化古迹众多。

清迈的发达程度仅次于泰国首都曼谷，市内风景秀丽，遍植花草。清迈的天然环境优美，平均海拔 300 米，是泰国的高原城市，气候凉爽，是著名的避暑胜地。东部为坤丹山脉，西部为英坦昂山脉，山峰多在 2000 米以上，主峰英坦昂峰是全国最高峰，海拔 2576 米。中部为宾河流域。森林面积 1.67 万平方公里，占全府土地面积的 73%。

清迈曾长期作为泰王国首都，仍保留着很多珍贵的历史和文化遗迹。城区内有代表着泰北灿烂历史文化的古老寺庙，同时清迈的丝绸、纺织品等也著称于世，每年都有大批丝绸、纺织品出口，是泰国制造业的重要支柱。

2. 文化产业、事业发展情况

（1）文化产业

泰国创意产业中的文化旅游、影视作品和商品设计在国际上有着较强的竞争力，其中旅游产业，是文化产业中的中坚力量，也是泰国经济支撑的三大支柱之一，[1] 具有相当大的区域知名度和产业影响力，其多彩的地域特色与兼容而丰富的文化特色每年都吸引着数以万计的游客。旅游业对泰国国内生产总值（GDP）的贡献约为20%，旅游业就业约440万人，占劳动力总数的11.7%。

泰国文化产业经过10多年的发展，其产业分类为四大类总计15个门类。第一类是文化遗产，包括手工艺、历史与文化观光、泰国料理、泰国传统草药4项；第二类是艺术，包括表演艺术、视觉艺术2项；第三类是媒体，包括电影、出版、广播、音乐4项；第四类是创意，包括设计、时尚、建筑、广告、软件5项。

（2）公共文化服务

2004年泰国政府为了促进文化创意产业的发展和升级，成立了知识管理与发展局，目的在于整合博物馆和学习中心，为青少年提供更多的学习机会，培养新想法和创造力，使泰国民众能够在自己感兴趣的任何领域寻求知识，发展各自所长。其下辖7个部门，2010年经过合并重组设5个部门，其中就包括泰国知识园（TK park）[2]

泰国知识园位于曼谷市中心一所大型百货公司——中央世界广场的8楼，面积约3700平方米，2005年1月24日开始对外开放服务。不同于传统图书馆，知识园的目标是培养儿童和青少年的阅读兴趣与习惯，帮助他们找到未来的职业方向和发展相关技能。他们认为良好的阅读和学习习惯可以经由多种文化和艺术活动培养出来，不喜欢阅读的儿童仍然可以从活动、数字游戏或网络信息中获取知识。因此，知识园要为公众提供另一个学习渠道和机会，鼓励阅读和学习，并借由蓬勃的学习风气，塑造喜好阅读和表现创意的社会特质，进而促进国家的发展。

清迈当地有清迈国家博物馆、清迈省地方博物馆、清迈3D艺术天堂博物馆、清迈历史中心、兰纳民俗博物馆、世界昆虫与自然奇观博物馆、清迈文化

① 唐奇展，杨凤英.CAFTA框架下广西与泰国文化产业合作发展研究：基于双边文化产业合作发展条件的SWOT分析［J］.广西大学学报（哲学社会科学版），2016，38(06).

② 周立黎.泰国知识园对我国公共图书馆建设的启示［J］.图书馆工作与研究，2017(05).

艺术中心、清迈少数民族博物馆、清迈山地博物馆、暹罗昆虫动物园、兰纳传统民居博物馆等数十所公共文博机构。为了满足当地人民的阅读要求，清迈政府还建设了清迈府公共图书馆、清迈大学图书馆等机构。

（3）政府举措

从泰国政府决定开始大力发展文化产业到文化产业蓬勃发展这一过程，政府始终扮演着推动者的角色。为促进文化产业发展，泰国政府从本国实际出发，结合本国国情制定了各项符合泰国文化创意产业发展的政策、战略与目标。

2013年3月泰国文化部宣布完成了七大国家文化产业发展项目计划的制定工作，包括5个国家发展战略项目和2个东盟战略项目。

国家发展战略项目包括：第一，全面发展各种行业项目，增加文化产品和文化资本的价值，建立创新文化产业发展服务和咨询中心；第二，创意文化城市项目，首先在8个府治和城市试行，包括清迈府、普吉府以及芭堤雅市等，在这些城市的未来发展中侧重于多元文化的认同，同时实现旅游业繁荣；第三，促进创意文化产业项目，增加国家在文化产业上的竞争潜力，而为国家带来收益；第四，齐心发展文化项目，重点发展南疆地区的文化特色，学习南疆地方多元素的文化特点；第五，生态文化发展项目，促进生态文化城市的发展，并在10个府治试行，包括春武里、罗勇、坤敬以及大城府等。

东盟战略项目包括：第一，与东盟国家合作发展文化产业项目，运用文化实现东盟间关系的加强；第二，东盟文化窗户项目，发展与邻国接壤的5个府治，包括与缅甸接壤的清迈和清莱府、与老挝接壤的农开府、与柬埔寨接壤的沙缴和四色菊府，促使这些试点府治成为泰国文化产业进军东盟、获得进一步发展的窗口，为当地民众带来收益。

泰国政府为促进文化产品的出口，开展相应的研究、接受技术转让、加强国际合作、交流相关领域的知识和技术。此外，泰国政府还成立了许多相关机构以扶持文化创意产业的发展，如政府成立知识管理与发展局，该机构直接隶属于总理办公室，从而减少了许多沟通协调的障碍，能更顺利地协助文化产业发展。该机构成立的目的就在于提供充足资源以培养泰国民众的知识技能，促进文化产业发展。①

3.文物保护利用、非遗保护传承情况

泰国清迈城内泰、华、苗、瑶、阿卡、傈僳、克伦等众多民族和谐共处，居民大都笃信佛教。清迈城内古色古香的寺庙殿堂，与新建的白色建筑物错落相间，富有泰北色彩。市内古代历史文化遗迹遍布，现代民居、别墅、商务楼林立，车水马龙，熙熙攘攘，景色独特，繁华异常。清迈又是泰北地区艺术及建筑物的集中地，保留有大量的文化遗迹，是寺庙佛塔之城。清迈有着3000多个保存完好的古迹，周边紧邻三大世界历史文化遗产甘烹碧文明遗址、素可泰历史国家公园和席猜查那来文明遗址。②

（1）非遗文化资源

除元旦、万佛节、宪法日、国王登基纪念日、农耕节、守夏节、王后诞辰、国王诞辰（国庆日）、五世皇纪念日等泰国各公共节庆活动外，每年4月中旬，是清迈最为热闹的节庆时光。

宋干节是每年的4月12—14日，俗称泼水节。清迈的宋干节，气氛尤其热烈，场面隆重，堪称全国之最。此时，正巧是清迈的农闲期，从而演变成一场3—5天的狂欢期。人们争相在此期间做尽多的宗教积功德之行为，朝山进香、选美游行、跳舞狂欢，以及狂热地向人们（包括素不相识的游客们）泼水，嘻嘻哈哈，野趣荡漾，狂泼滥浇一番。

清迈的鲜花节，是全国独有的节庆，通常每年2月上旬举行，泰国北方以鲜花品种繁多而闻名，2月是温带鲜花盛开的最佳时节。清迈鲜花节庆活动中绚丽多彩的鲜花彩车，年复一年地给人留下美好的记忆。届时，鲜花展示会、花车游行、手工艺品出售以及选美比赛竞相展开，热闹非凡。

① 苟利武，胡莉.泰国文化创意产业发展现状研究［J］.现代经济信息，2016(07).

② 王莲花，Kotchakorn Limsakul.清迈文化旅游产业对清迈经济发展的正负面影响［J］.传播力研究，2019(03).

（2）法律政策保障

泰国早在 1961 年就颁布了《古代遗址与文物、艺术品和国家博物馆》[①] 等相关条例，是最早有文化遗产保护意识的东南亚国家。1992 年，泰国又颁布了《国家环境质量的提高和保护法》。泰国主要参照了法国的文化遗产保护模式，但对于申遗事项比较谨慎。[②]

4. 旅游发展情况

（1）旅游数据概况

据泰国旅游局统计数据显示，2019 年赴泰国旅游的国际游客人数已从 2018 年的 3800 万人次提升到 3900 万人次，创下历史新高。2019 年前 11 个月，泰国接待游客 3587 万人次，同比增长 4.4%，旅游营业收入达 1.74 万亿泰铢，同比增长 3.67%。

（2）政策支持

泰国认为，要推进文旅产业发展工作最基本的是要尊重本国文化本质属性的原则。按照泰国人的价值观，为实现既定的目标和计划，泰国文化发展总体战略包括：保护、传承国家文化的稳定性，保持地方文化的多样性；塑造泰国式的价值观、意识和修养；用国家专项文化基金来建设社会的品质和增加经济的含量；管理好宗教、艺术和文化组织。泰国政府在发展文化旅游产业上十分注重打造泰国文化品牌，遵循灵活、友好、趣味、合作四大原则 [③]，其发展目标就是要将泰国打造成亚洲的文化枢纽之一。

5. 对大同城市文化建设的有益启示

（1）加强文化旅游配套设施建设

清迈市的旅游接待设施（包括停车场、酒店、饭店等）、旅游购物设施、

---

① 王月，张璐，张冰，刘嘉赢.基于使用者行为模式的文化遗产地旅游规划策略研究［A］.中国城市规划学会，东莞市人民政府.持续发展 理性规划：2017 中国城市规划年会论文集（09 城市文化遗产保护）［C］.2017:10.

② 徐婉君，杜晓帆.东南亚文化遗产保护利用现状探析［J］.中国文化遗产，2019(02).

③ 苟利武，胡莉.泰国文化创意产业发展现状研究［J］.现代经济信息，2016(07).

娱乐设施、医疗救护设施拥有非常完整的体系。大同的旅游业发展要不断完善相关的配套设施，围绕落地的文旅项目，同步推进住宿、餐饮、停车等配套设施建设，更好地满足游客需求，切实提升旅游体验。同时，在城市设施建设上也要融入旅游思维，如在公共交通显示屏播放大同市实施全域旅游战略、主要景点、主题线路、特色产品等视频，主要干线道路增设景区指示牌，完善景区交通、购物、娱乐、医疗救护体系，提高游客的旅游便捷度和舒适度。

（2）旅游资源整合联动

清迈城区内有代表着泰北灿烂历史文化的古老寺庙，能够让游客领略佛教文化和悠久的文化遗产。同时，清迈的旅游景点与市内的夜市、小吃街能够很好地进行联动，游客既能够领略文化，又能在旅游中获得放松。大同虽然有丰富的旅游资源，但彼此之间独立，景区之间的联动差。因此，大同应学习清迈经验，加强旅游资源的共享和联动，提升整体城市文化氛围，打造全域旅游。大同市作为旅游名城，可依托北岳恒山、云冈石窟等景区，借北魏都城、能源重地等名片，整合现有旅游景观，全域优化，打造主题旅游线路。如围绕能源主题，将晋华宫井下探秘、光伏基地、风力发电、能源馆、移民村串联起来，讲好大同从传统煤都向新能源之都的转变；围绕北魏文化主题，打造一条云冈石窟、明堂公园、博物馆、城墙等优秀民族历史文化的线路。

（3）打造参与式沉浸旅游

参与强调的是对旅游地文化活动的深度体验，它是对"走马观花""蜻蜓点水"式旅游的扩展和提升，这是创意旅游的基础和前提。大同拥有深厚的文化底蕴，只有让游客身临其境参与到各类文化活动当中，进行深度的文化交流，才有可能真正了解大同的历史文化。因此要积极打造"游山西·读历史"文化旅游品牌，以旅游为基础，通过旅游让游客学到更多的历史知识，特别是结合相关景点融入历史文化元素，以旅游促文化，进一步彰显大同的历史文化底蕴。

（4）城市宣传与营销

清迈通过各种宣传，将城市成功打造成东南亚著名的旅游胜地，每年12月到次年4月都是清迈旺季高峰期，来自世界各地的人们会来清迈感受热带气息和佛学文化熏陶。而大同作为中国九大古都之一，云冈石窟早在2001年就被联合国教科文组织列入文化遗产，成为全国首个佛教文化与石窟艺术旅游产业知名品牌示范园区，华严寺也入选了中国最具价值文化（遗产）旅游目的地名录，因此大同文化旅游应该加以宣传，提高知名度、影响力，突出北魏古都历史文化氛围。编写散发一些名人游大同的小故事，寓教于乐，提升品位。①此外，要有自己独特鲜明的城市形象宣传用语，如"桂林山水甲天下""千年帝都，盛世长安""一山一水一圣人"等。应该启动能很好地体现大同城市形象宣传口号的征集活动，要通过网络媒体传播关于大同文化资源、自然环境、风物特产等方面的文字材料、影音材料，树立公众对大同的积极正面形象，唤起人们来大同旅游的愿望。

（5）加强旅游监管

增强服务意识，提升服务质量。提高旅游从业人员的素质，提升市民的整体素质，形成一种好客、友善的氛围。大同世界，世界大同，其核心理念就是要把大同打造成一个高度开放、高度包容的旅游目的地，让来自五湖四海的宾客都能感受到大同的热情和友善。实行明码标价。大同市要加强旅游团队的服务质量，提高旅游团队中导游的服务素质，因此旅行社应当对其导游进行专业的培训和集中式的管理，应当着重培养高级导游。旅游业服务人员要具有顾客至上的服务意识，这样才能在真正意义上提高旅游业的服务质量，让游客对大同的旅游业服务质量留下好口碑。

四、伊斯坦布尔

1. 伊斯坦布尔概况

曾经的君士坦丁堡——伊斯坦布尔历史悠久，曾先后是古罗马、拜占庭帝国和奥斯曼帝国的首都。伊斯坦布尔是土耳其最大的城市、工商业中心以及重要的旅游胜地。伊斯坦布尔是土耳其人口最密集的城市，也是世界人口最多的城市之一。2018年11月，伊斯坦布尔进入世界一线城市行列。

---

① 周立云，霍兴国. 文旅融合促进区域经济转型发展：以大同市为例 [J]. 中共太原市委党校学报，2020(06).

（1）古老帝国的悠久历史

伊斯坦布尔在其近 2000 年的城市史中，经历了一系列的重建与先后的希腊化、伊斯兰化与现代化进程。同时，这座城市也在地中海世界的经济与文化中，以及近代的欧亚历史中有着特殊的地位。基督教文明与伊斯兰教文明的交替为这座城市留下了独特的历史记忆。作为丝绸之路的起点，伊斯坦布尔在东西方文明的交融中起到了重要作用，它吸收了不同地域、不同民族的文化精髓，形成了独特风格。

（2）优越的地理位置与气候

伊斯坦布尔位于土耳其的西北部，地处巴尔干半岛以东，博斯普鲁斯海峡南口西岸，毗陵黑海，扼欧亚两洲交口。其市区已扩大到金角湾以北，博斯普鲁斯海峡东岸的于斯屈达尔也划入市区，交通便利，四通八达，其地理位置具有天然的优越性。

伊斯坦布尔是典型的地中海气候，夏季炎热干燥，冬季温和多雨，温度适宜，光照充足，非常适宜居住和旅行，旅游业受季节影响不大。同为地中海气候的法国、意大利、希腊、西班牙、埃及等国家都是世界著名旅游胜地。

（3）移民带来的多元文化

在文化大都市的建设过程中，资金、政策、人是 3 个至关重要的因素，而其中最关键的便是以人为本。伊斯坦布尔每年的新移民约有 50 万人，与他们一同到来的还有各种各样的文化特性和生活方式。多元文化构成了伊斯坦布尔独特的城市风格，文化之间的碰撞也能带来源源不断的创新。

2. 公共文化

（1）公共文化场馆

伊斯坦布尔是东西方文化交融的典型代表，经历了三大帝国的历史变迁，对其城市公共文化的形成产生了深远影响。市内设有大大小小公立或私立的图书馆，其中较为有名的是克普吕律图书馆，收藏了奥斯曼帝国初期的出版物以及 1000 多年前的手写艺术作品。市内博物馆众多，除了清真寺、宫殿以及大型建筑物中的博物馆，较为著名的有伊斯坦布尔考古博物馆、土耳其和伊斯兰艺术博物馆、土耳其近卫军博物馆。市内还有数量众多的学会和研究机构总部。

（2）公共艺术

伊斯坦布尔的公共艺术呈现出多元文化交融的特点，城市艺术设计结合了传统伊斯兰风格和国际设计元素，沿街商铺既有商业功能，也有艺术价值，公共艺术完美融入当地环境。伊斯坦布尔文化宫是城市的艺术中心，内有一音乐厅、一画廊和两座剧院，市交响乐团和市歌剧团在此演出。

（3）公共文化政策

伊斯坦布尔政府十分注重公共文化建设。据伊斯坦布尔前外交部主任米尔泽介绍，2009 年，土耳其政府拨款 3.5 亿欧元用于来年的伊斯坦布尔城市建设，其中大部分资金是投入文化事业的。在伊斯坦布尔，每天都会举行 60 余个大大小小的文化项目，每个行政区划中都设有各种各样的文化中心，在这些文化中心里，各种流派的艺术都可以得到展示，从普通民众的日常生活方式就可以看到伊斯坦布尔的多元文化。

3. 文化产业

（1）节展经济

有着"会展之都"美誉的伊斯坦布尔，每年举办的各种大小时尚展不胜枚举，如每年两届的土耳其国际时尚展，把伊斯坦布尔打造成一个全球时装中心。各个季节中，伊斯坦布尔各种类型的艺术展览和表演都会点亮整座城市。土耳其每年有 100 多个节日，其中不乏经典的节日庆典，而伊斯坦布尔则是土耳其国际文化艺术节和赞助活动最重要的举办中心，这些节日能够为伊斯坦布尔带来巨大的人流量，从而带动经济发展。

（2）工业区改造

伊斯坦布尔城市规划和设计中心主任侯赛因·卡普坦表示，伊斯坦布尔有比其他大城市大 3—4 倍的工业区，但缺少居住区域。随着服务业的增长，伊斯坦布尔城市规划和设计中心试图将伊斯坦布尔从一座工业城变成一座文化都市。2010 年，伊斯坦布尔将一个废旧金属加工厂改造为艺术区，博蒙提兄弟在 100 年前打造的土耳其啤酒厂被改造成了一家名为平民主义者的综合休闲场所，融合了精酿啤酒厂、大型餐厅以及展览空间，每个区域不仅有自己的特色，还作为独特综合体中的单一空间而独立运行。其中，复古的装饰以及历史文献展现了伊斯坦布尔多元市民文化，给人以身临其境的体验。这些都是文化转型的典型案例。

（3）文化街区

位于老城区的大巴扎是伊斯坦布尔最大的室内集市，也是世界上最大、最古老的集市之一。大巴扎是由苏丹穆罕默德二世修建于1455—1461年，包括12个主要建筑物，拥有22个门，主要出售首饰、陶瓷、香料、地毯等物品。到今天，经历了500多年，渐渐演变成了主要针对游客的大型室内集市，售卖各式各样的特产和纪念品，64条街道拥有超过4400家的商铺，25万多人在这里工作。由于市场内商铺和街旁的布景各具特色，古老的建筑和琳琅满目的商品组合起来具有艺术美感，慕名而来的游客已不是单纯的购物，而是把这里当作不可错过的景点。

4. 文物及非遗的保护与传承

（1）清真寺

伊斯坦布尔的清真寺以数目众多、规模巨大而举世闻名，现保存完好的至少有450座，久负盛名的是苏丹艾哈迈德清真寺。这座清真寺建于1616年，那庄严肃穆的圆顶和耸入云天的宣礼塔引人注目，寺内礼拜厅宽敞豁亮，四壁镶嵌着2万多块蓝色瓷砖，以"蓝色的清真寺"闻名于世。

（2）伊斯坦布尔城墙

从马尔马拉海峡向金角湾延伸7公里是伊斯坦布尔城墙，最早是5世纪塞奥道西斯二世统治时代修建，后又经多次维修。奥斯曼帝国统治时期，伊斯坦布尔城墙一直维持原状。19世纪，城市的发展已超出中世纪时的城界，部分城墙被移除，城墙在此后日久失修，但依然有许多部分巍然屹立。1980年政府对其进行了大规模的复原，现在游客又能够观赏到其当年的雄伟壮观。

（3）女儿塔

女儿塔位于伊斯坦布尔博斯普鲁斯海峡南入口处的一座小岛上，由雅典亚西比德将军于公元前408年建造，当时主要是监控进入博斯普鲁斯海峡的波斯船只动向。1110年，拜占庭帝国国王亚历克赛康尼努斯将其重新修建并扩大作为一座军事堡垒。1509—1763年，奥斯曼帝国也曾对其重修并稍做修改。1999

年该区发生地震，相关部门又将塔身加入钢质结构。数百年来，女儿塔一直是耸立在博斯普鲁斯海峡的灯塔，指引着来往的船只航行。如今，女儿塔已被改造成为浪漫的咖啡屋和餐厅，游客可在用餐的同时一览伊斯坦布尔美丽的市景和海景。

5. 旅游业

土耳其在游客人数方面排名世界第 6，旅游收入排名位列第 14。旅游业作为土耳其的主要收入来源，根据官方数据，2018 年游客带来了 295 亿美元的收入。2018 年土耳其入境游客约为 4500 万人次，2019 年入境游客达到 5000 万人次，同比增长 13.7%。2019 年土耳其的旅游收入同比增长 17.0%，达到 345.2 亿美元。根据伊斯坦布尔省文化和旅游局公布的数据，2018 年伊斯坦布尔共吸引外国游客约 1340 万人次，占 2018 年土耳其年游客量的 30%；2019 年 1—5 月，伊斯坦布尔旅游外国游客数量就已经达到 540 万人次，同比增长 11%。

6. 对大同城市文化建设的有益启示

（1）工业厂房改造助力文化转型

和原本的伊斯坦布尔相似，大同也是工业区分布众多的城市。大同市素有"中国煤都"之称，是中国最大的煤炭能源基地之一、国家重化工能源基地，神府、准格尔新兴能源区与京津唐发达工业区的中点。因此，在文化发展的过程中，不妨借鉴伊斯坦布尔的老旧工业区以及厂房的开发。对老旧工业区进行改造，可以将一些老工业区改造成适宜居民日常游览、休闲的场所，同时配备餐饮、娱乐等设施。在改造过程中保留工业的文化印记，将大同厚重的传统文化与时尚元素相结合，改造后的社区可以集公共文化服务空间为一体，能够带来一定的社会效益，同时带动第三产业经济发展。

（2）文物的保护和开发

大同和伊斯坦布尔虽然地理位置条件相差甚远，伊斯兰文化和中国传统文化内核也有所不同，但二者都是历史悠久的古城。充分发挥自身文化古都的优势，融合多元文化，并且将传统文化和现代时尚结合，用接近于冒险的力度大力开展文化转型，将文化打造成为城市核心竞争力。大同是首批国家历史文化名城之一，曾是北魏首都、辽金陪都，境内古迹众多。因此，伊斯坦布尔的发展模式对于大同是可以借鉴的，加大力度让文物古遗迹活起来，在保护的基础上进行传承与活化。

（3）打造知名街区和网红打卡地

许多城市旅游业的发展依赖于打造标志性、有记忆点和吸引力的网红打卡地，比如伊斯坦布尔的大巴扎、蓝色清真寺等。大同市旅游资源众多，但尚未形成一个知名的网红景点，这就需要城市创意营造。网红地的打造绝不能照搬个案，通过对文化资源的深度挖掘和城市风格的精准定位，找到大同市独特的城市"关键词"，迎合现代人的快节奏生活中追求新奇体验的心理需求，运用互联网思维，制造热点话题，通过事件营销等手段宣传造势，在保护历史文化的基础上，对已有景点进行网红化改造，创造全新的网红景点。比如，知名的云冈石窟，造像内容丰富多彩，有生动的菩萨、力士和飞天等神仙形象，就与仙气飘飘等流行因素相符合，进行合理适当的现代转化使其更具亲和力和影响力。

（4）承接国际会展业务

伊斯坦布尔充分发挥地理位置优势，积极参加高规格文化活动——"欧洲文化之都"，并多次作为国际会议主办地。会展业务能够带来"高收益"的游客，带动旅游经济发展，提高城市的知名度，打造城市品牌。大同市具有优越的区域交通中心地理位置，可以积极承办各类节展、会展，同时打造配套文化设施、文创产品，从而拉动文化经济发展。

（5）开发国际旅游线路

据数据显示，2018年大同市接待国内游客6903.92万人次，入境游客8.23万人次，虽然同比增长11.56%，但数字仍然较低，旅游总收入617.73亿元，国内旅游收入614.45亿元，占比99.5%。这说明国际旅游业务仍需提升，首先需要从国际旅游线路的开发做起，根据海外游客的文化背景，设计吸引国际游客的旅游路线，开通相关航班及与周边城市加强联动，同时积极进行海外宣传推广。

五、新加坡

1. 新加坡概况

有着"亚洲四小龙"之称的新加坡是东南亚的一座城市国家，北隔柔佛海峡与马来西亚为邻，南隔新加坡海峡与印度尼西亚相望，毗邻马六甲海峡南口。作为"东方会展中心"的新加坡在会展项目上作为会展城市获奖无数，被全球化与世界级城市研究小组与网络（GaWC）评为世界一线城市。新加坡自身缺乏资源，国内市场容量小，依靠国内投资和市场需求拉动经济循环无法经济独立。因此，它对外界的资源和市场有极高的依赖性，其经济也是倚重其区位向外向型发展的。它位于多条空中航线和海运航线的交汇点，是连接加拿大、美国太平洋沿岸与南亚、近东和非洲的空中与海上航线的重要站点。新加坡已开辟了多条航线通往世界多个港口，连接多个国家和地区，是世界第二大商业港口，也是通往马来西亚和泰国国际列车线的起点站。此外，新加坡是个区域商业枢纽，是多家银行和多个公司运营总部的所在地。

2. 公共文化

新加坡政府十分重视公共文化设施建设和功能发挥。自 20 世纪 90 年代以来，新加坡加大了对公共文化设施的建设力度，通过新建和翻新建筑改善文化设施，形成了以图书馆、博物馆、美术馆、民众联络所、俱乐部等为主体的公共文化建筑群。

目前，新加坡已建立起国家、区域和社区三级图书馆体系。截至 2012 年底，新加坡图书馆会员人数已经达到 210 万，成为新加坡基层文化设施全覆盖的重要组成部分。新加坡新国家美术馆总投资 6 亿新元，面积 6 万平方米，2015 年竣工。该馆主要展示新加坡及东南亚的历史及该区域 19 世纪以来的当代美术作品，免费开放。民众联络所是新加坡公共文化基层组织，负责各种社区活动的开展。目前，新加坡全岛已建成 100 余个民众联络所，成为集文化、体育、培训和娱乐为一体的社区文化活动中心。此外，还有新加坡华乐团、新加坡交响乐团等文化团体，定期举办公共文化活动。这些类型不同的公共文化设施，针对人们不同层次的文化生活需求，提供多种类型、多样风格的公共文化服务。

3. 文化产业

20 世纪 80 年代末开始，新加坡政府就高度重视文化产业的发展，将文化产业的发展上升为国家战略，通过设立负责文化产业发展的专门机构，制定分阶段文化产业发展规划，通过财税优惠、资金扶持等加大文化产业扶持力度等措施，全面引导和促进文化产业的发展。

1988 年，新加坡文化和艺术咨询理事会（ACCA）成立，旨在将新加坡建设成一个充满文化活力的社会。次年，该理事会提交了国家艺术发展报告书，该报告书被认为是新加坡文化艺术发展的分水岭，对加强文化自身建设的重要性做了明确定义，并直接促成了新加坡国家艺术理事会、国家文物局以及新加坡美术馆、亚洲文明博物馆、国家图书馆体系等行政机构和艺术场所的建立。

20 世纪 90 年代是新加坡文化产业发展的关键 10 年。1990 年，文化部撤销，其职能职责由社区发展部和信息艺术部承担。随后，新加坡又分别设立了国家艺术理事会和国家文物局，隶属于信息艺术部。这一期间，全国加快了艺术场所的建设，国家历史博物馆、新加坡美术馆等 26 个艺术场所相继建成，而在 20 世纪 80 年代，建成的艺术场所仅有 2 个。1998 年亚洲金融危机给新加坡经济带来巨大冲击，也使新加坡更深刻地认识到文化产业发展的作用，将创意产业提高到 21 世纪战略产业的高度，作为推动经济快速增长的引擎之一，文化产业的发展自此上升到国家战略高度。

2002 年，新加坡掀起了文化建设高潮，结合"再造新加坡"目标，积极推行艺术无处不在、巧思妙想、艺术之旅、知识新加坡等计划，意在通过发展文化资产，提升整个国家和人民的竞争能力，打造创意新加坡。同年 9 月，新加坡政府成立创意工作小组，并公布了《创意产业发展战略》。该战略将新加坡创意产业发展重点明确为三大领域：文化艺术、设计和媒体，并提出了各个领域中的具体发展目标，包括文艺复兴城市、全球文化和设计业中心和全球媒体中心。随后，针对发展目标制定了 3 个非常详尽的战略计划——《文艺复兴城市 2.0》《设计新加坡》《媒体 21》，提出到 2012 年将创意产业增加值对国内生产总值的贡献提高到 6%。

4. 文物保护

（1）法律法规

由于居住资源匮乏和经济制约，新加坡直到 20 世纪 80 年代才开启文物保护工作。新闻、艺术、通信部及国家发展部是负责文物古迹保护的主要机构，下设古迹保护局，与国家发展部和市重建局共同执行古迹保护和重新规划的工作。1971 年发布《保存古迹法令》，1986 年发布《文物保护计划总纲》，1988 年发布《规划法令》，1989 年通过《新规划法令》。

（2）文物保护与开发措施

根据新加坡的政策，历史遗迹分为国家古迹和保护区两类。根据其历史、艺术、社会、技术价值，由古迹保护局认定，新加坡现有 55 处国家古迹，每种国家古迹有不同的保护措施。第一类是大部分公共及宗教建筑，需保留原来建筑及用途，如马里安曼兴都庙、缅甸玉佛寺、释迦牟尼菩提迦耶寺等；第二类为修复后在原有功能的基础上进行提升的文物古迹；第三类修复后用途有所改变的文物建筑；第四类是对建筑结构有所改变但必须保存其整体历史和建筑特色。驳船码头及克拉码头原有仓库建筑就改建为餐厅酒吧等娱乐休闲型商业建筑，保留建筑的原貌，但给建筑物换上新材料、新色彩，重新设计灯和布景。驳船码头附近的原邮政总局和旧国会大厦，通过功能置换现已成为浮尔顿酒店及展现国内外艺术家所创造的现代视觉艺术、音乐、舞蹈、电影与话剧的艺术之家，保留及修复建筑原有风格，对内部功能进行更改。新加坡政府认为光靠单个古迹是无法保留历史文化的，因此就有了保护区的概念——对具有历史风格的整个地区加以保留，以加强地区特色，维持城市的活力，分为四大保护区——历史区、住宅区、次住宅区和别墅区。[①]

（3）新旧相融的策略

对于发展和保护之间的矛盾，新加坡规划以保存历史为原则，鼓励老建筑的再利用，推行新旧相融的策略，由专门的委员会根据其重要性决定旧建筑的

---

① 申静书.他山之石：文化引导下的新加坡滨水更新对成都市区府南河水系更新的启示［J］.四川建筑.2017（10）.

保留改造，不同片区采取不同的保留方式。此外，新加坡还建有大量博物馆用于保存文物，这些博物馆都各具特色，具有强烈的多元文化特征，如反映土生华人文化的娘惹博物馆，新加坡历史博物馆也突出了早期华人移民历史。此外，新加坡政府还鼓励公私合营机构和私人参与保护文物工作，多管齐下。

5. 独特的会展旅游

新加坡气候适宜，四面环海，风景优美，是天然的旅游胜地，而其良好的治安、高素质的人口也深入人心；有"花园城市"的美誉，旅游配套设施，尤其是交通设施优良；政策方面，新加坡政府对旅游业大力支持。20 世纪 60 年代，新加坡旅游促进局提出"东方会议中心"这一营销口号，积极提升作为国际会议城市的能力，大力发展服务业，建造酒店，打造世界一流的大小会展中心、展览厅。其中，莱佛士会议中心和滨水会议中心不仅能提供一流的会议设施，而且附近还配套住宿和餐饮服务，增强旅游体验。新加坡加强广告，积极投标争取举办权，甚至成立了隶属于旅游促进局的会议署。会展旅游的发展模式效果显著，不仅受到了世界级专业会展协会的认可，也受到了商务旅行者的广泛青睐。

6. 对大同城市文化建设的有益启示

（1）发挥地理优势，加强交通设施建设

作为一个面积不大的岛国，新加坡扬长避短，最大化地利用自己的交通优势，积极发展外向型经济。大同位于山西北部、大同盆地中心、晋冀蒙三省区交界处，是北方之门户，且扼晋冀蒙之咽喉要道，自古就有"北方锁钥"之称。因此，大同可以借鉴新加坡的发展方式，最大限度地利用优越的地理位置，积极争取北方重要会议及大型活动、展览。同时，在政策的配合下，优化其旅游线路，增加交通便利性，增强配套设施，打造一流的基础交通设施，吸引外地人才和游客。

（2）美化市容市貌，保护生态环境

"绿水青山就是金山银山。"新加坡"花园城市"的称号并非先天存在的，而是通过相关政策和管理手段人为打造的。19 世纪 60 年代新加坡提出"绿化新加坡"的构思之后，先后开展了花园城市、空中绿化、锦簇社区、主题干道等活动，这些举措为新加坡凭借"花园城市"环境推广旅游业打下了坚实的基础。其特有的多民族文化被包装为东南亚文化的浓缩，通过城市绿化、建筑群设计、文明规定，还有因地制宜的造景，良好的市容市貌不仅能吸引大量游客，还能潜移默化地影响本地居民，形成良性循环。在这一点上，大同市也可以加强市容市貌整治，通过加强环境保护、市容建设、规范文明行为等措施，打造宜居宜游的绿色城市，对其文化产业发展和公共文化的惠民发展都是有利的。

（3）提升城市文化系统性，打造文化品牌和周边文化圈

新加坡主动参与旅游分工，和其他国家合作，对其进行投资，利用周边国家的旅游资源弥补自身的不足，以其东南亚的门户位置，把自身定位为进入该区域的跳板。新加坡致力于包装、整合原有的族群文化旅游元素，其旅游资源也经历了从无到有、从有到优的过程。它擅长因地制宜，在原有基础上或保护或修缮，或重新创造新的旅游产品。相比于新加坡，大同的文化旅游资源更加丰富多样，但旅游业缺乏整体性、系统性，营销宣传不足，应当找准自身独特的文化标签，加强旅游品牌建设。此外，也可以学习新加坡联合周边城市，打造晋冀蒙旅游文化圈，可以与周边旅游资源联动对原有的资源进行创造性转换，也可借鉴保护区的概念，加强古迹周边风格营造的整体性，打造风格突出的文化地带和区域。

（4）强化公共文化服务质量和效能，吸引人才集聚

新加坡成功将自身打造成一座知名的旅游城市，除了人工造景之外，离不开对城市居民的公共文化服务和教育，在积极发展旅游业的同时，新加坡也兼顾国民需求，大力宣传教育，进行人力资源培养，培养国民的文化素养和文化自信及热情好客的氛围。这些文化教育和服务作用，从长远来看，能够提升整体人口素质，有利于本地人才的培养，提高整座城市的文明程度，打造城市品牌，从而吸引外来游客。新加坡的公共文化服务是由政府和民间社区共同提供的，社区内文化自治有利于满足多元、具体的文化需求，也有利于提高公民的文化自主性。大同可以借鉴这一点，利用现有的资源，加强公共文化建设工作，增加公民的文化认可度，提高文化产业就业人数。创意阶层永远是文化生产的

核心和主体，不论是公共文化还是文化产业，都需要技术、管理、艺术等多方面人才的参与。因此，除了通过相关教育体系培养本地人才之外，还可以制定相关优惠政策，建立优秀文化人才引进体系，吸引优秀人才来大同创业，形成城市创意阶层。

第九章　国内城市文化建设典型案例经验借鉴

第一节　东部城市文化建设典型案例

一、济宁

1. 济宁概况

济宁市位于山东省西南部，是著名的"孔孟之乡""运河之都"，现辖任城、兖州、曲阜、邹城、微山、梁山等 11 个县市区，拥有济宁国家级高新区、太白湖新区、济宁经济技术开发区和曲阜文化建设示范区 4 个功能区，面积 1.1 万平方公里。[①]2018 年 10 月，获得"国家森林城市"称号。2020 年 10 月 20 日，被评为全国双拥模范城（县）[②]。

（1）文化资源丰富

济宁地区历史文化悠久，有深厚的文化底蕴和文化积累，是孔、孟、颜、曾、子思"五大圣人"的故里，是儒家文化的诞生地、运河文化的汇集地、水浒文化的发祥地、梁祝文化的兴起地、佛教文化的新兴地。元明清时期，京杭大运河促进了济宁商品经济的繁荣，使济宁成为京杭大运河沿岸重要的工商业城市。

济宁市 11 县市区中，曲阜孔庙、孔府及孔林和境内的京杭大运河被联合

---

① 济宁市人民政府，济宁概况［EB/OL］.(2020-12-11)［2021-02-17］http://www.jining.gov.cn/col/col6751/index.html.

② 张晓东，张彦彦. 孔孟桑梓之邦 济宁荣获"国家森林城市"称号［EB/OL］.（2018-10-19）/［2021-02-17］http://jining.iqilu.com/jnyaowen/2018/1019/4083395.shtml.

国教科文组织列入世界遗产名录。拥有孟庙、孟府、水泊梁山、微山湖、宝相寺、峄山、少昊陵等 19 处全国重点文物保护单位，以及 4 座国家森林公园。

济宁市不仅在历史文化价值和珍稀奇特程度方面具有明显的优势，而且知名度、影响力和适游期方面得分也相当高。可以说，从文化资源本身来说，非常适合开发文化旅游，打造文化旅游产业链，形成产业集群规模优势。

（2）区位优势明显

2020 年，基本形成以济宁市区为中心的济宁全境一小时经济圈，成为经济发展的支撑点。可以肯定，未来一小时经济圈的形成，不仅对济宁市的经济发展起着不可估量的作用，而且为把济宁市中心区打造成济宁全市文化产业发展的龙头和具有集聚扩散功能的核心区域，奠定了坚实的基础。京沪高速铁路的开通将进一步缩短济宁与京沪两大经济增长极之间的时空距离。北京、上海处于两小时高铁交通圈内，将为促进济宁文化产业的发展提供新的区位优势。

（3）文化产业政策支持力度大

济宁市建立健全了文化经济配套政策，从财政扶持、税收优惠、投融资、工商管理和价格、资产管理经营、土地扶持、人员安置收入分配、社会保障、人才激励、文艺奖励等 9 个方面对文化产业发展进行扶持、引导。济宁市在文化事业发展和文化产业发展两个方面都进行相应的财政支持，极大地促进了济宁市文化产业的发展。

2. 公共事业、公共文化发展情况

（1）公共文化设施网络

济宁市现有专业艺术表演团体 13 个、艺术表演场馆 13 个、博物馆 48 个、公共图书馆 13 个（国家一级 6 个）、文化馆 12 个（国家一级 9 个），全国重点文物保护单位 41 处、省级文物保护单位 247 处、市级文物保护单位 378 处。出版报纸 5 种、发行量 3227.6 万份，杂志 8 种、发行量 9.96 万份。

济宁市已建成 3 个国家级文化先进县（曲阜、邹城、兖州）、6 个省级社会文化先进县（曲阜、邹城、兖州、任城区、汶上县、梁山县）、8 个省级社会文化先进乡镇和 79 个市级社会文化先进乡镇。乡镇综合文化站 152 个，覆盖率达 100%，其中，70 个乡镇综合文化站达到三级以上标准，17 个被评为一级综合文化站，在全省名列前茅；农村文化大院 5853 个，覆盖率 96.85%；农家书屋 5788 个，基本实现全覆盖。

（2）公共文化设施社会化建设

济宁市 2019 年成功举办第 36 届中国国际孔子文化节，尼山世界儒学中心揭牌成立，干部政德教育基地被中组部列入省（部）级党性教育基地。

组织群众性文化活动 21530 场、送戏下乡 8024 场，广电扶贫任务全面完成建立了文化信息资源共享工程市级支中心和 11 个县级支中心，曲阜市、邹城市、兖州区成为全省文化信息资源共享工程示范县和全省公共电子阅览室建设与服务示范县。乡镇综合文化站设置了书刊阅览室、活动厅、培训教室、信息服务室等服务设施，组建了文化工作队伍。

农村文化广场、文化大院和文化站成了百姓大舞台等文化惠民工程的前沿阵地，开展了一系列群众喜闻乐见的文化活动。济宁市正向着 15—20 分钟文化服务圈的目标稳步迈进。

表 9-1　济宁市文化、图书杂志、广播电视基本情况

项目	单位	2013年	2014年	2015年	2016年	2017年	2018年	2019年
一、文化								
文化事业财政补助收人	千元	181737	178359	215903	25040	321113	676180	675412
文化馆机构数（含群众艺术馆）	个	12	12	12	12	12	12	12
文化馆人数（含群众艺术馆）	人	281	317	288	249	271	261	247
文化站机构数	个	152	153	153	153	154	154	154
文化站人数	人	407	411	315	411	451	444	392
艺术表演团体机构数	个	11	11	11	11	12	13	13
艺术表演团体人数	人	495	490	489	493	543	554	554
艺术表演场所机构数	个	9	9	8	8	8	9	13
艺术表演场所人数	人	144	94	75	73	89	139	277
二、图书杂志								
公共图书馆机构数	个	11	11	12	12	12	13	13
公共图书馆人数	人	222	234	258	240	230	224	219

续表

项目	单位	2013年	2014年	2015年	2016年	2017年	2018年	2019年
公共图书馆图书总藏量	万册	259.70	307.59	344.54	421.23	356.99	476.80	501.78
报纸出版种数	种	5	5	5	5	5	5	5
报纸出版总印数	万份	4162.5	3450.4	4307.3	4311.8	3837.9	3226.6	3436.3
杂志出版种数	种	8	8	8	8	8	8	8
杂志出版总印数	万份	23.1	22.1	21.9	20.5	20.3	9.6	9.8
报社	个	5	5	5	5	5	5	5
杂志社（编辑部）	个	8	8	8	8	8	8	8
三、广播电视								
电台数量	座	12	12	12	12	12	12	10
电台节目套数	套	16	16	17	17	16	16	16
广播综合人口覆盖率	%	95.91	98.37	98.52	99.11	99.12	99.11	99.09
电视台数量	座	12	12	12	12	12	12	12
电视台节日套数	套	19	22	25	28	25	23	24
平均每周播出时间	分钟		2136	2218	2366	3098	2813	2321
电视转播发射台	座	14	14	14	14	14	11	11
电视综合人口覆盖率	%	95.54	98.45	98.58	98.61	98.61	98.34	98.12
广播、电视制作及播出机构数	个	12	12	12	12	12	12	35
广播、电视制作及播出人员数	人	2314	1862	1663		1971	2109	2091
各新闻单位派驻记者站	个	4	4	4	4	4	4	3
各新闻单位派驻记者站新闻采编组稿通联人员数	人	9	9	18	23	29	27	26

3. 文化产业发展情况

济宁市积极推动文化产业的发展，全市现有文化产业经营单位 1.85 万余家，从业人员 15.6 万余人；全市文化产业增加值 138.18 亿元，同比增长 15.8%，增幅居全省第二位；占全市国内生产总值比重为 3.86%，占比排名在全省居第四位。

（1）文化产业园区示范作用凸显

济宁市积极规划建设文化产业园区，集中力量形成文化产业聚集区，成为济宁市快速发展文化产业的有效途径。文化产业示范园区建设取得明显成效，目前济宁市共拥有国家级文化产业示范园区1个、国家级文化产业示范基地2个、山东省文化产业示范基地11个、济宁市文化产业示范基地82个，各级各类文化产业示范园区、基地已占到全市文化产业增加值的60%以上。

（2）民营经济成为文化产业主力军

济宁市放宽了文化产业市场准入条件，实施多元投资兴办文化产业。逐步放宽条件，降低准入门槛，建立了多元投入体制，鼓励非公有制经济以参股、合资、合作、独资、特许经营等多种方式进入文化产业领域。因此，济宁市的山东儒源文化集团、山东金榜苑文化集团、山东天成文化集团、山东新思域文化集团等已走在全省全国同行业的前列，社会效应和经济效益取得双丰收。

（3）文化产业发展平台作用明显

济宁市挖掘整合了各类节会资源，积极搭建节会平台。集中打造国际孔子文化节、汶上宝相寺太子灵踪文化节、水浒文化节、荷花节等节会品牌，国际孔子文化节被国家旅游局确定为国家级、国际性中国旅游节庆精选活动，被国际节庆协会评为中国最具国际影响力的十大节庆活动。通过积极组织参加深圳文博会、北京文博会、义乌文博会、山东省文博会等各种专业展会，提高大同市特色文化产品和文化企业在全省、全国的影响力。

4. 文物保护利用、非遗传承情况

济宁坐拥世界级文化遗产2处、国家级重点文物保护单位36处、省级247处。其次，济宁市拥有独特的孔孟文化，圣人孔子、亚圣孟子都是济宁人士。"三孔"景区名闻天下，是世界文化遗产。

非遗资源类别主要包括：民间文学、传统音乐、传统舞蹈等，非遗资源丰富。目前，济宁已有国家级非遗代表性项目17个、省级项目61个、市级项目210个、县级项目600余个，基本涵盖了非遗的各个类别，各级项目名录数量均居全省前列。在代表性传承人方面，济宁有国家级非遗传承人11人、省级36人、市级165人，形成了完善的国家—省—市—县四级非遗名录体系。建立了梁祝博物馆、玉堂文化博物馆、泗水民俗博物馆、阴阳板传承基地、四平调传承基地等博物馆和传承基地，对相关项目的传承起到了促进作用。

表9-2 济宁市国家级非遗名录

编号	项目名称	申报单位
1	梁祝传说	济宁市
2	祭孔大典	曲阜市
3	麒麟传说	嘉祥县
4	鲁班传说	曲阜市
5	曲阜指木雕刻	曲阜市
6	嘉祥石雕	嘉祥县
7	邹城平派鼓吹乐	邹城市
8	山东梆子	嘉祥县、梁山县
9	四平调	金乡县
10	鲁西南民间织锦技艺	嘉祥县
11	孔府菜烹饪技艺	曲阜市
12	端鼓腔	微山县
13	孟母教子传说	邹城市
14	鲁西南鼓吹乐	嘉祥县
15	山东落子	金乡县
16	琉璃烧制技艺	曲阜市
17	二仙膏制作技艺	任城区

5. 济宁市旅游发展情况

济宁是我国优秀旅游城市之一，距今已有7000多年的文明历史，自古就有"孔孟之乡，礼仪之邦"的美称，其中曲阜市入选首批国家全域旅游示范区，邹城石墙镇上九山村、梁山县大路口乡贾堌堆村入选全国乡村旅游重点村。

截至2020年，济宁市已经累计建成国家、省级版权示范单位、园区（基地）39家，国家、省级文化产业示范园区（基地）19家，国家、省级研学旅游示范基地10家，省级工业旅游示范基地4家，省级旅游度假区3家，A级景区111家。3个县入选国家和省首批全域旅游示范区，4个村入选全国乡村旅游重点村，6个村入选全省乡村旅游重点村，有4家企业入选两批山东省文化企业30强。

（1）旅游消费快速增长

旅游消费总额873.15亿元，同比增长11.83%；接待国内外游客8040.8万人次，同比增长9.03%，其中，实现入境游客消费8136.58万美元，同比下降7.75%；接待入境游客28.39万人次，同比下降13.93%。旅游市场主体质量稳步提升，新增3A级以上旅游景区10家、三星级以上旅游饭店达到37家、3A级以上旅行社达到26家。据统计，2019年五一假期期间，16家A级景区共接待游客23.1万人次，实现营业收入915.23万元。[①]

（2）良好的旅游产业基础

济宁拥有深厚的儒家文化、始祖文化、运河文化、佛教文化、红色文化、水浒文化等多种历史文化资源，其中"三孔"——孔庙、孔府、孔林世界地位独一无二，具有全球垄断性。独特的孔孟文化不仅展示着济宁市的魅力，更把儒家思想带到了全国乃至全世界。有如此丰富的文化旅游资源，济宁市的文化旅游市场发展迅猛。

6. 对大同城市文化建设（含旅游）的经验借鉴

大同市与济宁市的相似之处就是，两个城市都拥有丰富的历史文化资源，文化产业发展虽有潜力但缺乏市场。因此，根据济宁市文化发展的经验，大同市文化发展也可以得到一些借鉴和启发。

（1）申报和创建传统文化开发综合试验区

济宁市的曲阜文化建设示范区的建设，对传统文化进行系统开发，在加强孔子学院总部体验基地、干部政德教育基地、儒学人才高地四大战略平台建设的同时，实施优秀传统文化普及、文化遗产保护、优秀传统文化教育培训、儒学传播交流、文化经济融合发展五大工程，很大程度上扩大了济宁文化的知名

---

① 李珊，周晓雪.济宁市文化旅游营销策略研究［J］.中国商论，2019(21): 70—71.

度和影响力。①

大同市要重视对本市历史文化资源的进一步发掘。大同市拥有丰富的历史文化资源，应该积极借鉴济宁市文化发展的成功经验，积极申请建立传统文化开发试验区，打造传统文化经济区，加快、加深传统文化资源的开发，同时为大同市文化经济发展争取更大政策空间，在此基础上申报和实施一批国家及大同市重大文化创新和文化经济项目，打造具有外向延伸潜力的文化企业，进一步提升大同市文化创新能力与文化经济发展能力。

（2）加大文化产业资金投入

济宁市在发展过程中，文化产业的资金投融资政策相对来说比较完善。近年来，济宁市全市强化项目带动战略，不断加大文化产业投资力度，文化产业项目快速增加，投资规模持续扩张，文化产业投资结构调整优化，文化内涵更加凸显，文化物质精神取得双丰收。②

大同市应该积极借鉴济宁市在文化产业投资上的先进经验，积极拓展资金来源，营造多极金融环境。首先，作为文化产业的主导力量，大同市政府应积极与相关商业银行、担保公司和评估机构合作，推动建立文化产业无形资产评估机制，实现无形资产的有效质押；其次，大同市可以成立文化产业专门投资组合机构，形成以动员社会资金为主、官民合作的运作方式，大力鼓励和引导非公有资本及海外资本进入文化产业。此外，大同市应大力支持有条件的企业改制上市，拓宽投融资渠道。

（3）加大宣传力度，让文化形象深入人心

济宁市着重本市文化传统和旅游景点的宣传推介，通过举办文旅招商推介会等形式来扩大知名度。

大同市也同样拥有极其丰富的文化旅游资源，但存在知名度低、文化印象不够鲜明等缺点。因此，大同市应该积极借鉴济宁市打造"孔孟故里，运河之

---

① 济宁市加快新旧动能转换 推动资源型城市转型升级［EB/OL］.（2017-11-22）［2021-02-18］http://sd.iqilu.com/share/article/615883.

② 从文化产业投资分析打造济宁文化强市之策［EB/OL］.（2016-02-26）［2021-02-18］http://www.jining.gov.cn/art/2016/2/26/art_33405_1721519.html.

都"的成功经验，以打造世界知名文化品牌为目标，形成大视野、大理念、大手笔的思维，抓好软硬环境建设，加大宣传力度。

具体措施方面，大同市可以整合内外资源、聚焦宣传重点、创新宣传手段，通过与电视台、自媒体等合作，投放广告，同时加强与国内外知名旅行社合作，积极举办重点城市文旅招商推介会，以推介精品项目、打造品牌活动为着力点，打造大同市鲜明的文化形象。

（4）推动大同市文化艺术发展

济宁市正在积极打造具有地域特点、国内一流的文化艺术品市场，打造齐鲁艺术品集散地，济宁市文化艺术的发展对大同市具有一定的借鉴意义。

第一，大同市可以大力发展文物复制产业，依托大同丰富的文化资源，通过自主研发和联合科研，创新文物高仿复制技术，延伸高仿艺术品的产业链，加大对文物的产业化开发和市场化推广，形成具有自有 IP、自身品牌和鲜明文化特色的高仿艺术品产业。

第二，大同市文化艺术发展的相关部门应该吸引大型物流企业，投资建设档次高、配套设施完善、综合功能齐全的物流园区，形成产供销一体化的艺术品营销网络，积极开拓本地艺术品的国内外市场。

（5）推进全民文化创业

济宁市在推动全民文化创业有着较为成功的做法和经验，通过完善创业扶持政策、优化创业环境、建设创业孵化园等一系列措施，全民创业的氛围日益浓厚，创业带动就业的倍增效应不断扩大。

大同市可以依托本市丰富的文化资源，着力培育文化产业领域中各个层次、各种类型的发展主体，努力造就一支以文化企业为平台、以文化产业集群为依托，以自办企业、合资入股、劳动就业等多种形式为切入点的本土文化产业创业大军，引导社会资源和创业者进入文化旅游业、文物复制品业等创业新领域。同时，加强创业培训，提高全民创业的技能和水平；搞好咨询服务，帮助创业者找到创业的方向和路径。

二、扬州

1. 扬州概况

扬州是江苏省地级市，长江三角洲中心区 27 城之一，是世界遗产城市、世界美食之都、世界运河之都、东亚文化之都、首批国家历史文化名城和具有传统特色的风景旅游城市。

扬州是江苏长江经济带重要组成部分、南京都市圈成员城市和长三角城市群城市，是南水北调东线工程水源地、联合国人居奖获奖城市、全国文明城市、中国温泉名城、国家园林城市、国家森林城市。

（1）优越的地理位置

扬州位于江苏省中部、长江与京杭大运河交汇处，由于特殊的地理位置，使得扬州在中国古代几乎经历了通史式的繁荣，并伴随着文化的兴盛，有江苏省"陆域地理几何中心"（扬州高邮市）之称，有"淮左名都，竹西佳处"之称，又有着"中国运河第一城"的美誉，被誉为"扬一益二""月亮城"。

（2）优良的城市环境质量

扬州有着较好的城市环境质量，获得了全国卫生城市、全国文明城市、省级和国家级园林城市、中国优秀旅游城市、全国最适合人居城市、联合国最适合人居城市，被联合国教科文组织认定为"世界美食之都"，还是国家建设生态城市的试点，这些都为扬州发展旅游塑造了良好的外在形象。城小人少，服务业是主打产业，工业污染少，空气好，是个放松身心，体验美好生活的好地方。

（3）独具特色的服务业

扬州自古以来以休闲服务业发达而闻名于世。重点打造的扬州"三把刀"（厨刀、理发刀、修脚刀）文化自古就有，有着很好的传统。在健康休闲产业需求高速增长的今天，特色服务业成为扬州的重要旅游资源。精美的淮扬美食、精巧的扬州工艺品、巧夺天工的扬州私家园林，都是值得开发的旅游资源。

（4）运河文创资源的挖掘

中国大运河博物馆落户扬州。故宫和大运河，都是世界文化遗产，一个是固态的古代宫殿群落，一个是流动的人工运河奇迹。故宫文创已然掀起了故宫热、博物馆热，而中国大运河博物馆的文创产品开发也将给扬州带来新的机遇。

（5）大手笔、大构思的文化开发模式

扬州在文化资源开发的过程中，最具有重大意义的标志性举措是开启了传统化资源保护方面的大构思时代。首先是依托大运河申遗，扬州境内6条河道、10个遗产点列入大运河遗产点名录，扬州因此成为全县遗产点列入最多的城市。成功申遗后，又及时推动大运河申遗办转为大运河遗产保护办，将集中申遗转为经常性长期性的遗产保护工作。现如今，扬州正复制大运河的成功模式，积极参与海上丝绸之路的申遗工作。这种大手笔、大构思文化资源开发保护和传承工程，是扬州文化资源开发过程中最明显的优势之一。

2. 公共事业、公共文化发展情况

（1）公共文化设施网络

扬州已经建成"市有四馆、县有两馆、乡镇（街道）有一站、村（社区）有一室"的公共文化设施网络。全市共有图书馆、文化馆7个，乡镇（街道）文化站83个，村文化室（农家书屋）1115个，社区文化室403个，农村文化广场1030个，城市影院27家。扬州市在全省率先实现了有线电视"户户通"和数字电视整体转换，光电和电视综合人口覆盖率均达到95%以上。扬州市各级公共文化服务中心建设取得了突破性的进展，并获得国家级、省级嘉奖。

表9-3　2019年扬州市文体事业基本情况

项目	单位	全市	市区	江都	宝应	仪征	高邮
广播覆盖率	%	100	100	100	100	100	100
电视覆盖率	%	100	100	100	100	100	100
剧场、影剧院数	个	50	35	9	5	6	4
公共图书馆数	个	7	4	1	1	1	1
公共图书馆图书总藏数	千册、件	4247	3287	378	205	452	303
博物馆数	个	16	10	1	2	1	3
体育场馆数	个	24	18	4	2	2	2

3. 文化产业发展情况

（1）文化产业发展质态良好

扬州文化产业已形成文化创意、新闻出版、影视制作、演艺娱乐、文化旅游、文博会展、工艺美术、文体器材等八大核心行业，共有 5 个国家文化产业示范基地（园区）、7 个省级文化产业示范基地（园区）、52 个市级文化产业示范基地。

（2）文化产业成为现代服务业的新亮点

扬州被授予"中国琴筝产业之都"称号，江都荣膺"中国毛笔画笔之都"和"文房四宝特色产业区域"，扬州漆器、鲁垛乱针绣获地理标志集体商标注册；以川奇光电为首的新兴文化产业成长迅速，电子纸已占全球总产量的 90% 以上；报业传媒集团、广电传媒集团等优势企业的总体实力不断增强。下一步，重点发展工艺美术、文化创意、新闻出版、影视制作、演艺娱乐、文化旅游、文博会展等八大行业。

（3）文化人才队伍不断壮大

市政府资助开办免费的曲艺班、扬剧班、木偶班，培养出一批非遗人才，推进了地方文化艺术薪火相传。每年选派 10 名左右的优秀青年文艺人才赴国内一流艺术院校研修。常态化举办全市文化干部培训班、戏剧曲艺创作人员讲习班，夯实了文化建设的基础，一大批文艺高层次人才涌现。

4. 文物保护利用、非遗传承情况

扬州历史悠久，文化底蕴深厚。目前，扬州拥有世界文化遗产大运河遗产段 6 个、遗产点 10 个，联合国人类非遗代表作名录 3 项，国家级非遗项目 19 项，省级非遗项目 61 项，市级非遗项目 231 项；拥有全国重点文物保护单位 24 处、省级文物保护单位 51 处、市县级文物保护单位 426 处，各类文化资源总数位居全省前三。[①] 这些都是历代扬州人民在长期生产实践中创造出来的，是传统文化的有机组成部分，也是扬州最为耀眼的城市名片。从非遗项目的内容上看，主要有三类：以扬剧、清曲、古琴等为代表的民间艺术类，以扬州玉

_____

① 刘娜，许沁乔. 扬州非遗旅游发展问题研究［J］. 现代商业，2018(33).

雕、雕版印刷、剪纸、刺绣、彩灯等为代表的民间工艺类,"三把刀"、富春茶点制作技艺、界首茶干制作技艺等为代表的民间习术类。[①]

5. 扬州旅游发展情况

(1)旅游产业获得长足发展

2018 年,全年接待境内外游客 7044.23 万人次,同比增长 11.9%;实现旅游业总收入 917.90 亿元,同比增长 15.2%。接待入境过夜游客 7.64 万人次,同比增长 12.6%。其中,外国人 5.17 万人次,同比增长 13.6%;港澳台同胞 2.47 万人次,同比增长 10.6%。旅游外汇收入 8341.10 万美元,同比增长 11.1%。接待国内游客 7036.56 万人次,同比增长 11.9%,实现国内旅游收入 904.76 亿元,同比增长 15.2%。全市拥有国家 A 级景区 54 个、旅行社 157 个、出境旅行社 14 个。

(2)世界美食之都的城市名片

近年来,扬州充分放大了世界美食之都效应,举办世界美食之都创意展示大会、运河美食节、早茶文化节等活动,建设世界美食之都城市展示馆和扬州淮扬菜博物馆。高品质打造 1912 街区、"三把刀"特色步行街、东关街等美食集聚区。研发和推广一批扬州特色名菜、名小吃,评选和推荐一批世界美食之都建设示范店、最佳创意餐厅、饮食文化展示最佳场所。进一步丰富淮扬美食品鉴中心、淮扬美食书场服务内容,提升了服务品质。同时,加强夜间旅游消费体系建设。丰富"夜品扬味"体验,培育壮大双东街区、明月湖商圈等夜间文旅消费集聚区。开放瘦西湖 1757 美食夜市街坊,推出"二分明月"主题灯光秀,过夜游客数量有了大幅度的提升。

6. 对大同城市文化建设的经验借鉴

(1)对接国家战略,抓住文化发展先机

从扬州的文化产业发展过程来看,扬州市及时抓住了大运河项目、海上丝绸之路项目的机遇,使得文旅产业飞速发展。

---

① 李霞,万艳华.扬州市非遗"雕版印刷"的生产性保护与发展[J].城市发展研究,2012,19(05).

大同市要大力开发"一带一路"北魏起点的文化资源，主动融入"一带一路""京津冀协同发展"，立足"一带一路"旅游联盟、长城保护联盟、世界古都旅游联盟、世界旅游城市市长论坛等，加大沿线国家和地区重点旅游城市的合作交流，强化晋冀蒙长城金三角协同发展示范区作用，紧抓长城国家公园建设的契机，积极拓展文化旅游发展空间。

（2）积极思变，优化产业融合谋创新

扬州市在文化旅游产业发展过程中，注重创新，积极思变，不断追求文旅产业的创新发展，优化产业融合形式，在产业创新角度能够给予大同市一些经验借鉴。

第一，大同市文旅产业要注重文化产品的更新迭代。近年来，我国文旅行业同质化竞争激烈，文旅产品呈现出"大众化产品过剩，中高端产品不足"的现象。大同市应当在文旅专业化、精细化上深耕细作，并通过打造私人定制游、特色主题游等新型旅游，通过文旅消费线上线下互动，实现产品迭代和创新，才能在激烈的竞争中确立自身优势。

第二，大同市文旅产业要确立打造精品意识。大同市丰富的自然景观和丰厚的人文景观，可以借鉴扬州市瘦西湖的系列品牌，树立精品意识，顺应时势打造能集合自然景观、人文景观和现代景观的旅游产品，同时打造亲子游、健康游、研学游、度假游、文化游等新型旅游，提高文旅产品吸引力。

（3）立足游客，强化配套服务

扬州市的配套设施建设较为完善，游客的旅游体验感和满意度都相对较高。

大同市可以借鉴扬州市的景区基础配套设施建设经验，增加通往核心景区、景点的交通路线，加大公共空间运营频次，合理布局生态停车场、旅游厕所、加油站、码头、银行和医疗等公共服务设施，优化区域内公共交通服务网络，丰富和完善旅游标识系统，满足游客的多样性需求。在文化旅游产品和服务的提供过程要以服务游客为中心，善于运用大数据动态掌握游客的结构变化、需求变化，有的放矢地策划和开展活动。以大同市的城市文化为媒介，拉近与游客的心理距离。

（4）与优质媒体合作，实现立体宣传

扬州市积极展开与综艺节目的合作，成为户外综艺的固定取景地之一。以东方卫视的《极限挑战》节目为例，节目组在节目拍摄过程中，足迹遍布卢氏盐商古宅、东关古渡、东关街、大王庙、御码头、瘦西湖、冶春、紫罗兰理发店、长乐客栈等具有扬州特色的景点，同时通过明星嘉宾的体验，扩大了扬州的知名度。

大同市可以借鉴扬州的先进经验，将本市的文化内涵融入娱乐性的综艺节目。例如，大同市的云冈石窟、有"人天北柱、绝塞名山"之称的恒山及悬空寺等景点都可以成为综艺节目绝佳的取景地。大同市可以大力展开与电视台、视频网站的合作，与节目制作团队进行交涉，引入拍摄项目之后积极展开对接，对拍摄方案再度细化，让文化类的综艺聚焦大同市的非遗和世界文化遗产，推广老字号，深度挖掘文化内涵。与此同时，还可以邀请流量明星助阵，让大同市成为明星城市、网红城市。

（5）寻求智慧旅游发展新方向、新路径

2011年，扬州市加入智慧旅游联盟。2012年，扬州就作为江苏省唯一代表入选中国智慧城市推进十强城市，排名第六。2012年举办的第三届"中国休闲创新奖"颁奖典礼上扬州更是荣获智慧旅游城市创新奖，扬州市的高质量智慧旅游体系，具体覆盖扬州的城市管理、公共服务、电子商务、游客服务等方面，成绩斐然，对大同市的城市建设具有极强的借鉴意义。[①]

大同市可以借鉴扬州经验，做好智慧旅游可以从以下几个方面入手：首先，建设兼顾民生、企业、游客的大数据平台。其次，利用智慧旅游平台深度整合旅游资源。通过智慧旅游平台整合大同市全市景点、旅行社、酒店、特色餐馆、民宿、购物商店等各类涉及旅游企业的资源。通过这些平台的整合，夯实旅游信息资源发展的坚实基础，推动旅游信息服务体系协调发展，为到大同来旅游的游客提供具有鲜明大同特色、经济实惠、更加便捷的旅游产品与旅游体验方式。最后，大同市要强化旅游数据与市场的对接。进一步完善基础旅游信息，

---

① 顾宇. 全域旅游视角下扬州智慧旅游发展方向及路径研究［J］. 扬州职业大学学报，2018，(04).

确保旅游信息准确发布并及时更新；对旅游大数据进行筛选，包括智慧旅游产业发展数据、实时监控数据、跨地交换数据与山西省旅游数据等。在提高游客满意度的同时，也让游客成为大同市智慧旅游推广的贡献者。

三、徐州

1. 徐州概况

徐州古称彭城，历史上为华夏九州之一，具有 5000 多年的文明历史和 2600 多年的建城史。全市总面积 11258 平方公里，户籍人口 1045 万，现辖 2 市（新沂、邳州）、3 县（丰县、沛县、睢宁县）、5 区（云龙、鼓楼、泉山、铜山、贾汪）和 1 个国家级经济技术开发区、1 个国家高新技术产业开发区，先后获批中国优秀旅游城市、全国双拥模范城、国家环保模范城市、国家卫生城市、全国文明城市、国家生态园林城市、国家创新型城市、联合国人居奖等称号。

（1）历史文化独具特色

徐州是国家历史文化名城。历史文化悠久，文化底蕴深厚，历史胜迹浩繁，是"彭祖故国、刘邦故里、项羽故都"，享有"两汉文化看徐州"的美誉。历史文化源远流长，文化资源独具特色，构成了囊括两汉文化、彭祖文化、军事文化、名人文化、书画文化、佛道文化、山水文化、武术文化等在内的类型齐全的文化资源体系。丰富的文化资源和深厚的文化底蕴，为徐州文化产业多元化发展、塑造特色文化品牌、打造"文化强市"提供了基础前提和重要的资源支撑。

（2）区位和交通优势的叠加效应突出

徐州地处苏鲁豫皖四省交界处，拥有承东接西、沟通南北、双向开放、梯度推进的战略区位优势，是江苏省重点规划建设的 4 个特大城市和三大都市圈核心城市之一。陇海、京沪、徐兰、京福，以及 5 条国道、20 条省道、5 条高速公路形成了徐州高速交通网络，使徐州进入上海 2 小时经济圈。观音国际机场也开通了至北京、上海、广州、台北、香港等地的 20 余条航线。独特的区位和四通八达的交通网络使徐州拥有显著的区位优势、交通优势、低成本优势和腹地纵深优势的叠加效应。

（3）产业融合发展的后发优势明显

徐州积极促进产业结构的优化，在产业融合发展过程中具有后发优势。先进的工业化带来的经济优势有利于诱导文化产业的发展，而文化产业的发展反过来又将促进不同产业之间的融合与进步。徐州在经济转型中逐渐走出了一条由重工业城市向现代园林城市、旅游城市变身的路。

（4）快速发展的成长型城市

徐州正处于工业化和城镇化的加速期，未来发展空间广阔、潜力巨大，支撑高质量发展的主要指标增幅居全省前列，在全省高质量发展综合考核中位列第一等次。

2. 文化事业、公共文化发展情况

（1）公共文化设施网络建设

截至 2019 年，徐州市全市文化系统共有艺术表演团体 8 个、文化馆 11 个、博物馆 18 个、美术馆 3 个，共有公共图书馆 11 个，公共图书馆总藏量 386.5 万册，电子图书藏量 671.5 万册。共有综合档案馆 11 个，向社会开放档案 13.05 万件。市有"四馆一院"、县（市）区有两馆、镇（街道）有一站、村（社区）有一室的四级公共文化服务体系已经形成。

（2）公共文化服务社会化建设

第一，培育促进文化消费，打造文化惠民品牌。文润彭城、动感彭城、城乡文化对对碰、舞动乡村、汉风大讲堂等品牌文化活动影响广泛，"文润彭城"文化惠民消费季期间，举办各类纳凉晚会、百姓舞台、讲座、公益培训、非遗展、书画展等 4000 场次，1566 家文商旅企业产品打折惠民，以文化消费公众号形式发放 30 万元红包，吸引近千万人次参与，消费金额 30.487 亿元，惠民 4.32 亿元。

第二，发展文化志愿服务，大力开展全民阅读。2018 年全年开展读书活动 4705 场次，设立全民阅读志愿服务站 38 个，组建全民阅读志愿服务队 8 个，参与志愿服务人员 5000 人次；建立农民读书组织 715 个，年度申报农家书屋与图书馆通借通还建设任务 559 家，完成通借通还书屋建设 1284 家。

第三，发展文化类社会组织，提升公共文化服务效能。2018 年徐州市完成各类艺术展览、大讲堂等系列文化活动 160 余场（次）；送戏 1022 场、送电影 3.74 万场、送图书 13.96 万册；发政府文化惠民券 4.68 万张；徐州博物馆免费接待观众 70 万余人次；市图书馆新订购图书 1.1 万种 14.2 万册，开展公益服务活动 240 余场，接待读者 28 万余人次；徐州文化馆免费公益性培训学员约 5 万人次。

3. 文化产业发展情况

（1）文化产业发展势头良好

徐州市文化产业发展一直保持在苏北地区的前列。"十三五"期间，徐州文化产业年均增长 15%。截至 2019 年，徐州市全市文化产业增加值 278.9 亿元，全市文化产业总收入超过 1000 亿元，文化产业增加值占国内生产总值比重 7% 左右，成为重要支柱产业。

徐州已建成淮海文化博览园、龟博物馆展示区、汉文化风景区等 30 多个文化特色园区和产业园区，并且培育了一批活跃的文化产业市场主体，全市文化企业发展到 3.1 万家（含个体文化单位），注册资金超过 100 亿元，从业人员 50 多万。[①]

（2）文化产业发展呈多元化开放趋势

徐州市政府在《徐州市"十三五"文化产业发展规划》中提出"构筑形成'425'现代文化产业新体系""加快构建'一核一廊两翼两带'"等战略性文化产业发展策略，突出发展文化旅游、文博展销、演艺娱乐、数字文化、出版印刷、文艺服务等 6 类重点文化产业。徐州文化产业发展呈现出多点支撑、多元开放、多渠道协调一致的文化产业发展格局。

（3）文化产业集群化加强

徐州市重点实施"1234"工程，即重点推进 1 批文化产业集聚区、2 条文化产业带、3 个文化产业板块、4 大文化产业生产基地的建设和发展，进一步调整优化徐州文化产业发展布局。目前，全市已有 5 家省级文化产业示范基地，

---

① 仇诗琦. 徐州市文化产业发展研究［J］. 汉字文化，2020(22).

包括徐州文化产业园、创意 68 文化产业园、徐州动漫影视基地、徐州软件园、淮海文博园，有力地提升了文化产业的布局结构、产业规模和发展层次，从而促进了各类资源合理配置和产业分工，提高了徐州文化产业规模化、集约化、专业化水平。[①]

4. 文物保护利用、非遗传承情况

徐州市全市现有市级以上文物保护单位 307 处，其中全国重点文物保护单位 9 处、省级 34 处。拥有 9 个国家级、68 个省级非遗名录项目和 8 位国家级、28 位省级非遗代表性传承人。部分传统美术和手工技艺类非遗项目已列入生产性保护。

表 9-4 徐州市国家级非遗名录

序号	名称	编号	类别	公布时间	类型	申报地区或单位	保护单位
1	柳琴戏	Ⅳ-63	传统戏剧	2008（第二批）	扩展项目	江苏省徐州市	徐州演艺集团有限公司
2	糖塑（丰县糖人贡）	Ⅵ-88	传统美术	2008（第二批）	新增项目	江苏省徐州市丰县	丰县文化馆
3	竹马（邳州跑竹马）	Ⅱ-44	传统舞蹈	2008（第二批）	新增项目	江苏省邳州市	邳州市文化馆
4	彩扎（邳州纸塑狮子头）	Ⅵ-66	传统美术	2008（第二批）	新增项目	江苏省邳州市	邳州市文化馆
5	香包（徐州香包）	Ⅶ-26	传统美术	2008（第二批）	扩展项目	江苏省徐州市	徐州文化馆
6	剪纸（徐州剪纸）	Ⅵ-16	传统美术	2008（第二批）	扩展项目	江苏省徐州市	徐州文化馆
7	徐州琴书	Ⅴ-73	曲艺	2008（第二批）	新增项目	江苏省徐州市	徐州演艺集团有限公司
8	徐州梆子	Ⅳ-121	传统戏剧	2008（第二批）	新增项目	江苏省徐州市	徐州演艺集团有限公司
9	唢呐艺术（徐州鼓吹乐）	Ⅱ-37	传统音乐	2011（第二批）	扩展项目	江苏省徐州市	徐州文化馆

---

① 徐琪.徐州市文化创意产业发展模式研究［J］.创新创业理论研究与实践，2019，2(17).

5. 徐州文旅融合发展情况

徐州市在文旅产业的发展上成功实现了从"一城煤灰半城土"到"一城青山半城湖"的精彩蝶变，尤其是徐州市的贾汪区，作为国家文化和旅游部公布的首批国家全域旅游示范区，成功走出了一条资源枯竭型城市转型和老工业基地振兴的高质量发展之路。

（1）文化旅游资源丰富

徐州是两汉文化的发祥地，历史悠久，文化底蕴深厚，众多的文物和非遗构造了徐州地区特色鲜明的地域文化。共有国家 A 级景区 68 家，其中文化类景区占总量的 32%。目前，徐州市博物馆、汉文化景区、龟山景区、民俗博物馆、喻继高艺术馆、李可染艺术馆、张伯英艺术馆、马庄民俗文化馆、徐州艺术馆等一批文保单位和非遗展示馆成功创建为国家 A 级旅游景区。

（2）旅游经济持续快速增长

截至 2020 年，全市共有国家 A 级旅游景区 68 家、省级旅游度假区 3 家，星级酒店 66 家，旅行社 210 家，乡村旅游示范区 72 家。共接待国内外游客 6356.46 万人次，比上年增长 10%；旅游总收入 854.16 亿元，比上年增长 10.2%。接待入境过夜旅游者 19.32 万人次，比上年增长 5.4%。其中，外国人 15.65 万人次，比上年增长 9.1%；旅游外汇收入 5711.97 万美元，比上年增长 5.2%。接待国内游客 6337.14 万人次，比上年增长 10%。

（3）重大旅游项目有序推进

一批有影响力的项目相继建成并对外开放，窑湾古镇、徐州乐园、潘安湖湿地、蟠桃佛教文化景区、吕梁山景区、汉皇祖陵景区等一批投资大、规模大、转型升级带动力强的文化旅游龙头项目相继落成。休闲度假、游览观光、文化体验等特色旅游产品得到提档升级，低空飞行、"四滑一漂"（滑雪、滑草、滑翔伞、滑索、漂流）等旅游新业态项目陆续建成，旅游产业链拉长，整体竞争力提升，进一步优化了大同市旅游产品体系，取得了显著的市场影响力和良好的经济社会效益。

（4）淮海经济区旅游中心城市地位雏形初现

徐州市旅游经济各项指标及旅游产品品质在淮海经济区名列前茅，旅游公共服务体系日趋完善，旅游产业竞争力不断凸显，旅游产业辐射力进一步提升，淮海经济区旅游中心城市地位雏形初现。

6. 对大同城市文化建设的经验借鉴

作为全国老工业基地和江苏省重要资源型城市，徐州从宋元时期就开始了煤铁的开采。徐州在肩负起新中国工业化基石的同时，"偏重型"工业结构也造成了城市环境污染、山体破碎、土地塌陷等问题，"一城煤灰半城土"曾是徐州的真实写照。①

与之相应，大同市也是一座物产富饶的城市，尤其是丰富的矿产资源和极厚的煤炭储量，为大同赢得了"中国煤都"的称号。但大同市和徐州一样面临着资源枯竭和产业转型的重大难题。

近年来，徐州市持续推进产业、城市、生态、社会四大转型，始终坚持生态优先、绿色发展，把创建国家全域旅游示范区作为推动资源枯竭城市高质量转型发展的具体抓手，曾经的百年煤城已经华丽变身为如今的旅游旺区。因此，徐州市的成功经验能够给大同市在推动产业转型、促进文化产业融合发展过程中一些有益的借鉴。

（1）推动生态转型，重塑城市形象

第一，大同市要加强采煤沉陷区的综合治理与可持续利用。大同市作为一座典型的煤炭资源型城市，和徐州市一样存在着一些由于煤炭过度开采形成的采煤沉陷区，对这些面积广阔的采煤沉陷区进一步实施生态环境修复、湿地景观开发，使各类塌陷区成为涵养生态功能区、环境优美景观区，打造一套具有大同特色的采煤沉陷区治理模式。

第二，大同市要积极推进节能减排，改善空气质量。严格监测监控好企业节能能耗工作，继续淘汰落后产能。大同地处黄土高原边缘，风能、光照丰富，要根据这一得天独厚的优势推进风、光、地热等清洁能源开发利用。

第三，大同市应当优化城镇空间布局，打造大同宜居城镇。以大同市为中心，打造大同周围各县区为功能城市、各乡镇为特色小城镇协同发展的新格局，

---

① 宋阳煜，曹国华，苏红. 徐州 修复山水生态，推动城市转型发展［J］. 城乡建设，2020(14).

努力突出大同市的自然山水特色，加强阳高、天镇、广灵、浑源、大同（现云州区）等县城的绿色景观建设，构建大同都市圈周边生态绿色城镇群建设。①

（2）加快产业转型，带动城市转型

第一，大同市要不断改造升级传统产业，发展新兴产业。大同市作为资源型城市，在传统产业渐入困境的情况下，要实现持续发展，必须借鉴徐州市的成功经验，积极依靠国家的产业政策和自身的优势，以煤为基，多元发展，实现经济转型跨越发展。推动传统煤矿行业转型升级，积极发展非煤产业和新兴产业。例如，利用现有的煤电优势，发展冶金、建材、煤机等工业或者依托煤炭化产业发展现代物流、通信、电子等高科技产业。

第二，大同市要进一步优化文化产业结构布局。重点发展文化旅游、文博会展览等优势产业，打造文化旅游演艺精品项目，加快发展创意设计、休闲娱乐、广播电视、出版印刷等传统产业门类，推动文化与工业、金融、科技、康养、教育等产业门类的融合与互动，不断催生新型文化业态，推动文化产业升级。实施文化产业数字化战略，大力培育新型文化企业、文化业态、文化消费模式。改造提升传统文化业态，提高质量效益和核心竞争力。

（3）推进产业融合，推动文化产业发展

第一，大同市政府要进一步完善规划指导。充分认识文化产业的产业特性以及大同市自身文化产业优势，引导地方文化企业、集聚区，朝着符合自身规律的方向进行建设规划并制定运行机制。

第二，大同市文化产业发展相关部门要推进重大文化项目建设。坚持重大项目拉动文化产业发展战略，全力培育一批带动性强、成长性好的重大项目。

第三，大同市文化企业要加快产业融合步伐。继续推动大同市工业转型，大力发展新兴文化业态，形成一批高科技、高附加值、多功能、多业态的数字化、信息化文化产业集群，推动文化产业跨越升级，实现地方文化产业的突破性增长。

（4）延续城市历史文脉，做强城市文化名片

徐州全力打造汉文化、运河文化、乡村文化三大城市文化名片，注重延续

---

① 乔飞.我国资源型城市可持续发展路径探讨［D］.延安大学，2014.

城市历史文脉，全力推进老徐州记忆文化名片建设，探索户部山等城市历史空间的当代创新利用，充分彰显出徐州的城市文化特色。

大同作为北魏都城、辽金陪都和明清重镇，经过千余年的发展，已形成丰富多彩的文化旅游资源。大同市可以魏都平城、华严寺、九龙壁等文旅资源，加快打造一批高品位文化旅游品牌，同时创建一批国家文化产业和旅游产业融合发展示范区，推进生态、文化、旅游融合发展，做强城市文化名片，打造大同印象。

（5）打造全域旅游综合，探索绿色发展新路径

2018 年，徐州提出通过实施"五全工程"，即推进旅游发展全域化、旅游供给品质化、旅游治理规范化、旅游效益最大化，把徐州打造成为淮海经济区的旅游中心城市、国内著名旅游城市、"一带一路"国际旅游目的地城市。2018 年 10 月，徐州市的贾汪区成为全国首批国家全域旅游示范区。徐州的全域旅游建设经验为大同市推进全域旅游建设指明了方向。

第一，大同市政府应该编制全域旅游规划，合理设置各类旅游功能区，科学制定旅游产品开发、公共服务、营销推广等专项规划和行动方案。

第二，大同市要积极实施旅游＋战略，促进旅游业与大同市本地的农业、工业、康养业等产业深度融合。

四、绍兴

1.绍兴概况

绍兴是浙江省辖市，位于浙江省中北部，东接宁波，西临杭州，地理位置优越。绍兴拥有 2500 多年建城史，是首批国家历史文化名城、联合国人居奖城市、中国优秀旅游城市、国家森林城市、中国民营经济最具活力城市，也是著名的水乡、桥乡、酒乡、书法之乡、名士之乡。绍兴素以"文化之邦"著称于世，拥有越剧、绍剧、调腔、莲花落等丰富多彩的地方戏曲剧种，其中越剧是全国第二大剧种。

（1）丰富的文化资源

绍兴是国务院首批公布的 24 个历史文化名城之一，深厚的文化底蕴，为文化的传承与发展提供了丰富的文化资源。绍兴大城市建设"两重"战略实施为全市文化发展提供了重大机遇。

（2）独特的江南风光

绍兴水城具有典型的江南水乡风光，四面环水，内河纵横交错，誉为"漂在水上的古城"，乌篷船是水上特色交通工具，就如威尼斯的刚果拉。史料记载，在清光绪年间绍兴城内就有桥梁 229 座，绍兴石桥之多，堪称全国之最，著名的有八字桥、广宁桥、宝珠桥、谢公桥等。

（3）深厚的名人文化

绍兴历史上名人辈出，如越王句践、王充、王羲之、谢安、贺知章、陆游、王冕、杨维桢、王阳明、徐渭、陈洪绶、任伯年、章学诚，近现代徐锡麟、秋瑾、陶成章、蔡元培、鲁迅、周恩来、范文澜、马寅初、竺可桢等。毛泽东盛赞绍兴为"鉴湖越台名士乡"。众多的名人故居、古迹、文保单位星罗棋布，绍兴被誉为"没有围墙的博物馆"。

（4）"东亚文化之都"的金名片

"东亚文化之都"是中日韩三国共同创立的国际城市文化名片，为当选城市提供了一个内涵丰富外延广阔、充满活力的国际交流平台，对推动国内城市文化建设、亚洲区域文化交流合作和促进世界文化多样性发展都具有独特的时代价值，是真正的国际城市品牌。绍兴当选为"东亚文化之都"后，在国际舞台上，有了自己更大的展示空间，通过"以文化人、以文惠民、以文兴业、以文旺城"，满足人民对美好生活的新期待，能较好地提升城市国际知名度与影响力，推动城市高质量发展和可持续发展，是绍兴走向国际化的新起点。

2. 文化事业、公共文化发展情况

绍兴全市拥有全国文化先进县 4 个（柯桥区、上虞区、诸暨市、嵊州市），柯桥区和诸暨市为首批浙江省公共文化服务体系示范区。

（1）公共文化设施网络建设

绍兴全市共有 7 个公共图书馆，其中有国家一级馆 6 个，公共图书馆总藏量 644 万册；有 7 个公共文化馆，其中国家一级馆 5 个、二级馆 2 个。群艺馆、文化馆（站）118 个，组织文艺活动次数 8062 次。绍兴全市共有国有剧院 6 个，全年演出 541 场次，观众 33 万人次；艺术演出团体 157 个，其中民间艺术团体 150 个，占比 95.5%，规模和档次列全省第一，在全国地市级城市中也名列前茅。公共文化设施及配置不断丰富，群众文化娱乐活动明显增多。

（2）公共文化服务社会化建设

第一，文化惠民服务项目持续扩大。政府购买公共文化服务范围继续扩大，文化大巴、图书大巴、绍剧下基层、绍剧周末剧场、大剧院文化惠民卡、越州讲坛、市民学堂等公益性文化惠民服务项目持续扩大，市演出有限公司组织各类演出达 280 多场次（在绍兴大剧院演出近百场），近 22 万名市民观看了演出。

第二，公益性文化事业蓬勃发展。推动建立了近千人的文化志愿者队伍，开展送文化进社区、进企业、进学校。继续扩大了公共文化设施免费开放范围，更新并添置演出服装及器材设备，让群众享有更广泛的免费公共文化服务。实行文化服务告示制度，深化市区县图书馆、文化馆等公益性场所免费开放，市文化馆每天免费开放 10 小时以上，绍兴图书馆免费项目达 13 项，两馆以培训、讲座、展览、沙龙为主的公益性免费套餐日渐成熟。

3. 文化产业发展情况

（1）文化产业发展势态良好

绍兴市 2020 年推进 69 个亿元以上文化产业重点项目建设，建成文化产业集聚区 10 家以上。全市优选推进 167 个文化旅游项目，其中 1 亿元以上项目 102 个、10 亿元以上项目 48 个、50 亿元以上项目 11 个，计划总投资 1639.02 亿元，同比增长 27.33%。1—11 月计划投资 200.11 亿元，实际完成投资 199.09 亿元，同比增长 25.19%，完成率为 99.49%，文化旅游项目有序推进。

（2）文化产业体系健全

绍兴市"十三五"规划中提出，把文化和旅游产业作为支柱产业来打造，并成为提升城市竞争力、构架城市发展新动力的重要抓手。近年来，绍兴市把发展文化产业作为一项重要任务来抓，初步形成了门类比较齐全的产业体系，重点有文化教育、文化艺术、文体娱乐、文化旅游、信息咨询、现代传媒业等。

在充分发挥政府投入为主导作用的同时，吸收了大量的民间资本、社会资本进入文化产业，民办文化企业大量涌现，形成了多元投入的发展格局。

（3）节庆文化蓬勃发展

绍兴文化产业发展的一个重要特色就是节庆文化。节庆文化活动已成为把传统文化和现代文化、地域特色和流行文化有机结合起来的最佳平台之一，也成为绍兴文化产业的一大亮点。

以重大节会活动为载体，绍兴大力弘扬地方特色文化，充分运用名人文化、艺术文化、物产文化等优势，精心策划和举办了兰亭书法节、公祭大禹陵、绍兴黄酒节、越剧节、水乡风情旅游节和鲁迅文化艺术节等，吸引了一大批海内外人士"亲近鲁迅故乡、领略古城风情、感受名城文化"，有效地提升了绍兴的知名度。2007 年在绍兴已连续举办 10 多年的公祭大禹陵活动已升格为国祭，同时与第 23 届中国兰亭书法节、2007 绍兴水城风旅游节以及 2007 中国绍兴茶文化节联动，以"四节联办"的形式举行，实现了资源共享，节与节联动，使绍兴各种文化资源得到充分挖掘、整合，全方位展示了绍兴的魅力和实力。①

4. 文物保护利用、非遗传承情况

绍兴是国务院公布的首批 24 个国家历史文化名城之一，各类文化遗产十分丰富。

历史文化遗存达 3600 多处、人藏文物 3.6 万余间、文保单位 137 个，近年来随着文物考古工作的不断深入，目前全市已发现并定名的遗址类、墓葬类不可移动文物约 500 处，其中列入全国重点文物保护单位 10 处、省级文物保护单位 16 处、市县级文物保护单位 53 处。印山越国王陵、嵊州小黄山遗址、上虞禁山早期越窑遗址等考古成果先后入选全国十大考古新发现，宋六陵 1 号陵园考古发现被评为 2018 年度浙江重要考古十大发现之一。

非遗资源丰富多样，其中 24 项入选国家级非遗目录，84 项入选浙江省

① 洪波. 从绍兴文化到文化绍兴：绍兴文化产业跨越式发展的理性思考［J］.绍兴文理学院学报（哲学社会科学版），2009，29(03).

非遗名录。目前在这些非遗旅游资源开发中，比较成功且在全省乃至全国范围内享有盛誉的有：大禹祭典、西施传说、绍兴黄酒酿制技艺等，已具有一定规模且在当地颇具知名度的有：王羲之传说、越剧等。①

表9-5 绍兴市国家级非遗项目

编号	项目类别	项目名称	申报单位
1	民间文学	梁祝传说	上虞市
2	民间文学	西施传说	诸暨市
3	民间音乐	嵊州吹打	嵊州市
4	传统戏剧	新昌调腔	新昌县
5	传统戏剧	越剧	全市
6	曲艺	绍兴平湖调	绍兴市
7	曲艺	绍兴莲花落	绍兴市
8	民间美术	嵊州竹编	嵊州市
9	传统手工技艺	绍兴黄雪酿制技艺	绍兴市
10	民俗	大禹祭典	绍兴市
11	民间文学	徐文长故事	绍兴市
12	传统戏剧	绍剧	绍兴市
13	曲艺	绍兴摊簧（扩展名录）	绍兴市
14	曲艺	绍兴词调	绍兴市
15	曲艺	绍兴宣卷	绍兴市
16	传统体育、游艺与杂技	调锅	绍兴市
17	传统手工技艺	石桥营造技艺	绍兴市
18	民俗	水乡社戏	绍兴市
19	民间文学	王羲之传说	绍兴市
20	传统戏剧	诸暨西路乱弹（扩展名录）	诸暨市
21	传统技艺	越宝青瓷烧制技艺	上虞市
22	民间文学	童谣（绍兴童谣）	绍兴市
23	传统戏剧	绍兴目连戏	绍兴市
24	传统体育、游艺与杂技	线狮（草塔抖狮子）	诸暨市

---

① 高寿华. 非遗保护与旅游开发的互动关系研究：以浙江绍兴为例［J］. 对外经贸，2013(06).

5. 绍兴市旅游发展情况

绍兴在文化旅游方面致力于厚筑生态底色，深挖文化底蕴，其中绍兴市新昌县已经入选国家第二批全域旅游示范区。

绍兴，作为一座没有围墙的博物馆，数千年的历史文化积淀给这座城市打上了深深的文化烙印。多年来，绍兴积极推动文旅融合发展，打造出大禹文化、书法文化、运河文化、黄酒文化、青瓷文化、戏曲文化、诗路文化、师爷文化等一张张文旅"金名片"。

（1）旅游经济发展势头强劲

2019 年全年绍兴市旅游总收入 1307 亿元，比上年增长 10.4%。其中，国内旅游收入 1302 亿元，比上年增长 10.4%。接待游客 11488 万人次，比上年增长 5.5%；其中，接待国内游客 11473 万人次，比上年增长 5.6%。

截至 2020 年初绍兴市共有 A 级景区 81 处，其中 5A 级景区 1 处、4A 级景区 18 处、3A 级景区 34 处、2A 级景区 27 处、1A 级景区 1 处，省 3A 级景区村庄 118 家。

（2）人文旅游资源丰富

绍兴在旅游资源方面有着得天独厚的优势，这种优势就在于它极其丰富的人文旅游资源。绍兴的"三乌"（乌篷船、乌毡帽、乌干菜）文化、酒文化（素有天下黄酒源自绍兴之称）、桥文化（历史上有 1 万多座桥，被称为万桥之乡）、兰文化（绍兴被称为中国兰花之乡）、石文化、戏曲文化、名士文化、宗教文化等一系列文化都十分具有绍兴地域特色。[①]

（3）构筑了江南文化圈

绍兴市积极提升越文化在江南文化中的定位，筹拍古越文化主题宣传片或微电影进行轰炸式营销，加快提升越文化研究中心建设，积极申办江南文化论坛、江南文脉论坛等高端学术会议，将保护绍兴方言纳入城市文化发展战略，促进江南文化圈城际交流。创新绍兴城市文化旅游宣传推介品牌，持续放大绍兴优秀传统文化品牌效应，继续办好绍兴文旅品牌活动，牵头建立江南文化圈

---

① 孟少妮.浅谈绍兴旅游文化和服装产业融合发展模式研究［J］.商场现代化，2014(26).

城市文旅融合发展交流机制，促进江南城市文化交流。

（4）打响中国首席文学旅游之城品牌

绍兴市围绕文学＋旅游主题打响中国首席文学旅游之城品牌。一篇小说与咸亨的百年传承就是文学＋旅游很好的案例。与鲁迅文化基金会持续举办了六届大师对话国际交流，举办了鲁迅青少年文学奖、中国诗词大会等，同时启动鲁迅故里改造提升项目。此外，还积极开发一批特色文创产品，培育一批文旅企业，用文学之城建设推动融合绍兴文化旅游的发展。

（5）特色旅游品牌发展多样化

绍兴作为首批全国历史文化名城和首批中国优秀旅游城市，2019年又是绍兴文旅融合发展的开局之年，因此绍兴市文化广电旅游局着力培育了文旅融合·绍兴有戏的文化旅游品牌，并开展了及其多样化的活动。

文旅融合·绍兴有戏公共文化服务品牌包含以下系列活动：绍兴有戏·盛世欢歌精品文艺节目创排、市级赛事及大型展演活动系列、绍兴有戏·古越新颜视觉艺术活动系列、绍兴有戏·全民艺术普及公益培训系列、绍兴有戏·文艺专家门诊志愿服务活动、绍兴有戏·吹响号角理论宣传系列活动、绍兴有戏·绍兴故事汇系列活动、绍兴有戏·我们的节日传统节日系列庆祝活动、绍兴有戏·非遗资源转化系列活动、绍兴有戏·古城赶大集第五届非遗集市等。

6. 对大同城市文化建设（含旅游）的经验借鉴

（1）打造文旅品牌转变城市印象

绍兴以制造业而崛起，它承接了欧美低端制造业转移，而这种低端工业崛起带来的问题却也是非常突出的。绍兴历来以酱缸、酒缸、染缸而为世人知晓，而传统印染行业对水资源的污染使得绍兴市的城市印象受到负面影响。处于山西省的大同市，重工业的发展带来的污染也使得其城市形象和绍兴一样受到影响。

因此，在发展文旅产业的过程之中，大同市应当积极转变城市印象，通过城市文旅品牌的打造，传递"美丽山西，美丽大同"的城市印象，从而吸引更多的游客。

（2）文化赋能打造新高地

文化赋予传统产业转型升级的新动能，也为"另起炉灶"的传统产业企业提供了新路径。大同市在推进文化转型的过程中，可以借鉴绍兴经验，通过废旧厂房改造发展各具特色的文化产业园区，着力打造一批有文化产业企业集聚的文化"新码头"，以产业集群、抱团发展的方式，实现传统企业、新兴文化产业企业双丰收。

大同市要创新传统文化的新时代传承与发展，大力推进大同铜器、广灵剪纸等传统文化品牌的生产性保护，建立同质类文化生态保护实验区，实现生产转化与活态保护双向促进。加强大同市传统文化核心要素与高新技术、网络传播、新媒体、智能制造、电游竞技、影视娱乐、文旅体验等多方面的深度融合，提升传统文化产业附加值，促进文化消费增长。

（3）加强名人文化挖掘保护

绍兴市在文化资源的发掘过程中，对于名人文化的挖掘和保护十分重视。

大同市和绍兴市一样，历史文化悠久，历史文化名人资源极其丰富。大同市应当注重从名人事迹、名人作品向人文内涵深入，推动名人文化多样化发展。可以像绍兴一样，开办名人文化大讲堂，搭建名人文化传承平台，提升名人文化影响力。同时，充分利用影视剧、动漫、演艺等手段，大力宣传弘扬名人文化，发挥名人文化对大同市城市形象与文化产业及经济发展的影响力。

（4）着力丰富优质文旅产品供给

大同市文化资源丰富但转化率相对较低，应当借鉴绍兴市的经验，深化文旅产品供给侧改革，健全文商旅融合发展机制，加快将文旅资源优势转化为发展优势。积极推进文化资源转化为旅游产品，同时加快速度推进文旅投资项目落地，深化与研究机构高校及相关城市签约合作成果，推动优质文旅项目的落地、建设、运营。

五、佛山

1. 佛山概况

佛山是广东省地级市，辖禅城、南海、顺德、高明、三水 5 个区，全市国土总面积 3797.72 平方公里，2019 年常住人口 816 万人，其中户籍人口 466 万人。佛山是著名的侨乡，祖籍佛山的华侨、华人约 80 万人。

佛山先后获得国家卫生城市、国家历史文化名城、联合国人类住区优秀范例、国家园林城市、中国优秀旅游城市、中国品牌之都、国家环保模范城市、全国文明城市、国家森林城市等殊荣。据 2019 年中国社科院发布的《中国城市竞争力报告》，佛山城市综合经济竞争力位居全国第 12 位。

（1）大湾区中心城市之一

佛山地处珠江三角洲腹地，与广州共同构成广佛都市圈、共同构建粤港澳大湾区三大极点之一，邻近香港、澳门、深圳，与三地高铁（轻轨）车程均在一个小时之内，是中国重要的制造业基地、国家历史文化名城、珠三角地区西翼经贸中心和综合交通枢纽。佛山经济实力雄厚，在大湾区城市群中，佛山是仅次于香港、广州、深圳的第四大经济体，能很好地对接广深港澳的文化资源和吸引相关人才。

（2）拥有丰富的影视文化资源

佛山有优厚的影视资源带来丰富的影视文化 IP，尤其在功夫电影中，佛山的形象早已深入人心，仅以黄飞鸿为题材的影视作品就有约 200 部。近年来，佛山南方影视中心建设受到了国内外影视界的广泛关注与支持。截至 2018 年 4 月 23 日，全市影视相关企业 539 家，与南方影视中心启动前的 171 家相比，新增 368 家，增长 216%。

2016 年底，广东将打造广莱坞中国南方影视中心的重任交给佛山。2017 年，佛山已完成影视政策制定、香港影视产业推介、60 个取景点确定等工作，效果明显。2018 年中国金鸡百花电影节在佛山举办，更是为佛山市的影视文化插上了腾飞的翅膀。

2. 公共事业、公共文化发展情况

佛山，作为第三批公布的国家公共文化服务体系示范区，已经基本建成"网络完善、运行高效、供给丰富、保障有力"的公共文化服务体系。

（1）公共文化网络设施建设

佛山市公共文化设施室内总面积 139.8 万平方米，万人拥有公共文化设施室内面积 1768.89 平方米，排名全省前列。在 3 年的示范区创建过程中，佛山以建设更具品质的文化导向型城市为总统筹，已经步建成"网络完善、运行高效、供给丰富、保障有力"的公共文化服务体系。其中，市区镇（街）村（社区）四级公共文化设施总面积从 2015 年 152.67 万平方米上升到 2017 年 193.34 万平方米，每万人均公共文化设施建筑面积达 2525.11 平方米，处于全省地级市前列。全市 6 个区级以上公共图书馆和 6 个区级以上文化馆 100% 为国家一级馆，覆盖市区两级；32 家镇街文化站 100% 为省特级站。建成村（社区）综合性文化服务中心 733 家，村（社区）覆盖率达 100%。

（2）公共文化服务社会化建设

佛山实施公共文化服务高质量发展行动计划，加快建设佛山文化中心"两馆一厅"、市博物馆新馆、佛山粤剧院、三龙湾高端艺术社区，广泛开展惠民文化艺术演出展示活动。同时，开展全民健身活动，建设完善公共体育设施，积极构建 15 分钟健身圈。

3. 文化产业发展情况

佛山，一座以实体经济为魂、国内生产总值在广东省内仅次于深圳和广州的城市，近年来着眼于破解制约文广旅体高质量发展的体制机制、万亿国内生产总值城市文化发展方向等问题，确定了高质量文化导向型名城的建设方向，并且通过创新实践，与全国闻名的"经济佛山"相匹配的"文化佛山"形象逐步显现。

（1）文化产业发展势头强劲

2020 年，佛山市全市文化产业年均增长 10% 以上，文化产业增加值达 1295 亿元，占地区生产总值比重 10% 以上，文化产业的带动力、影响力、竞争力明显增强①。

目前佛山共有 4 家国家级示范基地，国家文化产业示范基地数量仅次于深圳、广州，在全省排名第三。截至 2019 年底，佛山拥有市级以上文化产业园区 11 个，其中省级以上园区 5 个。佛山创意产业园、文华荟、平洲玉器文化产业园、保发珠宝产业园、顺德创意产业园、南海影视城、国艺影视城、粤港澳大湾区电竞文创产业中心等文化产业园区（基地）快速发展，吸引大批企业入驻园区（基地）。仅文华荟产业园区就有近 200 家企业进驻，进驻率高达 85%，其中文化创意类企业占 50% 以上。全省第一个省级文化（创意）示范园区——佛山创意产业园每年举办 100 多场文化创意活动，依托文化产业园区（基地），各种文化业态被激活、被赋能，实现了文化＋的产业融合模式，成为佛山传统产业转型升级的重要推手。

（2）政府政策大力支持文化产业发展

2008 年佛山市政府出台《佛山市文化产业发展规划（2008—2020 年）》，全方位规划部署佛山市文化产业的发展规划和目标。2015 年先后出台《佛山市文化升级两年行动计划（2015—2016 年）》《"文化佛山"三年行动计划（2017—2019 年）》，启动文化导向型城市建设，将文化产业提升到战略定位。2017 年出台《佛山市人民政府关于加快文化产业融合发展的实施意见》及配套文件，形成 1+4 促进佛山文化产业发展的政策支撑体系，以促进文化产业融合发展为着力点，实施文化＋战略的目标。

（3）文化产业开放合作打开新局面

佛山市"双区"建设有力推进，开放合作打开新局面。与广州共建大湾区广佛极点，规划建设 1+4 广佛高质量发展融合试验区，同时支持深圳建设先行示范区，深圳科技园、佛山科创园等平台落户，深圳创新＋佛山产业合作发展日趋紧密。构建香港＋佛山、澳门＋佛山的合作机制，建立佛港澳青年三大交流合作基地，粤港澳合作高端服务示范区纳入大湾区特色文化合作平台。

（4）新兴产业异军突起

近几年，佛山以数字文化、影视产业、动漫设计、电子竞技为代表的新兴

---

① 刘海鸣 . 让佛山文化产业发展"钱景"可期［N］. 佛山日报，2017-09-07(A04).

文化业异军突起，依托动漫产业基地连续成功举办了三届中国国际影视动漫版权保护与贸易博览会，吸引海内外 956 家企业参展、60 万人次参观，签约成交项目达 240 多项，总金额约 209 亿元。电竞产业也在 2017 年取得突破性进展，成立首个电竞高校联盟、首个电竞产业基地——佛山市电子竞技协会。2018 年广东规模最大的电竞产业园粤港澳大湾区电竞文创产业中心落户南海三山新城，2019 年英雄联盟职业联赛春季总决赛落户佛山，进一步带动了佛山市新兴文化产业的发展。

4. 文物保护利用、非遗传承情况

自 2006 年，第一批国家级非遗名录公布以来，佛山非遗保护工作稳定前行，如今佛山非遗已从"重申报"转向"重保护"，加大对代表性传承人的保护力度，促进非遗的职业化传承以及传承梯队的形成。

据广东省非遗保护中心发布的数据，截至 2020 年 6 月，佛山拥有 14 项国家级非遗项目以及 50 项省级以上非遗项目，两项数据均位居全省第三，仅次于广州、揭阳；共有 15 名国家级非遗传承人，位居全省第三；省级以上非遗传承人共 58 人，全省排名第六，并且越来越多的佛山非遗传承人重视市场化运营。接受问卷调查的 97 名佛山市级非遗传承人中，七成以上完成了工商注册登记，其中 23.5% 的非遗传承人开拓了线上经营渠道。除此之外，佛山市非遗推广形式也更加多样化、新潮化。2019 年 6 月，腾讯游戏《王者荣耀》以佛山南海醒狮为原创，推出了鲁班七号新皮肤，鲁班七号也成为醒狮非遗推广大使。

表 9-6　佛山市国家级非遗名录

级别	批次	项目名称
国家级 （四批共14项）	第一批（6项）	粤剧、剪纸（广东剪纸）、佛山木版年画、石湾陶塑技艺、狮舞（广东醒狮）、龙舟说唱
	第二批（7项）	彩扎（佛山狮头）、香云纱染整技艺庙会（佛山祖庙庙会）、十番音乐（佛山十番）、龙舞（人龙舞）、灯彩（佛山彩灯）、中秋节（佛山秋色）
	第三批（无）	
	第四批（1项）	锣鼓艺术（八音锣鼓）

5. 佛山市旅游发展情况

2020 年，高明区、禅城区入选广东省全域旅游示范区，佛山市逐步形成以点带面、点面结合的全域旅游新态势。

（1）旅游经济快速发展

据统计，2019 年佛山旅游人数达 6226 万人次，旅游收入 891.86 亿元，比 2018 年增长 10.22%。2020 年中秋、国庆 1—8 日，全市接待游客 694.27 万人次，按可比口径增长 5.06%，同比恢复 75.44%；一日游游客 646.9 万人次，同比增长 8.05%；全市旅游收入 227502.3 万元，同比增长 2.72%；各文化活动场馆共计接待参观人次约 10 万人次。2021 年春节假期，佛山市旅游市场进一步复苏。数据显示，全市共接待游客 260.51 万人次，实现旅游收入 13.004 亿元。其中，全市开放景区共计接待旅客 204.15 万人次，实现旅游收入近 1.57 亿元。

（2）旅游名片多样化

第一，佛山是国内首座"武术之城"。说起佛山，不能不提武术。佛山素有"武术之乡"美誉，早在 2004 年就获得了"武术之城"的称号。佛山历来习武成风，武术界人才辈出，张炎、黄飞鸿、叶问、李小龙等作为佛山武术界的代表人物更是蜚声世界，咏春、白眉、伏虎、罗汉、洪拳等拳种共同支撑起了这片武术热土。

第二，佛山是"岭南文脉之城"。佛山市大量修复历史文化街区，把街区变景区。目前，8 个历史文化街区保护规划已通过并开展全面活化利用，琼花会馆、升平堂、陈华顺故居等八大复古建筑已在原址上复建。占地面积达 65 公顷、建筑面积达 150 万平方米的岭南天地，是保存最为完整的岭南古建筑物群之一。其中，佛山市禅城区的简氏别墅、嫁娶屋、孔庙、李众胜堂祖铺等 22 处文物建筑已活化利用，成为岭南文化的集中展示地和文旅高地。

6. 对大同城市文化建设的经验借鉴

（1）让实体产业乘上文化的东风

佛山作为一座制造业大市，在文化产业的发展过程中将佛山当地的文化融入产品之中，引导实体产业实现了文化的转型。大同市作为一座工业城市，和佛山市相同，实体产业体量庞大，因此在产业转型过程中，应当借鉴佛山市制造业实体产业融合文化内涵的成功经验。

大同市可以深入挖掘每一个具有大同独特、唯一的文化元素，让文化可通过创意变成实体产业，实体产业通过创意变成文化产业。也就是说，把产业的产品功能性和文化性结合起来，实现产业的"文化化"。

（2）推动文化产业年轻化、受众多元化

随着网络文化的发展，文化消费市场多元化，朋克文化的兴起使得工业旅游成为旅游新风尚之一。佛山市年轻、新兴的文化潮流给了大同市文化产业年轻化更多具体的经验借鉴。

第一，大同市可以让旧厂房蝶变为网红人气景区。大同市工业发展历史悠久，存在很多旧厂房区，借鉴佛山经验，对旧厂房进行改造，将会吸引更多年轻人的视线。将旧厂房保留原有的工业气息，特意保留的斑驳的墙面，营造旧厂房的历史感与场景感。增加创意空间，增添新的个性化主题雕塑，为旧厂房景区增添艺术感和创造力，让旧厂房成为网红景点。

第二，大同市要加大对年轻文化潮流的把握。从佛山市的文化产业发展过程来看，十分值得借鉴的一点就是对新兴文化产业，如二次元产业、电竞产业的把握。推动文化产业发展的受众更加多元化、年轻态，才能使得文化的发展更深入、持久和有生命力。

（3）培育新型文化业态，实现信息化发展

佛山市信息产业继续保持较快增长态势，产业的规模和效益不断扩大，文化业态在信息化发展的引领下展现出新的业态形式，因此大同市在培育新业态、推进信息化发展方面可以借鉴佛山市的成功经验。

大同市要进一步为各类市场主体营造良好发展环境，促进数字技术、互联网技术等高新技术在文化创作、生产、传播、消费等各环节的应用，加快培育基于大数据、云计算、物联网、人工智能等新技术的新型文化业态，将信息化、数字化及互联网＋、文化＋等理念引入大同文化产业发展中，为文化产业的发展提供新资源、新载体、新工具，确保文化产业从业人员及相关人员了解行业前沿信息，把握最新动态。

（4）文化服务送上门，温暖一座工业之城

2015年初，佛山提出打造"文化导向性城市"，成功打造城乡10分钟文化圈、公共文化服务配送、文化力量再造、数字文化服务、历史文化兴盛、书香佛山全民阅读、新市民文化暖心、特色文化片区和文艺精品锻造九大工程，搭建起永不落幕的文化大舞台，满足人民对美好生活的需求。

大同市如何借鉴佛山经验，打造一个有温度的大同，值得更进一步思考。首先，大同市可以在公共文化建设方面进行一系列创新，通过项目化、社会化和专业化的运作方式，提供公共文化产品与服务，促进社会文化力量的发展壮大，构建"政府主导、社会参与"的公共文化建设新格局。其次，大同市应该更加注重市民的文化需求，实施双向互动式公共文化服务，让市民在享受公共文化服务的过程中积极转换角色，成为文化活动的主导者，悦享公共文化服务创建的新成果，让大同市成为一座真正有温度的城市。

第二节　中部城市文化建设典型案例

一、开封

1. 开封概况

开封市是闻名中外的八朝古都、中国八大古都之一，古称汴州、汴梁、汴京。开封地处中国华中地区、河南的东部，位于中原腹地、黄河之滨。开封市是国务院批复确定的中国中原城市群核心区的中心城市之一，也是国务院首批公布的中国24座历史文化名城之一，在漫长的岁月中积淀了厚重的历史文化底蕴，传统文化经久不衰。

开封具有"文物遗存丰富，城市格局悠久，古城风貌浓郁，北方水城独特"的显著特点。北宋东京城中轴线千年未变，最能体现黄河文化。满门忠烈的杨家将、民族英雄岳飞、刚正不阿的包拯、变法图强的王安石、一代清官张伯行、虎门销烟林则徐等故事流传至今，开封市兰考县也是焦裕禄精神的发源地。

作为河南省最早提出、最有基础的一体化发展战略城市，开封市经过十几年的实质性融合发展，郑汴一体化推动两市生产总值占全省比重，从 2005 年的 19.5% 上升到 2018 年的 25.3%。

2. 文化事业、公共文化发展情况

为了大力发展文化事业和文化产业，开封立足本市特色，致力于把宋文化打造成与汉唐文化、明清文化三足鼎立的知名历史文化品牌。

（1）文化事业建设成果

第一，文艺创作精品迭出。开封市不断加强对以宋文化为特色的开封文化研究，策划推出《文化开封》《开封故事》《开封成语典故故事》等系列高水平文化研究成果。近年来，依托各个部门的人才与资源优势，全市聚焦中国梦，先后出版了《开封成语典故故事普及读本》《寺门》《门神门神扛大刀》《宋门》《宋韵中国茶和天下》《万里寻踪客家路》等精品书籍。

开封杂技剧《槐树爷爷》受邀分别于 2020 年 7 月和 10 月，赴上海大世界演出并大获成功。新创杂技节目《蹴鞠》参加"风·雅·宋——宋代文物展"开幕式演出，展现宋代足球运动，受到观众好评。组织开封市歌舞剧院创编歌舞剧《菊美人》，走进清明上河园景区驻场演出，取得显著的社会效益和经济效益。组织开封市豫剧院复编祥符调经典大戏《梨花归唐》参加第九届黄河戏剧节，获得圆满成功。

第二，文化活动精彩纷呈。文化类公益活动持续开展，公益品牌层出不穷。非遗保护富有成效，一方面加强非遗保护，另一方面加强文物和遗址保护，重点实施城墙保护、修缮与展示工程和历史文化街区提升保护工作。除此之外，开封市围绕党的创新理论、发展成就、形势政策和全市中心工作，重点抓好爱国主义、重大革命和历史等题材的创作，集中创作小品、戏曲、相声、诗歌、歌曲、快板等节目，活跃文化艺术市场。

（2）公共文化建设成果

在公共文化建设上，开封市公共文化服务体系不断健全，推出了一系列文化惠民工程。完善了全市公共文化服务网络，新建一批、升级一批、整合一批公共文化服务设施。

第一，开封市组织了"两馆一站"的免费开放工作，实施公共图书馆、文化馆、乡镇综合文化站等公益性文化设施的免费开放。

第二，开展艺术院团的文化惠民演出。组织市杂技团于2020年1月20日—2月26日赴英国曼彻斯特参加2020曼彻斯特中国新春文化节和2020大宋文化年第四季文化交流活动。组织了中原文化大舞台、舞台艺术送农民、政府购买公益性演出、大宋公益舞台、欢乐周末、戏曲进校园、农家书屋、农村（社区）电影放映等文化惠民工程。

第三，将地方戏曲演出纳入基本公共文化服务目录，通过政府购买服务等方式，推动专业艺术表演团体进农村、进社区、进军营、进企业、进校园，发布《开封市"戏曲进校园"活动实施方案》。

第四，通过重大节庆活动大力开展文化惠民活动，如在二月二传统节日举办非遗展演，端午节举办屈原诗会，中秋节组织古城墙赏月，深秋季节组织菊花文化节等。

3. 文化产业发展情况

近年来，开封市高度重视文化软实力的突出作用，将文化产业作为转方式、调结构的新动力，力图打造"全城一景、宋韵彰显、外在古典、内在时尚"的国际文化旅游目的地。

开封市在全国率先提出文化＋的理念，以促进文化与经济社会各领域的深度融合，推动相关产业转型升级，如文化＋旅游、城建、餐饮、农业、工业等。开封市设立开封宋都古城文化产业园区，将文化资源统一包装，打造全城一景的宋文化主题公园。除此之外，开封市还打造了"一河两街三秀""一湖两巷三园九馆""三园五馆一中心"等重大文化项目。以中国开封菊花文化节和中国（开封）清明文化节两大国家级节会为龙头，逐步打造出在全国具有影响力、竞争力的会展品牌。

根据第四次全国经济普查结果显示，开封市文化产业持续较快发展，文化产业项目投资逐年加大，小微文化企业蓬勃发展，呈现单位数量多、从业者众等特点，成为推动开封市文化产业发展的重要组成部分。

按照行业分类，文化产业分文化核心领域产业和文化相关领域产业。文化核心领域产业包含新闻信息服务、内容创作服务、创意设计服务、文化传播渠道、文化投资运营、文化娱乐休闲服务六大类,文化相关领域产业包含文化辅助生产和中介服务、文化装备生产、文化消费终端生产三大类。

在文化产业企业数量上,开封市文化产业也呈现出快速发展的态势。第四次全国经济普查的数据显示,开封市文化产业法人单位数量与第三次经济普查数据相比呈现快速增长的态势,呈现出以下特点:

(1)开封市文化产业法人单位数量实现翻番,文化服务业单位占主体地位

截至 2018 年 12 月 31 日,全市共有文化产业法人单位 5799 家,居全省第五位。全市拥有文化服务业 4204 家,比重为 72.5%,文化服务业法人单位占据 70% 以上,占绝对主体地位。

(2)私营法人单位成为带动文化产业发展的重要力量

开封市内资文化产业单位共有 5788 家,占全部文化产业单位的 99.8%;港澳台商投资文化产业单位 5 家,外商投资文化产业单位 6 家,占比均是0.1%。在内资法人单位中,私营法人单位 4605 家,占内资法人单位的 79.6%。

(3)文化产业结构进一步优化,文化核心领域进一步凸显,新业态单位数量增长较快

文化核心领域单位数量 3804 家,占比 65.6%,创意设计服务类单位数量占据文化产业九个大类首位,内容创作服务单位数量居第二位。文化核心领域单位数量分别为:新闻信息服务 108 家、内容创作生产 992 家、创意设计服务 1673 家、文化传播渠道 325 家、文化投资运营 52 家、文化娱乐休闲服务654 家。

(4)文化产业单位涵盖文化行业门类广泛

国家划分文化产业共有 156 个行业,开封市文化产业单位涵盖 120 个,占76.9%,对文化产业融合发展能够提供有力的行业支撑。文化产业单位数量位列前 5 名的行业是:广告服务 1077 家、娱乐服务 600 家、设计服务 596 家、创作表演服务 543 家、文化经纪代理服务 438 家。

(5)从业人员较多且稳定增长,吸纳从业人员占比超过七成

第四次全国经济普查数据显示,全市文化产业从业人员超过 7.1 万人,与第三次全国经济普查时的数据相比,增长 5%。其中,大型文化产业单位 7 家,

从业人员为 5600 余人；中型文化产业单位 37 家，从业人员为 1 万余人；小型文化产业单位 1335 家，从业人员为 3.3 万余人；微型文化产业单位 4420 家，从业人员为 2.2 万余人。

4. 文物保护利用、非遗保护传承情况

截至 2017 年末，开封有全国重点文物保护单位 19 处、河南省重点文物保护单位 44 处，并入选国家级非遗名录 8 个。开封是享誉中国的著名民间艺术之乡，享有"中国戏曲之乡""中国木版年画之乡""中国汴绣之乡""中国菊花之乡"等美誉，现存有庙会、灯会、鸟市、花市、夜市、风筝、斗鸡、舞狮、盘鼓、高跷、旱船、唢呐等丰富多彩的民间艺术。

表 9-7　开封市全国重点文物保护单位

名录	始建年代	地址
鹿台岗遗址	新石器时期至周朝	杞县
段岗遗址	新石器时期至春秋时期	杞县
启封故城	春秋时期	祥符区
祐国寺塔（铁塔）	北宋	顺河区
北宋东京城遗址（繁塔、延庆观）	北宋	鼓楼区
尉氏兴国寺塔	宋朝至明朝	尉氏县
朱仙镇岳飞庙（含关帝庙）	明朝至清朝	祥符区
开封城墙	清朝	鼓楼区
相国寺	清朝	鼓楼区
山陕甘会馆	清朝	龙亭区
开封东大寺	清朝	顺河区
朱仙镇清真寺	清朝	祥符区
刘青霞故居（含开封刘家宅院、尉氏刘家大院、尉氏师古堂）	清末民初	鼓楼区、尉氏县
河南留学欧美预备学校旧址	民国	顺河区
天主教河南总修院旧址	1932 年	顺河区
国共黄河归故谈判旧址	1946 年	禹王台区
焦裕禄烈士墓	1966 年	兰考县

（1）高度重视文物保护利用

开封市一直高度重视文物保护工作，并将文物保护利用工作作为建设国际文化旅游名城的重要内容，主要措施包括以下几点：

第一，健全保护体系，增强古城和文物保护利用的系统性、科学性。为此，开封市政府成立了市委古城保护与文化旅游发展委员会、开封市文物保护专家委员会，统筹协调古城文物保护、城市建设工作中的重大问题。

第二，完善规划引领体系。共完成历史文化名城保护、宋都古城风貌保护等近 10 个专题规划，《开封城墙保护规划》等近 20 个专项规划。

第三，完善法制支撑体系，为文物保护提供法律保障。开封市出台了《关于进一步加强文物保护工作的实施意见》《开封市地下文物调查勘探及考古发掘工作管理办法》等规范性文件，《开封城墙保护条例》《开封市文物保护条例》也相继实施。

第四，完善交流合作体系，提升开封文博影响力。开封市相继同北京故宫博物院、天津大学和杭州市园林文物局签订了合作框架协议，同国内多所科研院校合作开展研究，聘请北京故宫博物院原院长单霁翔为开封市文化顾问，为开封市文物保护工作提供技术咨询和智力支持。

为了坚持对古城的整体保护，传承千年城市格局，近 20 年来，开封古城严格遵守"小式建筑、限高 15 米、灰色基调、宋式仿古"的风貌控制要求，加强对古城区的空间体系、街巷肌理、文物古迹、建筑风貌及非遗进行整体性保护，在全国历史文化名城中完整地保留了原有的历史格局和风貌。

2019 年 10 月，河南省政府常务会议审议通过《开封宋都古城保护与修缮规划》，决定以坚持古城保护真实性、整体性、持续性、人本性、创新性为原则，将 13 平方公里的宋都古城划定为"四厢二十坊"，明确古城每一个厢坊保护、修补、更新、保留的实施策略，突出古城和文物保护，避免大拆大建，用绣花功夫做好古城每一寸土地的保护、建设和发展。

为了加强研究阐释，讲好开封故事，开封市还与相关院校单位合作，出版了《宋代地域文化》《北宋开封气象编年史》《开封繁塔石刻》《开封历史地理研究》等系列专著和报告；拍摄了开封城墙、顺天门遗址等专题片；实施了开封城墙等 10 余个重点文物保护工程，推动近 30 处文保单位对外开放，使各级文物走向民间走向群众。

（2）深入挖掘非遗项目

开封市政府高度重视非遗项目，专门下发文件，将非遗管理职能明确到开封市文广新局，该局成立了非遗保护中心。目前，开封市非遗代表主要有：

国家级非遗代表性名录 9 个：朱仙镇木版年画、汴绣、汴京灯笼张、撂石锁、开封盘鼓、麒麟舞、二夹弦、大相国寺梵乐、杞人忧天的传说。

省级非遗名录 44 个：卧拐秧歌、锣戏、北宋官瓷烧制技艺、义兴牌匾制作技艺、针灸铜人、黄派查拳等。

市级非遗名录 190 个：豫剧祥符调、微书、堆金玻璃画等。

近年来，开封市已建成非遗展示场所 41 个，其中 200 平方米以上的非遗专题展示场所就有 11 个，主要集中在开封市大纸坊街、宋都御街、南京巷、朱仙镇以及旅游景区等地域。

为了培植壮大木版年画和汴绣两个重要非遗项目，开封市分别成立了朱仙镇木版年画研究会和汴绣创作研究室，为其发展提供技术支持和保障。针对有些非遗项目的自发性、分散性特点，开封市采取示范带动、集聚发展、规模经营的办法，建成了朱仙镇木版年画一条街，下发《关于大力发展年画产业的意见》，组织朱仙镇周边赵庄、腰铺等村的年画作坊集聚在年画一条街，逐渐形成规模发展态势。

5. 旅游发展情况

（1）丰富的旅游资源

迄今为止，开封已有 4100 余年的建城史和建都史，先后有夏朝，战国时期的魏国，五代时期的后梁、后晋、后汉、后周，宋金等在此定都，素有八朝古都之称，孕育了上承汉唐、下启明清、影响深远的宋文化。宋朝都城东京城是当时世界第一大城市，是《清明上河图》的创作地。开封是世界上唯一城市中轴线从未变动的都城，历经 7 次淹没毁城又原址重建，开封城下 13 米深处共埋藏着 6 座古城，其城摞城现象具有重大的考古价值，在世界考古史和都城史上少有。

开封的风景名胜众多,有相国寺、包公祠、延庆观、禹王台、繁塔等重点文物古迹,具有较高的研究价值、历史文化价值及旅游价值。开封作为河南三大石刻集中地之一,境内的名胜古迹中保存以及馆藏有上自汉代、下至民国的各类石刻珍品 1000 余件,是研究社会经济、历史文化、科学技术和书法艺术的宝贵文物古迹。

中国第一大地方剧种——豫剧,也发源于此。开封拥有国家 5A、4A 级旅游景区 8 家,全国重点文物保护单位 19 处。开封市的市花——菊花,栽培历史悠久,种植经验丰富,种类繁多。北宋时期,市民养菊已蔚然成风。国家和省市把每年的 10 月 28 日—11 月 28 日定为中国开封菊花文化节会期。开封的清明文化节也是开封乃至全国富有诗意的节日,同样吸引着众多海内外游客。2020 年 10 月,开封被评为全国双拥模范城(县);2020 年,开封市生产总值 2371.83 亿元,按照可比价计算,比上年增长 2%,增速高于全省 0.7 个百分点。

(2)打造国际文化旅游名城品牌

2018 年 1 月 5 日,开封市政府通过了《开封市旅游产业转型发展行动方案(2017—2020 年)》,定下了打造以新宋都、新水城、新菊城为特色的新开封发展目标。以高端引领、智能驱动、融合创新、绿色发展、标准化建设、品牌强化为重点,推进精品景区建设,推出高端宿游产品,开发特色旅游项目,培育大型旅游集团等全方位、立体化的旅游产业发展策略的实施。

根据《2019 年开封市国民经济和社会发展统计公报》数据,2019 年开封市全年共接待国内外游客 7959.6 万人次,比上年增长 16.9%;旅游总收入 713.5 亿元,比上年增长 18.5%。年末 4A 以上景区 13 家、星级饭店 10 家、旅行社 35 家。开封市以宋都古城保护与修缮为契机,以挖掘演绎宋文化内涵故事为主线,在全市整体协调推进宋都古城文旅融合区建设。着力打造一批宋朝原汁原味的街巷胡同和综合仿古街区,将开封小吃、文创产品、休闲民宿等元素整体融入,形成亮点突出、各有特色的网红打卡地,叫响国际文化旅游名城品牌。

6. 对大同城市文化建设（含旅游）的经验借鉴

（1）选择核心文化要素，打造知名文化品牌

由开封文旅产业的各项举措可见，开封一直紧扣黄河文化、宋文化、大运河文化的核心要素，把准北宋文化的最鲜明特点、唯一性特点和独特价值，把北宋文化这篇大文章做足做深。目前正值"十四五"规划时期，开封市又拟建设一批文化新地标，打造开封文旅的品牌和特色，扩大影响。如建设北宋东京城大遗址公园、河南省考古博物馆、顺天门城摞城博物馆、汴河博物馆，建设黄河、大运河国家文化公园，积极融入三门峡—洛阳—郑州—开封—安阳世界级大遗址公园走廊；推进黄河悬河文化展示馆、黄河文化国际交流中心等主地标工程建设，挖掘沿黄文物古迹景观资源，打造黄河历史文化主地标城市等。

核心要素包括习俗文化、生活方式、民间技艺、民间娱乐文化等，可以从当地的地域文化中选取最具优势和特色的文化元素符号。大同是我国历史文化名城，地处内外长城之间，曾为北魏京华、辽金陪都、明清重镇。云冈石窟驰名中外，已成为举世瞩目的世界文化遗产。选取核心文化符号，发展古城历史街区游、特色历史风貌游，以完善旅游产品种类，体现差异化优势。大同市也可围绕黄河、长城、太行三大核心要素，建设不同主题的旅游景区，充分活化利用当地自然生态环境，打造有风景、有内涵的文化公园。

（2）打造完整演艺产业链

开封府每天 9 时都会准时表演《开衙仪式》，这是经专家历史考证而又演义化的一个迎宾仪式，是开封府 2003 年建园投入使用后一直保留的经典节目之一。短短十几分钟的节目给观众呈现了一个丰满真实、清廉爱民的包公形象。2013 年，《宋词乐舞》开始在大宋御河戏楼进行驻地演出，成为目前夜游大宋御河的重要实景文化演艺之一。万岁山游览区深入挖掘大宋武侠江湖文化，2016 年以来，万岁山景区又打造了大型攻城马战实景剧《三打祝家庄》、大型实景剧《神舟起航》《国际大马戏》等，带给观众身临其境般的视觉与听觉感受。"开封人的待客厅"汴梁小宋城，通过大型多媒体歌舞秀《千回大宋》重现当年的风流与富丽，使游客沉醉在汴京都城的风情之中。2020 年中国开封第 38 届菊花文化节上，"风·雅·宋——宋代文物展"作为重要活动之一，又

在开幕式上推出了乐舞"风·雅·宋——序曲"、杂技《蹴鞠》、舞蹈《繁台春色》等。

大同市也要生产以体现大同文化和民俗风情为内容的演艺产品,提升旅游演艺和文化节庆品质。推出精品大型文化旅游演艺项目,丰富景区小型旅游演艺项目,探索游船演艺、互动情景体验剧等新形式的旅游演艺项目。以内容创作为核心,不断开发、创新演艺项目,丰富演艺内容,做大做强演艺剧团。在内容创意上,从本市的地域文化中汲取养分,向人们展示具有独特文化风情的表演;在方式上,结合现当代科技手段,创造古典与现代融为一体的表演艺术,最终形成能不断输出演艺作品的文化产业。

(3)充分发挥文化+的作用,将产业形态向上下游产业扩展

开封率先在全国提出并实施文化+战略,近年来通过文化与相关产业深度融合,文化产业增加值总量及占比全省领先。开封充分融合旅游、会展等相关行业,开展杂技艺术论坛、节庆活动等,借助各类特色活动丰富文旅业态。扩大旅游品牌影响力,打造食住行游购娱一站式体验的旅游空间。这与演艺产业是相辅相成、相互促进的关系,只有各个环节协调发展,才能使各种资源要素得到最大化利用。

大同市应充分发挥文化的融合作用,扩展文化产业的范畴,产生一系列关联性产业,如旅游、会展、教育、培训等。以文化产业为中心,向上下游产业扩展,形成一条完整的产业链,用市场化和现代化的眼光来看待文化产业的发展。大力推动优秀非遗改革创新,将传统文化成果通过创新和深度开发,转化为动漫、音乐、影视、生活用品等消费者喜闻乐见的文创旅游产品,建设集文玩、书画、工艺品、休闲娱乐为一体的文创商业街区。

(4)大力培养与吸引文化产业人才

人才是国际文化旅游名城建设的主力军,也是文化开封的动力源。近些年,开封市大力推进文化人才队伍建设,文化产业人才素质和结构不断优化,为国际文化旅游名城建设提供了人才支持和智力保证。开封出台的《开封市中长期人才发展规划纲要(2010—2020年)》明确提出,要大力加强宣传文化旅游人才队伍建设,使人才总量稳步增加、高层次人才明显增长,人才分布和人才结

构趋于合理，人才队伍的专业文化水平等整体素质明显提高。围绕规划纲要的落实，开封市委组织部还出台了《开封市高层次人才引进与管理办法》，明确将文化旅游领域人才的引进作为重要内容，并从政治待遇、经济待遇、工作保障、生活保障等方面提供一系列、全方位的支持，努力形成人才引进的"洼地效应"。

大同市可以市内的高等院校和大中专职业类院校合作，紧密对接国际文化旅游名城建设的现实需要，立足为文化、艺术、旅游和服务行业培养高等技能型、应用型人才，开设装潢艺术设计、旅游工艺品设计与制作、文旅管理等专业，弥补传统教育在专业设置上的不足。除此之外，还可以通过设立大同文化奖章，作为授予文化杰出人才的最高荣誉，重点表彰对大同市文化建设发展中做出突出贡献，提升大同文化影响力、竞争力、辐射力的杰出人才。

（5）加强旅游大数据平台建设

开封市建设的智慧城市公共信息融合服务平台，是政府大数据应用的较好案例。开封市发展智慧城市，其中重要一项工作是利用大数据、云计算等创新科技，旨在打破此前政府各部门纵向管理、数据缺少互联互通的现状，融合开封政府多个部门、多种服务，构建覆盖全市的大数据服务体系，大幅提升政务服务效率，为市民提供全方位、个性化、终身式的公共信息服务。

大同市应加强建设旅游大数据中心，建立完善旅游部门与其他相关部门的数据共享机制，加强旅游部门与通信运营商和互联网企业的战略合作，加强旅游大数据采集分析能力。建立以旅游企业、游客、相关行政部门、交通站点等为主体的旅游信息采集点，规范数据采集信息方式、储存方式和交换信息技术，增强旅游数据处理、分析、应用能力。

二、襄阳

1. 襄阳概况

襄阳有着五六千年的文明史和3000年左右的城建城史，是湖北省省域副中心城市、湖北西部支点城市、国家历史文化名城、中国优秀旅游城市、中国魅力城市、国家园林城市、中国三国文化之乡、中国书法名城等。历史上的襄阳是楚文化和中原文化的交汇地。襄阳历史文化灿烂辉煌，这里孕育了汉水文化、三国文化、唐宋文化、宗教文化、书院文化、会馆文化、商业文化等。著名的历史文化名人主要有春秋时期的玉石鉴赏家卞和，战国时期的辞赋家宋玉，东汉时期的政治家刘秀，三国时期的政治家、军事家诸葛亮，唐朝诗人孟浩然，北宋书画家米芾等。

作为荆楚文化的发祥地，襄阳汉水流域一带楚国历史文化底蕴十分厚重，楚国给襄阳遗留了穿天节、牵钩戏等众多楚风遗俗，还有枣阳九连墩、南漳楚墓群等楚文化遗址。作为三国历史文化名城，襄阳市现存的三国历史文化遗址多达 50 余处，三顾茅庐、大意失荆州等发生在襄阳的三国故事家喻户晓，影响深远。

除了人文底蕴，襄阳市还拥有极为丰富的自然旅游资源。襄阳市的历史景点数量高达 708 处，其中包含古遗址、古墓葬、古石刻、古化石等景观遗址。襄阳自然风光多元化，与人文历史相映成趣，其中谷城县境内有猴洼山、风动石、梳妆台等景点。保康县境内主要有望佛山、五道峡、永兴洞等景点，为乡村旅游提供了丰富的资源。

襄阳市具有便捷的内外交通区位条件。在铁路交通方面，襄阳市拥有横穿全境的襄渝铁路，连接重庆与武汉，还有纵向穿境的焦柳铁路，连接宜昌、南阳、洛阳等重要城市。汉十高铁的通车使襄阳市步入高铁时代，交通通达度得到大幅提升。襄阳市还将高速公路作为快速通道，省道和景区通道为连接通道，各县乡公路及村级公路为协助通道，形成了畅通的市内交通体系。这些便捷的内外交通组合，为襄阳市乡村旅游发展提供了优异的区位条件。

2. 文化事业、公共文化发展情况

2013 年，襄阳成为第二批国家公共文化服务体系示范区创建城市。创建期间，襄阳市陆续新建市文化艺术中心、市图书馆和市博物馆等一批精品文化设施。目前，襄阳已基本形成覆盖城乡的四级公共文化服务网络，市有图书馆、群艺馆、博物馆，县有图书馆、文化馆，乡镇有综合文化站，村和社区有文化活动室、文化大院、文化合作社，形成了城市 15 分钟、乡村 30 分钟服务圈。

2014 年、2015 年，襄阳连续两年的文化建设支出比例高于全省平均水平。

设立 1100 万元文化惠民资金，投入资金 20 多亿元用于公共文化场馆建设。建设覆盖城乡的四级公共文化服务网络，以文化惠民，服务为民。在五项验收环节中，襄阳市均以优异成绩位居全国前列，其中制度设计评审获得优秀等次，位居中部地区第二；实地验收环节，72 项验收指标有 66 项为优秀等次，优秀率 92%。2016 年，襄阳市入选第二批国家公共文化服务体系示范区。

2019 年，全市在市级文化行政主管部门登记注册的民间表演团体为 36 个、文化馆 10 个、博物馆 11 个、公共图书馆 10 个，藏书量达 267.5 万册。2020 年，襄阳市公共文化事业加快发展。完善城乡公共文化服务体系，加快市博物馆、文化艺术中心、游泳馆建设，基本建立市县乡村四级文化设施网络服务体系；开展丰富多彩的文化惠民活动，高水平举办诸葛亮文化旅游节、襄阳马拉松赛等重大文体活动；以社会主义核心价值观引领文化建设，推进优秀传统文化传承发展；更大力度推进文明创建，深入落实《襄阳市文明行为促进条例》，全面提升社会文明程度，力争成功创建全国文明城市。

3. 文化产业发展情况

近年来，襄阳文化产业增加值每年呈快速增长态势，年均增幅高于国内生产总值增幅，实现了文化事业与文化产业的竞进、双赢发展。2018 年，襄阳市文化产业增加值 125.61 亿元，同比增长 11.2%，文化产业增加值连续 2 年位居全省第二。全市规模以上文化企业合计 360 家，文化个体户总数达 36766 个，且拥有 200 家待孵化入规企业。目前该市以唐城、汉城为核心的影视基地开始形成，并打造了一批省级文化产业示范园区和省级文化产业示范基地。

（1）积极搭建促进文化产业发展平台

策划建立了包括米芾文化艺术产业街、米芾国际文化产业服务中心、米芾国际文化创意产业城、动漫主题公园等四大板块，通过科学导入工业发展理念，实现集约发展，培育聚集效应；出台了一系列支持文化产业发展的政策措施，如《关于加快襄阳文化产业大发展、大繁荣的意见》，为文化产业发展营造了良好环境；坚持把文化发展与旅游发展紧密结合，突破性地发展文化旅游产业，策划启动了一大批文化产业项目。

（2）招商引资取得显著成效

襄阳市通过参加湖北省文化产业招商博览会、中部博览会以及上海世博会的招商引资工作，取得了显著成效。在湖北省文化博览会上，总投资 20 亿元的枣阳东汉文化城和总投资 15 亿元的米芾国际文化创意产业园区正式签约。目前，全市文化旅游产业共签订正式合同项目和合作协议 8 个，合同资金近 50 亿元。其中，投资额过亿的、重要的文化旅游项目有襄阳古城开发、习家池、古隆中、鹿门寺等。数字电影院、中德文化艺术交流中心、襄阳中国企业家摄影城、枣阳九连墩博物馆建设等近 20 个文化产业招商项目，总投资达 100 多亿元。

（3）对国家重点鼓励的文化产品出口依法实行增值税零税率

对纳入增值税征收范围的文化服务出口依法实行增值税零税率或者免税。为承担国家鼓励类文化产业项目而进口国内不能生产的自用设备及配套件、备件等，依法免征进口关税。另外，依托中国（湖北）自由贸易试验区襄阳片区，加强制度创新，优化通关报批服务，对图书、报纸、期刊等品种多、时效性强、出口次数频繁的文化产品，经海关批准，实行集中申报管理，为文化产品出口提供 24 小时预约通关服务等便利措施。

（4）大力奖励优秀影视类企业及作品

凡在襄阳市注册的动漫企业，出品的动漫电视剧在央视及地方省级卫视黄金时段首播，按照每分钟二维 2000 元、三维 3000 元的标准给予一次性奖励，单个项目奖励金额不超过 150 万元；出品的动漫电影在国内院线上映，按照投资比例一次性奖励票房收入的 3%，单个项目奖励金额不超过 150 万元；出品的动漫出版物首次获得国际或者国家奖项的，一次性给予 20 万元奖励。凡在襄阳市注册成立的影视类企业，自注册成立之日起 5 年内年营业收入超过 1000 万元的年份，市级财政按其对地方实际财政贡献度的 100% 进行奖励；自注册成立之日 6—10 年内，市级财政按其对地方实际财政贡献度的 60% 进行奖励。

对在襄阳市注册的影视制作机构制作的，在襄阳备案、立项，作为第一出品方取得电影片公映许可证、电视剧发行许可证，列入国家、本省、市重点电影、电视剧选题创作规划，讴歌中国梦、弘扬主旋律、体现社会主义核心价值观，已在全国公映、播映的电影或者电视剧，电影票房达到 5000 万元以上（含5000 万元）的国产影片、1 亿元以上的中外合拍影片，按照票房收入的 1% 给予一次性奖励，最高奖励金额不超过 200 万元；电视剧在中央电视台和地方卫视黄金时段播出的，按照实际投资额的 30% 给予奖励，最高奖励金额不超过200 万元；对获得中宣部《全国性文艺评奖改革方案》中所设奖项（电影华表奖、金鸡奖、百花奖及电视剧飞天奖等）的影视剧作品，按照就高不重复的原则，每部奖励资金不超过 200 万元或给予 1 ∶ 1 的配套奖励。

4. 文物保护利用、非遗保护传承情况

襄阳地区历史文化遗产和资源十分丰富，地上地下文物数量非常众多，分布密集，门类齐全，而且享誉海内外。文物种类包括彩陶、青铜、玉雕、漆器、书法、绘画、浮雕、陶瓷、砖雕、建筑等各个门类。这些丰富的文物资源蕴藏着巨大的文化和经济价值。

（1）丰富的民间艺术资源

襄阳地区民间文化艺术资源亦非常丰富，有民间传说、民间歌舞、民间美术、民间杂技等，其中民间美术类资源主要有老河口木版年画（国家级非遗）、枣阳木版年画、襄阳剪纸、保康皮影、保康石雕、木雕、碑刻、陶器、织绣、屋脊兽、枣阳狮烛台等，这些优秀的民间艺术资源承载着襄阳的历史文化和民俗风情，兼具艺术价值和经济价值。

（2）历史文化街区保存完好

目前襄阳城墙保存基本完成，城内主要街道还保持着原来的格局。襄阳的历史文化街区主要有陈老巷、北街和荆州北街 3 个传统街区。襄阳市政府针对襄阳古城墙、历史文化街区和市区文物景点的综合利用和开发经营制定了详细的规划。同时，全面启动了博物馆新馆建设工作，将建成展现襄阳省域副中心城市气派的地标性建筑，成为集中展示襄阳历史文化、名城文化内涵的核心平台。

（3）非遗统计情况

襄阳拥有非遗资源 9867 项。其中，民间文学 1251 项，传统音乐 2502 项，传统舞蹈 387 项，传统戏剧 116 项，曲艺 78 项，杂技 18 项，传统美术 101 项，

传统技艺 188 项，生产商贸习俗 68 项，消费习俗 119 项，人生礼俗 208 项，岁时节令 99 项，民间信俗 81 项，民间知识 4499 项，传统体育、游艺与竞技 74 项，传统医药 72 项，其他 6 项。

5. 旅游发展情况

襄阳是一座以三国文化、荆楚文化为名片的历史悠久的文化古城。近年来，襄阳市的非遗，如老河口丝弦、沮水呜音、黑暗传、花鼓戏、老河口木版年画等已陆续纳入国家级非遗名录。襄阳城墙作为明朝古建筑，已有 600 多年的历史，2001 年被国务院批准列入全国重点文物保护单位。2016 年，襄阳又建立了唐城、汉城等影视基地，为旅游业蓬勃发展提供了新的动力。

襄阳是全省唯一入选第四批全国旅游标准化试点的城市，襄阳市以大旅游的观念更新发展理念，以大旅游思维完善产业规划，以大旅游格局重塑襄阳旅游地位。按照"全景式打造、全产业融合、全季节体验、全方位服务、全社会参与"的要求，积极推进襄阳全域旅游大发展。

除此之外，襄阳市还先后开展了旅游产品武汉推介会、襄阳旅游南京推介会、襄阳诸葛亮文化旅游节、襄阳马拉松、百媒千旅看襄阳旅游推介会等多种形式的活动，有力地推介了襄阳旅游。

表 9-8　2016—2019 年襄阳市旅游经济指标

指标	2016年	2017年	2018年	2019年
入境旅游人数（人次）	52935.	53950	54777	52190
其中：外国人（人次）	39821	41993	40578	40111
港澳台同胞（人次）	13114	11955	14199	12079
入境旅游外汇收入（万美元）	3715.6	3059.02	3251.2	2443.82
国内旅游人数（万人次）	3990.2	4541.01	5494.5	6024.22
国内旅游总收入（亿元）	294.7	338.43	415	446.98
星级宾馆（个）	24	24	23	25
客房数（间）	2990	2997	2734	2923
A级景区（家）	30	32	37	38
旅行社数（家）	63	67	79	82

6. 对大同城市文化建设的经验借鉴

（1）积极招商引资，推动文化产业园转型升级

襄阳文化产业园坐落在襄阳市襄城区，主要由影视城、大剧场、商业街三大区域组成。襄阳文化产业园一期工程占地 600 亩，投资 10 亿元，包括核心区影视拍摄基地唐城、展示厅和仿古步行街；二期工程占地近 400 亩，建筑面积约 20 万平方米，投资 10 亿元。在影视城以东，投资 2 亿多元建一座可容纳 2000 人，拥有国内一流的舞台、灯光和音响设备的浩然大剧院，常年上演反映襄阳历史文化及人物的剧目，提供歌剧、话剧、音乐、舞蹈等艺术表演。

大同拥有良好的发展文化产业的资源基础，这对于解放和发展文化生产力，培育新的文化业态，推动大同文化大发展、大繁荣，提升城市综合实力，实现全市经济、政治、文化、社会的全面协调发展具有重大推动作用。目前，大同市应引进国际国内知名文化企业、大型旅行社集团入驻大同市，允许符合条件的中外合资旅行社从事出入境旅游业务，提升国际客源市场和国内高端客源市场的招徕能力。

（2）加强政策引导与鼓励，重视影视产业发展

襄阳的唐城影视基地因陈凯歌的《妖猫传》而闻名，影片中 97% 的实景在这里拍摄。《妖猫传》之后，《凰权·奕天下》《九州缥缈录》《将夜》等剧组纷纷驻扎此地，2021 年春节档热映的电影《你好，李焕英》更是又一次带动了拍摄地襄阳的旅游产业，取景地襄阳卫东机械厂、文字六〇三文创园和湖北省化纤厂成为新的网红打卡点。

一方面大同市政府应制定相关优惠政策鼓励、引导和吸引更多社会资本进入影视产业领域，营造有利于影视产业发展的产业环境；另一方面还应借助影视拍摄的契机大力宣传大同旅游、文化资源，刺激文旅产业的市场需求，加强对外文化沟通和交流。

（3）挖掘地域特色文化艺术符号，开发特色文创产品

在产业转型和城市更新的背景下，文创产品的关注度上升到前所未有的高度，成为现代社会中城市流行文化的一部分，受到越来越多的城市人群、亲子家庭以及年轻人喜爱。襄阳充分利用本地丰富的非遗，通过举办北街非遗文创

市集，吸引全省近100个非遗项目来到襄阳，让游客在诸葛亮文化旅游节期间，在北街感受非遗文化，体验襄阳古城的特色夜经济。

大同市民间艺术资源、文物资源和艺术品资源非常丰富，应充分利用这些文化艺术资源，大力发展文化产业和创意产业，开发特色文化产品。消费者所消费的这些文化产品和服务都是特定文化符号信息的载体，对其深入细致的研究是地域文化艺术资源产业化的基础。对于文化产品设计来说，其承载的设计观念元素取材于历史、民间传统文化符号，如传统建筑形态、传统纹样、民间图形、汉文字艺术、诗词歌舞、传统技艺、民族色彩等。应对大同地区历史文物、艺术资源状况应进行全面深入的调研整理，挖掘提炼出具有大同文化内涵特色的艺术形象符号，使其更具标志性、永久性、经典性。

（4）打造融媒体宣传矩阵，推广大同文化品牌影响力

第一，积极探索实践媒体融合发展，推进报网微端融合发展，形成宣传大同市的媒体矩阵，凝聚推介大同市文化的强大合力。在融媒体栏目频道设置上，加大文化方面的比重，设立文化、旅游专栏，全方位大力度宣传大同市的历史文化、民风民俗、自然风光和人文风景。

第二，搭建非遗项目参演展示平台，展现传统文化魅力。在非遗项目参演展示平台拓展工作上，与文化创意园区等文化旅游平台进行多方位的合作探讨。此外，要加强与省内各大高校进行协同育人合作，带领学生对非遗及其传承人进行数字化抢救，通过口述史、影像资料、文学资料等全方位记录与保护地方民族文化，为后期的文化传承、文化挖掘与创新提供较全面的融媒体文化池与数据库。

（5）推动文化创新，加强创意型人才的培养

文化产业的发展不仅需要专业的开发，更依托于民众艺术素质和文化修养的普遍提高。大同自古就是人才荟萃之地，历史文化名人辈出，当今的大同更应继承和延续这优秀文化的基因和脉络。大同文化产业的发展目前急需像艺术设计类、影视动漫、广告策划类、网络创业类等专业的创意人才，应加强对艺术设计等专业创意人才、创新人才的培养，引进高层次文化人才和专业人才，加快形成大同文化人才新优势。

三、景德镇

1. 景德镇概况

景德镇是世界瓷都，在国务院首批公布的 24 座历史文化名城中，景德镇就是其中之一。景德镇是中国直升机工业的摇篮，还是国家甲类对外开放地区。民国时期曾与广东佛山、湖北汉口、河南朱仙并称全国四大名镇。

景德镇自古以来以瓷为业，积蓄了丰厚的陶瓷文化底蕴，因而被世人称为瓷都。其陶瓷文化，包括制瓷历史、制瓷技艺、创作理念、陶瓷产品、人文景观、习俗风情等各项内容共生共进的文化，是凝聚在陶瓷发展中一切思想行为和物质创造的文明结晶——其中所蕴含的人文精神丰富而鲜明，一是开拓创新、精益求精，二是兼收并蓄、包容开放，三是崇文尚德、悦和亲仁。陶瓷艺术深刻地反映了人们追求和美、崇尚正气的价值取向。

景德镇矿产资源丰富，占据生产资料优势。主要矿产有瓷石、高岭土、煤矿、钨矿、沙金、铜矿、萤石、硫黄、石灰石、大理石等，特别是瓷石、高岭土和煤炭蕴藏最具特色。景德镇的高岭土在国际陶瓷界都具有影响，用它生产出来的景德镇瓷器，曾经代表着中国陶瓷制品的高端水平和上等品质，影响着中国甚至世界；煤炭资源也十分丰富，是江西省的三大产煤区之一。

2. 文化事业、公共文化发展情况

"十三五"期间，景德镇市立足景德镇国家陶瓷文化传承创新试验区的申报和创建，以繁荣文旅事业、发展文旅产业为重点，不断加强文化遗产保护利用和公共文化设施建设，深入开展群众性文化活动，深化体制改革，文化旅游事业取得重要突破和重要成果。

（1）打造国家陶瓷文化保护传承创新基地

实施御窑厂国家考古遗址公园整体提升等工程，异地迁建景德镇学院，加快建设江西省陶瓷工艺美院新校区，谋划新建景德镇艺术职业大学，引进落户八大美院、清华美院、中国美协创作基地、中德工业 4.0 智造实训基地等一批艺术类、文化类、产业类机构。同时，景德镇还推进智造工坊、陶瓷原料及检测项目、国际陶瓷产业合作园等项目建设，培育壮大以陶瓷产业为首的 3+1+X

特色产业体系。

（2）公共文化服务供给能力明显提升

2019 年，景德镇市文化系统艺术表演院团演出 1300 场次，观众 115 万人次；公共图书馆共 5 个，藏书 116.3 万册。2020 年 11 月 20 日，景德镇市被授予全国文明城市称号，为打造与世界对话的国际瓷都夯实了基础。

3. 文化产业发展情况

2019 年，景德镇市文化及相关产业增加值占国内生产总值比重位列全省第一。根据江西省统计局统一核算，2019 年景德镇市文化及相关产业增加值 61.46 亿元，同比增长 9%。文化及相关产业增加值占国内生产总值比重为 6.7%，高出全省 2.7 个百分点，占比位列全省第一。按活动性质分，文化核心领域增加值 52.97 亿元，占全市文化及相关产业增加值比重为 86.2%；文化及相关领域增加值 8.49 亿元，占比为 13.8%。

陶瓷作为景德镇文化产业大发展的主体，是景德镇的地方特色，也是由景德镇地区千年陶瓷文化所决定的。同时，陶瓷文化产业发展为文物保护工作进行奠定了良好基础，也在保护文物基础上丰富了当地旅游资源，彰显了当地旅游资源特色，通过旅游业发展带动了经济水平的不断提升。景德镇旅游资源比较丰富，有自然景观、陶瓷文物、多种文化资源等。

（1）景德镇陶瓷文化的整体产业系统

景德镇的陶瓷文化产业发展有着较为完善的产业系统作为支撑和保障，该产业系统从实质上展现了景德镇的陶瓷工业以及陶瓷文化两大方面。若干年前，景德镇一度出现传统的陶瓷生产车间以及瓷窑被拆除，而一味消除陶瓷生产车间对社会产生的损害越来越严重，人们又开始重新规划陶瓷生产车间以期陶瓷的再生能够为人们留下更多的陶瓷文化资产。

（2）景德镇陶瓷文化的文化资源

在人才方面，景德镇陶瓷大学开办以来，为本地陶瓷文化创意产业发展输入了很多人才，利用综合性人才开发了很多陶瓷工艺品，衍生出了许多陶瓷产品创意、想法。景德镇大型陶瓷的生产过程形成了较为完整的运行体系，加以陶瓷制作技术的成熟，可以让更多文化创意陶瓷产品被开发出来，使更多具有创意的陶瓷产品受到了人们的喜爱，且在创意产品创造过程中提升了传统陶瓷技术的创新。

（3）市场发展前景良好

随着我国经济和科技的不断发展和进步，一些陶瓷企业和陶瓷行业开始转移，中西部地区与中部地区是它们主要转移的方向。在这一背景下，景德镇迎来了良好发展机遇，逐步推进项目引进策略，一共与30多个项目展开了合作，其中包括与6家外资企业和5家台资企业。这为当地产业发展创造了很多有利条件，为景德镇陶瓷艺术消费市场的主导产品奠定了坚实的基础，打开了未来陶瓷产业的发展大门。

4. 文物保护利用、非遗保护传承情况

景德镇是闻名世界的千年瓷都。据考古发现，景德镇自唐朝就开始生产瓷器，宋元时期发展迅速，明清时期成为全国的制瓷中心。景德镇手工制瓷技艺在宋朝已基本确立，瓷业内部分工日益细化明确，并在手工制瓷过程中形成了独特的瓷业习俗，这也是景德镇制瓷史的重要组成部分。

此外，景德镇瓷业建筑与营造技艺堪称一绝。景德镇传统制瓷作坊的窑房建筑，是中国工场手工业难得的场所物证，具有独特而丰富的历史价值、文化价值和旅游价值。2006年，首批国家级非遗代表性名录中就收录了景德镇手工制瓷技艺与传统瓷窑作坊营造技艺两个项目，由此景德镇传统制瓷技艺之非遗传承保护正式拉开序幕。

（1）开展非遗传承人保护工作

2005年，景德镇启动非遗保护工作，先后走访调查了2000余人，初步建立了涵盖非遗保护的传承人数据库。2006年，2项景德镇市非遗进入国家级非遗名录。

景德镇市政府通过市级非遗代表性传承人技艺展示考核等方式不断规范市级传承人的评价体系，组织陶瓷传统手工技艺优秀传承人赴各地交流参展，积极为非遗基地及传承人开拓线上线下平台，开展文化和自然遗产日系列活动，成立景德镇市非遗研究保护中心进行专项负责，从各个角度为景德镇市非遗的保护注入活力。

（2）完善非遗保护名录体系

2017年，江西省人民政府颁布了《江西省传统工艺振兴计划》，结合江西省实际，积极探索符合实际的非遗保护传承体系，推进非遗传统工艺在社会发展中不断焕发新的生命力。为此，景德镇市人民政府下达加强景德镇市非遗保护工作的意见，完善非遗保护名录体系，促进非遗活态传承，组织编写了《中国瓷都非遗传人》非遗系列丛书，出台了《景德镇历史文化名城保护办法》《景德镇市级非遗名录申报评定暂行办法》《景德镇市御窑厂遗址保护管理条例》等多个政策性文件。

除了上述的保护景德镇非遗传承的制度之外，景德镇现有国家级非遗生产性保护示范基地2个，即景德镇市古窑瓷厂、景德镇佳洋陶瓷有限公司，省级13个（陶瓷类10个），市级9个（陶瓷类8个）。市级非遗传承基地6个（陶瓷类5个）、市级非遗传承基地6个，非遗保护载体大大少于项目数量。

（3）加强文物本体保护与展示

近年来，景德镇实施并完成了御窑厂遗址保护建设、文物本体保护与展示、环境整治等22项遗址保护展示工程。组建御窑博物院，与北京故宫博物院合作建立3个研究平台，御窑厂遗址纳入《中国世界文化遗产预备名单》，申遗文本基本编制完成，申遗工作稳步推进；《御窑厂遗址保护管理条例》颁布实施，新增全国重点文物保护单位4处、省级文物保护单位20处，普查登记全市国有可移动文物19313件（套）。

实施镇窑、湖田窑、丽阳窑址、瑶里改编旧址等保护和"三防"工程。景德镇中国陶瓷博物馆"瓷业高峰是此都——景德镇瓷器、瓷业和城市发展史陈列"获2019年全国博物馆十大陈列展览精品奖。加强非遗的传承和保护工作，获批创建国家陶瓷文化生态保护实验区，加强非遗技艺数字化保护，录制完成18集《景德镇手工制瓷技艺》纪录片，古窑民俗博览区获评文旅部非遗与旅游融合十大优秀案例。

5. 旅游发展情况

（1）风景名胜众多，制瓷历史源远流长

景德镇是国家首批历史文化名城，国家35个王牌旅游景点之一，中国优秀旅游城市。景德镇市风景名胜众多，有国家 5A 级景区景德镇御窑厂；国家 4A 级景区有古窑·民俗博览区、高岭·瑶里风景区、浮梁古县衙、洪岩仙境风景区、德雨生态园、中国瓷园；国家 3A 级景区有金竹山寨、雕塑瓷厂明清园、江西怪石林。

（2）打造世界著名陶瓷文化旅游目的地

景德镇市积极推动陶溪川二期、高岭·中国村、荻湾乡村振兴开发等一批标杆式旅游项目建设。加快建设景德镇水利枢纽工程，谋划实施御窑码头、古县衙码头等 18 个古码头项目，景德镇日益彰显出"一江两河出平湖，十八码头通古今；百里昌江风景美，千年瓷都展新颜"的独特魅力。

2016 年 2 月景德镇陶瓷文化旅游集团正式成立，该集团注资 22.99 亿，以文化、教育、旅游等为发展方向，2017 年该集团所打造的陶溪川文化街区荣获国家级文化产业示范园区的创建资格。2017 年景德镇市政府设立景德镇市级旅游发展专项基金，旨在大力支持景德镇市旅游发展重点项目。

（3）积极创建国家全域旅游示范区。

昌江区入选 2019 年全省全域旅游示范区，珠山区、浮梁县、乐平市完成省级验收；陶阳里御窑景区、浮梁古县衙创 5A 规划通过专家评审，新增陶溪川文创街区、江西直升机科技馆 2 家国家 4A 级景区，古窑、皇窑分别通过全国旅游标准化示范景区、国家陶瓷文化创意及旅游服务标准化试点验收，"一体一带两翼"全域旅游格局基本形成，陶瓷历史文化游、研学游、购物游、工业游和山水生态游等功能互补的多层次旅游体系大体建立，吃住行游购娱等旅游要素和智慧旅游日趋完善。

2019 年，景德镇市全年旅游总人数 8506.33 万人次，比上年增长 26.3%。其中，境外旅游人数 99.19 万人次，比上年增长 35.9%。旅游总收入 888.24 亿元，比上年增长 29.9%。其中，旅游创汇 4.74 亿美元，比上年增长 41.7%。

图9-1　2015—2019年景德镇旅游总收入及其增长速度

6. 对大同城市文化建设的经验借鉴

（1）以文化为标识，融入全球一体化语境

民族的文化传统与文化遗产正成为一种人文资源，被用来建构和产生在全球一体化语境中的民族政治和民族文化的主体意识，不仅重新塑造了本土文化，同时也成为新的经济增长点。在这样的背景下，景德镇独特的工艺价值成为一种地方文化的象征，并带来了经济价值，成为重要的文化产业，这是一种文化的转型，也是文化走出去、融入国际的重要优势。

由此可见，大同市文化产业要想走出去，一方面要结合本市文化等资源优势，推动重点企业走出去，离不开政府提供重点支持、政策倾斜；另一方面要营造文化企业走出去的良好氛围，建立专业化、集约化、国际化的文化产业服务平台链，开展国内外贸易，支持文化企业创新，加快培育国际竞争的新优势。

（2）加强政府引导，大力优化政策扶持

景德镇陶瓷文创产业的发展，很大程度上是政府引导、大力优化政策扶持的结果。景德镇积极响应"一带一路"倡议，牢牢抓住国家批复建设景德镇国家陶瓷文化传承创新试验区的良机，着力增强陶瓷文化产业竞争力、陶瓷文化交流亲和力、陶瓷文化传播辐射力，打造"一带一路"对外文化交流和经贸合作的重要节点城市，使景德镇成为代表江西与世界对话的国际瓷都。

大同市政府应当加大文化专项资金或基金投入，推动文化产业及产品走出去，真正发挥政府扶持资金的引导作用和促进效力；还要加强对外贸发展的支持，相关部门应通过战略对接、互联互通、投资贸易便利化、创设专门融资平台、人员往来便利化等举措，打通物流、人流、技术流、信息流、资金流等要素流动的各种隔阂，为文化产业开展国内国际贸易提供便利。

（3）推动非遗发展模式的多样化路径

景德镇通过景德镇陶瓷大学、景德镇学院等高校牵头，引进传统手艺人担任校外导师，建立健全以培养学生技能为主的现代人才培养模式，形成了设计艺术和陶瓷工程的专业优势，并着力打造艺术设计与陶瓷文化、陶瓷材料工程与机电、陶瓷经济与管理三大优势特色学科群。景德镇非遗发展模式的多样化路径，使得景德镇陶瓷技艺和陶瓷文化在新时代得到了完整传承和现代阐释。

一方面大同市要积极推动学校、企业与手艺人之间的合作，另一方面要不断培养非遗生产性保护示范基地、传承基地和传播基地，让企业实体与传承项目相匹配，使相关传承脱离单纯的技艺传承，继续肩负起非遗技艺传承与文化创新、扩大非遗传承项目的影响力度、创造更多社会活力等多项责任。

（4）推动多种旅游业态全面发展

景德镇不仅是瓷都，还是我国直升机工业的摇篮，且拥有山地、溶洞、河流、瀑布等多样化的自然景观和红十军建军旧址、浮梁古县衙等红色、古色旅游资源。近年来，景德镇不断发力红色旅游、生态旅游、民俗旅游多个板块，向游客递出一张多彩的文化名片。

目前大同市的旅游资源开发大都集中于云冈石窟、北岳恒山、悬空寺等古城文化遗产，但同时大同还是著名的煤都，饮食文化考究，是晋冀蒙交界之地，文化资源丰富而深厚。大同市亦可凭借丰富多样的旅游资源，尽快从云冈文化旅游等的以古城为主体的旅游产业布局向综合型旅游目的地转型，形成多种旅游业态协同发展、互相促进的局面。

第三节　西部城市文化建设典型案例

一、宜宾

1.宜宾概况

宜宾位于四川南部，是著名白酒品牌五粮液的故乡，有"中国酒都"之称，也是拥有丰富竹资源的"中国竹都"。

宜宾文化底蕴深厚，有2200年建城史、4000年酿酒史、3000年种茶史，是国家历史文化名城。历代名人辈出，养育了李硕勋、赵一曼、阳翰笙、唐君毅、余泽鸿等无数革命先烈和文坛大师，积聚了多姿多彩的长江文化、酒文化、僰苗文化、哪吒文化、抗战文化、民俗风情文化。

宜宾区位优势突出，地处长江黄金水道的起点，是国家确定的沿江城市带区域中心城市，是四川省委确定的长江上游区域中心城市、全国性综合交通枢纽、四川南向开放枢纽门户和7个争创全省经济副中心的城市之一。

目前，宜宾兴文县、长宁县、翠屏区、高县等多个区县被纳入四川省级全域旅游示范区，2020年成功入选全国文明城市。宜宾市珙县农民文化理事会机制建设创建示范项目在国家公共文化服务体系示范区（项目）验收中荣获优秀称号。

2.文化事业、公共文化

截至2019年底，宜宾市文化系统有艺术表演团体7个、艺术表演场所2个、文化馆11个、文化站186个、公共图书馆10个，省级科技旅游示范基地1家、省级工业旅游示范基地2家、省级中药健康旅游示范基地1家，有博物馆12个，文物保护管理机构10个，全国重点文物保护单位17处、省级文物保护单位48处，还有市县级文物保护单位215处。全年博物馆纪念馆接待观众200万人次。有国家级非遗名录4项、省级非遗名录29项、市级非遗名录

53 项。

在发展宜宾市文化事业及公共文化的过程中，宜宾市主要有以下几点举措：第一，立足宜宾文化资源，要挖掘好、发展好、包装好、推广好宜宾的特色文化资源，为宜宾人民提供更多的优质精神产品，提升市民的思想素质、欣赏水平、精神状态；第二，大力建设文化公共服务设施及场所，加大对市县图书馆、文化馆、博物馆的建设支持力度，同时做好图书馆、文化馆、博物馆的延时、错时开放工作，切实提高"三馆"利用率；第三，着眼乡村文化建设，推动乡村文化振兴，健全乡村公共文化服务体系，实现建管用相结合。

3. 文化产业发展情况

（1）概况

2017 年宜宾全社会文化产业增加值为 49.51 亿元，同比增长 12.7%，总量继续位居全省第七位。文化产业增加值占国内生产总值的比重为 2.68%，同比增加了 0.02 个百分点。

（2）基于当地资源，开发具有当地特色的文化产业

宜宾当地竹资源非常丰富，这也成为宜宾发展竹文化产业的契机。近年来，宜宾市一直加强对竹文化的保护，挖掘可开发的空间，着力宣传推广竹文化，力求实现创新发展。早在 2018 世界竹藤大会期间，宜宾便立足竹文化建设，积极作为，不仅与中国工艺美术大师石大宇就建设竹工艺品研发设计中心进行了多次沟通交流达成初步合作意向，而且还与中国工艺美术大师、宁波士林工艺有限公司董事长王剑勤就竹工艺品投资建厂进行了沟通，并牵线与长宁县达成了合作意向，为宜宾市竹产业的发展奠定了基础。

（3）扶持影视产业，提升文化产业发展后劲

宜宾市还研究出台了以影视产业发展为主的扶持政策，加强文化产业项目策划包装水平，加大招商推介力度，积极引进影视企业为主的文化企业对接考察，推动文化企业落户、建设。同时，强化服务意识，助力加快宜宾南溪文化创意产业试验园区、南溪长城中国神话世界影视基地、李庄影视城等文化产业园区及项目建设，推进市级文化产业示范园区、示范基地建设评选，提升产业集聚发展水平。

（4）优化营商环境，开发优质文化产业项目

为发展文化产业，宜宾各级政府招商引资，出台了全面、系统的政策，为企业发展提供了良好的营商环境，因此也成功吸引了众多企业前往宜宾寻找合作发展的机会。例如，留念兄弟（北京）国际文化传媒有限公司考察团队在探访后发现宜宾的很多景区都具备打造实景演出的潜力。

符合当地具体情况且有发展前景的项目是文化产业得以迅速发展的基石，因此宜宾市文化广电新闻出版局以宜宾各级政府巧搭平台，借力成都市文化产业商会的专业优势，以独具特色的文化资源定向招商，吸引企业来宜投资优质文化项目。近年来，李庄古镇景区创建国家级 5A 景区项目、七仙湖国际文化艺术小镇建设项目、大型实景演艺《竹海印象》、高县百里茶廊文化产业园、龙华古镇八仙山综合开发项目等 49 个社会影响广泛、前景看好、独具特色的文化产业项目相继推出，不断为宜宾文化产业积聚发展新动能。

4. 文化保护利用、非遗保护传承

（1）概况

截至目前，宜宾市现有县级以上非遗代表性项目共计 180 项（含扩展项目），其中国家级 4 项、省级 23 项、市级 59 项、县级 94 项，国家省市县四级非遗项目名录保护体系已初步形成。现有市级及以上代表性传承人 80 人，其中国家级 3 人、省级 23 人、市级 54 人。

全市建有非遗项目专题展示馆 4 个（宜宾市非遗展览馆、江安竹簧陈列馆、中国南溪豆腐干博览馆、五粮液酒文化博物馆），非遗项目传习所 4 个（李庄草龙舞传习所、苗族蜡染传习所、金沙江号子传习所、大坝高装传习所）。江安竹簧工艺和南溪豆腐干被评为省级生产性保护示范基地。

（2）非遗融入生活，活化非遗品牌价值

近年来，相关部门不仅将宜宾非遗资源列为保护对象，还大力积极探索非遗项目生产性保护，努力将非遗融入现代生活，唤醒非遗的市场价值，宜宾不仅将非遗资源列为保护对象，还努力将其打造为文化产业的品牌。例如，驰名中外的白酒品牌五粮液正在申请国家专利的思坡醋，年产值达 30 亿的南溪豆腐干等都是令宜宾骄傲的非遗品牌。

（3）积极宣传推广，提升当地非遗影响力

持续扩大宜宾非遗品牌影响力的同时，宜宾市积极组织非遗项目走出去，连续四届组织参加成都国际非遗节展示展销活动，不仅在展会上根据宜宾城市的特点，专门设立展示区，现场制作销售极具宜宾地域特色的非遗产品及食品。同时，还在会展上举行签约仪式，促进非遗商业化发展。

5. 旅游、文旅融合发展情况

（1）概况

2018年，宜宾市接待游客6535万人次，比上年增长25.23%；实现旅游总收入687.28亿元，比上年增长27.58%。截至目前，宜宾共有A级景区61个，其中4A级景区18个、3A级景区37个、2A级景区6个，位居四川省第三。

（2）加强政策规划，引领旅游产业发展

宜宾围绕构建以"长江首城、中国酒都、最美竹海、兴文石海、李庄古镇"等为支撑的全域旅游产品体系，加强顶层设计和系统谋划，高起点、高标准、高质量编制实施《宜宾市主城区生态三江旅游规划》《宜宾市主城区特色文化品位展示规划》《红色旅游规划》《竹生态旅游规划》《旅游交通规划》《竹生态旅游规划》等总体规划、区域规划和专项规划，整合要素资源，加快产品开发，推进产业发展，形成以县域区域为基础、景区景点为重点、旅游功能区为支撑、旅游走廊为纽带的全域旅游发展格局。

（3）加大招商引资的力度，推动优质旅游项目建设

近年来宜宾突出文化、旅游资源特色，策划包装推出重点旅游招商项目120余个，总投资1160余亿元，涵盖景区开发、运动康养、产业融合、特色小镇、基础设施等方面。对签约的重点旅游项目进行了专项督查，竹海安缇缦运动康养小镇、翠屏区百虎世界、叙州区天官山国际旅游度假区、江安县长江竹岛等33个重点项目建设有序推进。2018年，完成旅游投资108亿元，比上年增长86%。同时，宜宾也不断打造旅游项目品牌——蜀南竹海、兴文石海、李庄古镇、五粮液产业园区，创建5A级景区有力有序有效推进，完成创建项目10个，投资10.27亿元；长宁县、兴文县创建国家全域旅游示范区实施项目98个，完成投资32亿元。先后创建A级景区54家（其中4A级景区15家）、

省级旅游度假区 1 家、省级生态旅游示范区 9 家。

（4）立足当地文化资源特色，开拓多元的创新发展路径

在文旅文艺作品方面，大型话剧《赵一曼》、大型杂技剧《东方有竹》、长宁竹琴《竹宴》等极具宜宾特色的精品力作，成为全国有影响的文艺作品。6 部杂技赴加拿大演出或参加央视春晚等，音乐专题片《长江之头》等在央视播出，纪录片《宜宾非遗 II》被国家图书馆永久收藏。五粮液窖池群及酿酒作坊入选第二批国家工业遗产名单。宜宾市博物院被评为国家二级博物馆。苗族蜡染技艺入选国家第一批传统工艺振兴目录。在特色美食方面，宜宾市围绕龙头产品整合资源，充分结合现代人们的生活习惯和需求，包装推出全竹宴、豆腐宴、乌鸡宴等特色美食，开发打造特色文化旅游商品 120 余个，获首届中国金牌旅游小吃 1 个、中国特色旅游商品金奖 4 个。

6. 对大同城市文化建设的经验借鉴

（1）文旅融合创新发展

宜宾以当地各色文化资源碰撞旅游产业，新的经济业态被催生，文化产业价值被重塑。宜宾市以文化视角审视旅游，以文化品位提升旅游，以文化传播带动旅游。大型话剧《赵一曼》、杂技剧《东方有竹》等近年来创作开发的一系列具有宜宾文化特色的精品文旅产品正是其文旅深度融合促发展的力证。此外，宜宾市在进行文旅开发时坚持吃住游购娱等旅游要素交相辉映，不断创新旅游产品，丰富旅游体验，让游客由旅游转向旅居，切实以文旅融合促进经济发展。

大同有古城、石窟等古建筑类型的名胜古迹，还有一系列民俗、美食等丰富的文旅资源，应当由点及面地对其进行充分的利用开发，打造兼具艺术性、娱乐性、商业性的文旅产品，从各个方面丰富充实游客游览体验。

（2）优化当地营商环境，实现多方共赢

宜宾市由政府牵头，积极推动与商界的合作，积极优化当地营商环境，吸引优质企业进入合作，开发有发展潜力的文化发展项目。李庄古镇景区创建国家级 5A 景区、七仙湖国际文化艺术小镇建设、大型实景演艺《竹海印象》等优质项目的开发能让企业先进的理念、雄厚的资金、科学的管理同当地的优质

资源、独特区位和良好的发展前景有机地结合起来，实现多方共赢。

大同拥有丰富的文化及旅游资源，也不乏文化产业开发的机会与空间，可以借鉴宜宾的经验，组织各种类型的文化产业以及文旅产业商业展会，吸引省内外甚至国际的优秀企业来大同，探讨文产开发经验的同时，为大同寻找文产发展的新契机。

（3）开发特色工业园区旅游，活化文旅资源

宜宾五粮液酒厂是当地著名的旅游地标，其主导产品五粮液在中外消费者中享有极高的声誉。五粮液集团公司，享有"花园公司"的美名，灿烂远古的酒文化在这里被赋予了新的内涵。五粮液集团开辟展示参观及游览空间，是目前中国最大的酒文化博物馆，精心规划的厂区、独具匠心的雕塑、现代气魄的建筑展现了极富特色的五粮液企业文化，也让游客们印象深刻。游客在酒厂不仅可以参观游览，还可以进行白酒消费及品尝，旅游体验多样丰富。

大同遗留下来的厂房园区正式成为文旅开发的新舞台，可以借鉴五粮液酒厂案例，开发具有大同特色的煤矿产区体验园，给游客提供一个了解煤矿产业、了解大同煤矿业的机会，同时可以设计、生产有创意又贴合消费者生活的文创产品，进行全产业链的发展。

（4）探索非遗项目生产性保护，扩大非遗品牌影响力

宜宾市委、市政府重视非遗保护工作，将其列入了《宜宾历史文化名城保护规划》《宜宾市国民经济和社会发展规划》，大力探索当地非遗项目生产性保护，致力于将非遗融入现代生活，此举成功使五粮液、南溪豆腐干、思坡醋、叙府茶、川红茶、宜宾燃面等非遗产品产值不断提高。宜宾市还积极探索非遗项目的品牌打造，将非遗项目的文化价值以及经济价值最大化，并使其持续化发展。五粮液凭借其世代相传的酿造技术以及成熟的生产线，成为中国白酒市场的领军品牌；思坡醋酿造工艺不仅申请了国家专利，思坡醋业公司还出资建设了思坡醋文化博物馆，传播别具特色的宜宾醋文化。

大同非遗种类丰富，数量繁多，在进行非遗项目保护与开发时应当考虑如何将其与当今生活结合起来，为今人所用、为当今社会服务，在充分展示当地丰厚文化内涵的同时，弘扬优秀的民族文化，唤起更多人的喜爱并自觉保护珍

贵的民间非遗。例如，大同的解庄挠搁、云冈舞等传统舞蹈，可以开发相关的舞台剧产品。

二、西安

1. 西安概况

西安拥有厚重的历史文化沉淀，先后有 10 多个王朝在此建都，是世界四大古都之一。秦始皇陵及兵马俑、大雁塔、唐长安城大明宫遗址、兴教寺塔等众多历史遗迹为其增添了文化魅力。也因此，西安旅游资源丰富，成为闻名遐迩的旅游目的地，其中西安市碑林区、长安区、蓝田县成为首批陕西省全域旅游示范区。

西安是关中平原城市群核心城市，国务院批复确定的中国西部地区重要的中心城市，是国家重要的科研、教育、工业基地。

2. 文化事业、公共文化

截至 2019 年，西安共有群众艺术馆、文化馆（站）202 个，比 1949 年增加 192 个；公用图书馆 13 个，增加 10 个；博物馆 134 个；各级别文物保护单位 424 处。

西安是一座文化古都。近年来，西安市依托丰厚的历史文化遗存，把"保护遗产、惠及群众"作为公共文化服务体系建设的重要课题，将历史文化遗产的保护与改善市民文化生活有机结合起来，通过文化遗址的公园化、景区化改造提升，使大量的文化遗址成为市民文化休闲的主要承载区，极大地拓展了城市的公共文化空间，走出了一条"弘扬文化、传承文明、保护文物、改善民生、提升城市"的公共文化服务新路。

3. 文化产业发展情况

（1）概况

近年来，西安文化及相关产业营业收入逐年递增，已经从 2016 年的 454.49 亿元增至 2019 年的 683.1 亿元，增速也从 2017 年起便保持在 20% 左右。从西安文化产业增加值占西安国内生产总值的比重来看，早在 2007 年就超过 5%，至 2019 年占比已达 6.4%。

（2）政策

西安市先后出台了《关于补短板加快西安市文化产业发展的若干政策》《西安市建设"丝路文化高地"行动计划（2018—2021）》《西安市"十三五"时期文化发展改革规划》《大西安历史文化旅游发展规划纲要》《西安市文化产业倍增计划》等一系列政策文件，明确目标任务，制定保障措施，促进文化产业快速发展。

（3）旅游活动及文艺作品

西安在传承弘扬中华优秀传统文化的基础上，通过科技加持与创新路径，大力发展文化产业。先后举办了西安年·最中国、大唐建都长安 1400 年系列文化旅游活动；实施了名城名家名作工程，创作推出话剧《麻醉师》等五个一工程获奖作品，电视剧《白鹿原》《那年花开月正圆》《长安十二时辰》等一批精品力作。

（4）文化产业项目

此外，西安市精心策划包装文化产业项目 100 余个，制定《西安市文化产业重点招商项目汇编》，加大宣传推介力度。组织西安市文化企业参会参展深圳文博会、全国图书交易博览会、上海装博会、丝绸之路国际博览会等一系列交流展会。大唐不夜城·新唐人街步行街改造、曲江创意谷园区一期、华夏文旅综合体等一批大项目、园区建成对外开放，宋城中华千古情、恒大童世界等项目成功落地建设，以丰富的项目推动当地文化产业发展。

4. 文化保护利用、非遗保护传承情况

（1）概况

截至 2019 年，西安市有世界级非遗项目 1 项、国家级非遗项目 10 项、省级非遗项目 101 项、市级非遗项目 192 项；列入国家规划的文物大遗址 7 个，分别是：西安城墙、大明宫遗址、杜陵、秦始皇陵、姜寨遗址、阿房宫遗址、汉长安城遗址；有 2 项 6 处遗产被列入《世界遗产名录》，分别是：秦始皇陵及兵马俑、大雁塔、小雁塔、唐长安城大明宫遗址、汉长安城未央宫遗址、兴教寺塔。

（2）政策及相关举措

西安市委、市政府高度重视民族民间文化的保护和传承，下发《关于加强西安市民族民间传统文化保护工作的通知》和《关于加强西安市文化遗产保护和利用工作的通知》，成立非遗保护开发领导小组，制定中长期非遗保护开发规划，设立了非遗保护专项经费，建立了一批非遗保护开发基地，一手抓传统技艺、传统艺术的普查、保护和开发，一手抓传承人、传习人的扶持和培育，利用各种节庆和传统文化习俗，充分发挥优秀民族传统在公共文化服务体系中的作用。

西安市非常重视对流传在民间古老艺术的抢救保护，不断加大对有"中国古代音乐活化石"之称的西安鼓乐（又名长安古乐）的扶持力度。近年来，西安市拨付专项资金进行抢救性录音和录制，为老艺人拍摄纪录片，并组织了9家乐社录制了整套的演奏曲目，与西安音乐学院共同出版西安鼓乐专辑《雨霖铃》。

5. 旅游、文旅融合发展情况

近年来，西安市持续加强文化建设，全面推动文旅融合，2019年全市共接待海内外游客超过3亿人次，旅游业总收入超过3100亿元。

2019年，西安市制定了加强文化建设促进文旅融合发展的实施意见和3年行动方案，实施重大项目带动，持续推进31个文旅在建项目，年度投资179.69亿元；推动大明宫创建5A景区，茯茶镇、昆明池、华夏文旅景区创建4A景区。目前西安境内有A级旅游景区达98处，其中4A景区22家。

文旅融合发展带动商贸，截至2020年底，西安特色商业街区和步行街已达40多条，成为展示西安新形象的重要窗口。国际美食之都建设成效明显，成功评选出了西安老字号企业和西安名吃，逐步形成了包括老字号、陕菜系、外来菜系、特色街区餐饮、综合体餐饮和西餐等丰富多元化的餐饮品牌体系。

6. 对大同城市文化建设的经验借鉴

（1）因地制宜健全城市公共文化服务体系，建立城市文化自信

政府应当着力创新投入方式，加大基础设施建设力度，实施系列文化服务

工程，力求建立设施齐全、产品丰富、机构健全的公共文化服务体系。最重要的就是因地制宜，开展有地方特色的公共文化服务建设，西安拥有丰富悠久的历史文化资源，把保护遗产与公共文化服务体系建设联系起来，将文化遗址与公共文化生活场所结合。近年来陆续建成开放大雁塔文化景区、大明宫国家遗址公园、唐城墙遗址公园、曲江池遗址公园等，形成了一个规模巨大的遗址公园群落，成为陕西乃至西部规模最大、体系最全、模式领先的公共文化服务聚集区之一。

大同也是一座历史名城，古城、古街道等历史遗迹、文化资源相当丰富，让千年古都优秀的城市文化品格融入城市血脉。以高度的文化自信、文化自觉，讲好城市故事，传播好城市声音，展示好城市形象。

（2）科学保护历史文物，系统规划新旧资源

西安城墙已成为人文西安、古都西安的一张亮丽名片，西安城墙始建于隋朝，距今已经有1400多年的历史，是我国目前现存历史最悠久、规模最宏大、保存最完整的古代城垣建筑。近年来，西安城墙实现跨越式发展，全面提升文保、旅游、文化、管理等工作。2014年城墙南门区域实施的箭楼保护性展示和护城河环城公园等综合配套提升改造工程，成功破解了文物保护、风貌展示、生态建设、城市交通、建设运营等一系列难题。

大同古城与古城墙也颇具人文魅力，可以借鉴西安城墙的规划模式，保护修复与重建并行，让历史资源适应现代的城市规划，全域谋划，文物保护、文化旅游、城市生活并重，发挥历史资源的文化价值、社会效益以及经济效益。

（3）大力打造城市IP与城市品牌，强化城市营销传播

互联网时代，媒介讯息发达，有记忆点的城市IP、鲜明的城市品牌点亮着一座座网红城市，吸引着大批游客前来，推动着城市文化及旅游产业的发展。从碎碗酒到不倒翁小姐姐，一个个带着西安古都特色的热点让西安的城市形象在受众心目中逐渐清晰、生动起来，让人们看到西安不只是历史文化气息浓厚的历朝古都，更是活力多彩的长安文化体验之都。千年古都·常来长安文旅新品牌的打造以及广泛传播也让西安文化名都的形象深入人心，不断吸引着中外来客。

大同和西安一样，都是沉淀着深厚历史底蕴的古城，平城文化、边塞文化、佛教文化等都是大同进行城市 IP 塑造的源泉与灵感。此外，大同还应当重视城市文化的营销与传播。一方面夯实文化根基，优化文旅产业布局，打造文旅融合品牌，完善文旅基础设施，推进文旅智慧建设，这是打造城市文旅品牌的基础。另一方面积极开拓传播渠道，创新宣传方式，强化城市整合营销，实施体系化的精准宣传推广，进一步扩大城市影响力和感染力。

（4）文旅深度融合，变历史文化资源为旅游资产

以文旅商深度融合为导向，西安曲江新区将大唐不夜城打造成唐文化浓厚的现代时尚街区，最终实现从浅层到此一游到深度的文化体验，提高文化附加值和旅游品质。西安曲江新区把脉旅游产业发展趋势，依托强大的历史文化资源，做强吃住行游购娱等旅游老要素，激活商学养闲情奇等旅游新要素，打造文化＋旅游＋商业新模式，营造时尚＋创意新氛围，探索白天＋夜晚新业态，为新时代文化旅游深度融合注入新思路。

大同古城、古街道的开发也可以借鉴这种模式，以造奇景的形式，还原明清晋商步行街的魅力，融入大同古城文化、佛教文化以及石窟雕刻等艺术元素，在各个方面丰富游客的体验，留下旅客完成一次深度的大同文化浸染之旅。

（5）积极寻求文旅产业与其他产业的融合发展，推动业态升级创新。

2020 年的疫情给旅游业带来了不可避免的打击，却也因此让西安市开始探索文旅业态的创新发展路径。西安着力加速"旅游上云"，推进数字化在线游在各个景点与博物馆的应用。此外，推动文旅＋科技、文旅＋工业、文旅＋体育、文旅＋教育等融合发展，鼓励文旅产业业态创新。

大同也可以借鉴西安文旅创新发展的新思路，鼓励文旅产业与其他产业的融合发展，补充完善产业链，以推动产业升级。例如，着力文旅＋科技，在各个景点引入虚拟观展、数字在线观展等现代化观览技术，开发歌舞剧、实景演出等科技感较强的文旅体验项目等。大同历史文化源远流长，也非常适合推进文旅＋教育的发展方向，开发系列线上课、游学夏令营等项目，以悬空寺、云冈石窟等佛学文化气息浓厚的景点为课程中心，在介绍景点的同时，传播当地特色文化。

三、桂林

1. 桂林概况

桂林是广西壮族自治区下辖市，是世界著名风景游览城市，著名诗人王正功赞之曰"桂林山水甲天下"。

桂林旅游资源丰富，是国务院批复确定的中国对外开放的国际旅游城市、全国旅游创新发展先行区和国际旅游综合交通枢纽。桂林作为一座具有 2000 多年历史的文化名城，拥有灿烂的文化遗产，是首批国家历史文化名城。目前，桂林市临桂区、阳朔县被纳入广西全域旅游示范区，2020 年成功入选全国文明城市。

桂林还是泛珠江三角洲经济区与东盟自由贸易区战略交汇的重要节点城市，以新型工业为主的全国重要高新技术产业基地。

2. 文化事业、公共文化

目前全市共有公共图书馆 14 个、文化馆（群艺馆）18 个、乡镇综合文化站 134 个、村级公共服务中心 1336 个、农家书屋 1718 家，建成文化信息资源共享工程省级分中心 1 个、县级支中心 17 个、乡镇服务点 134 个和村级基层服务点 1600 多个，县区支中心、乡镇服务点覆盖率达 100%。

桂林致力于打造优秀文化品牌，推动公共文化建设，丰富人民文化生活。除了漓江之声，当地还打造了桂林百姓大舞台、桂林百姓大讲坛、读书月、桂海讲坛、周末大家乐广场文艺演出等多种群众文化活动品牌。其中桂林百姓大舞台、漓江之声先后获得国家文化部颁发的全国群众文艺政府最高奖—— 全国群星奖。

3. 文化产业发展情况

2020 年桂林市文化及相关产业增加值达 200 亿元，占全市服务业增加值比重的 13%。同时，全市规模以上文化创意和设计服务企业达到 150 家。

桂林市不断通过出台政策、提供帮扶资金等众多手段，推动文化创意产业快速发展。众多企业落户桂林，文化创意产业为桂林经济发展注入新的元素。

近年来，桂林市大力扶持动漫、游戏等文化创意产业，相继出台《关于加快创意产业发展的若干措施》《鼓励创意企业做大做强奖励暂行办法》等系列文件，并通过举办全国性的动漫博览会等方式，积极搭建文化创意产业交流合作平台，吸引越来越多的文创企业落户桂林不断成长壮大。目前，桂林高新区创意产业园已经形成广西最大的创意产业集群，入园企业达到 120 多家，初步形成以动漫、软件、设计等为主的文化创意产业基地，生产出《吉祥米粉》《可可小爱》《守望》等优秀动漫作品。

2018 年以来，桂林市积极实施"寻找桂林文化的力量，挖掘桂林文化的价值"战略，一批文化品牌、经典剧目、文艺作品孕育而生。大型民族歌剧《刘三姐》在北京各大剧院连演 7 场，得到了央视《新闻联播》等多家国内外重量级媒体的集中报道；大型桂剧《破阵曲》在南宁公演，全景式展示了桂林抗战文化城的历史风貌，获得第十届广西戏剧展演桂花金奖；驻场演出《桂林有戏》是桂林首个戏曲驻场演出品牌，已演出 90 多场；实景娱乐项目如阳朔《印象·刘三姐》、柳州三江侗寨《坐妹》等也颇受好评，蜚声中外。

4. 文化保护利用、非遗保护传承情况

桂林市第一批市级非遗名录共有 84 项，目前桂林市已经有 112 个市级非遗项目和 14 个自治区级的非遗项目，包括民间音乐、民间舞蹈、民间曲艺、民间文学、民间手工技艺、生产商贸习俗、消费习俗、人生礼俗、岁时节令、民间信仰、民间知识、游艺/传统体育与竞技，纵贯桂林 2000 多年的历史，内容丰富多彩，博大精深。

市区范围内的文物古迹共 552 处，被列为各级文物保护单位的 117 处，其中国家级 5 处、自治区级 23 处、市（县）级 89 处。

桂林市进一步深入调研，加强抢救性修缮保护项目资料收集工作，加快推进湘江战役旧址保护规划方案编制，对重要的红军长征遗址进行维护和修缮，把有重要意义的遗址申报公布为各级文物保护单位。举办八路军桂林办事处成立 80 周年纪念活动暨学术研讨会，改造八路军桂林办事处纪念馆，对湘江战役旧址进行全面修缮，弘扬爱国精神，传承红色血脉。

5. 旅游、文旅融合发展情况

桂林共有 A 级景区 78 家，其中 5A 级景区 4 家，分别是桂林漓江景区、桂林乐满地休闲世界、桂林独秀峰·王城景区、桂林两江四湖·象山景区，4A 级景区 33 家，3A 级景区 31 家。据统计，2019 年全年接待游客 1.38 亿人次，同比增长 26.7%；旅游总收入 1874.25 亿元，同比增长 34.7%，旅游接待人次和总收入持续增长。

桂林走旅游品牌化战略，以文旅融合为抓手，做优以漓江为代表的一流观光旅游、以独秀峰·王城景区为代表的一流文化旅游、以愚自乐园为代表的一流休闲度假旅游、以龙脊梯田为代表的一流民族风情旅游、以印象·刘三姐为代表的一流演艺旅游、以夕阳红为代表的一流康养旅游、以融创文化旅游城为代表的一流主题公园旅游等七大品牌。提升千古情、温德姆等现有知名品牌，力争引进万豪、奥特莱斯等品牌酒店、购物商店，不断增强品牌集聚效应。

6. 对大同城市文化建设的经验借鉴

（1）实施全域化战略，实现地域整体发展

桂林计划打造全域旅游发展格局，加快建设桂林宜游宜居城市核心区。升级漓江东岸生态休闲旅游示范带，提升兴坪、大圩、草坪等一批特色小镇；打造以桂阳文化旅游大道为主轴的旅游示范带，带动荔浦、平乐、恭城、永福旅游发展；培育壮大以桂北 6 县为主的红色旅游发展带，打造全国著名的红色文化旅游目的地；持续打造县城、乡镇全域旅游重要节点，串联 8 条精品线路。自 2018 年国务院发布《国务院办公厅关于促进全域旅游发展的指导意见》以来，国家及各省市都在推进全域旅游示范区的建设，大同在推进全域旅游方面也做了大量工作，下一步需要整合当地文旅资源进行全面规划与开发，实现整体发展。

（2）开发特色文旅项目，打响当地文旅品牌

桂林以漓江观光游、独秀峰文化游、龙脊梯田民族游、休闲安养游等形式打响了当地文旅的品牌，并且近年来还不断地开发品牌文旅项目，如千古情、刘三姐等。除此之外，桂林市加快创建一批世界一流的文化旅游精品和品牌，高效推动桂林国际旅游胜地建设，升级北部湾滨海度假品牌、世界长寿养生品

牌，打响红色文化品牌；组织开展壮族三月三·相约游广西等主题活动，持续强化桂林市秀甲天下·壮美广西的旅游之都的城市品牌建设。

桂林开展的一系列观光游、文化游、民族游、休闲游品类丰富，覆盖面广，涉及多个人群，系统整合了当地文化旅游资源，这值得大同这一文旅资源丰富且多元的城市借鉴。例如，云冈石窟、悬空寺等历史文化悠久的景点可以开发文化深度研学游，矿区等景区可以开发体验游，城墙古建筑群可以开发休闲游，合理开发旅游项目，激发品牌效应。

（3）推动文旅品牌走出去，实现旅游国际化发展

近年来，桂林加快国际航线培育，加大境外主要客源地精准营销力度，开发一批适应入境游客需求的旅游线路及特色产品。举办各类入境游（桂林）旅行商大会，加大对贡献突出的境外旅行商和境内旅行社扶持力度，促进入境游客快速增长。持续举办各类国际重大赛事，如世界漂流锦标赛、环广西公路自行车世界巡回赛等重大活动。

大同文化资源丰富，可以提取人类共通的文化元素，借鉴桂林的经验进行国际化发展，从而提升大同在国际上的知名度与影响力。积极与境外客源地城市建立友好关系，邀请其参加大同本地的重大节庆活动，加强合作交流、游客互送。完善标识系统，打造语言无障碍国际化旅游城市，建立健全国际通行旅游服务标准体系。

（4）打造精品化文旅项目，塑造品质旅游之都

桂林走高端化发展路径，在大众化旅游基础上，推动旅游高端化发展。加快推进地中海俱乐部二期等自治区重点支持的58个文旅项目，打造一批世界级休闲度假基地。推动龙脊梯田、八角寨、猫儿山创建国家5A级景区，持续提升遇龙河国家级旅游度假区。建设高端化旅游项目，推进兴安、资源等通用航空机场建设，开发低空旅游、定制飞行、高科技视觉体验等高端化旅游产品。

大同在开发旅游项目时，也要着眼于高端化旅游的建设，打造系统化、多层次的旅游体验，满足各类旅游的游览旅居需求。不断完善景区的建设，引进高科技观览设施，做好文旅配套服务，走精品化、品质化发展路线。

（5）立足历史文化名城定位，充分发挥文化价值

桂林市提出大力实施"寻找桂林文化的力量，挖掘桂林文化的价值"战略，历史文化传承保护利用"三部曲"奏出新时代的文化强音。逍遥楼、正阳东西巷、王城历史文化街区成为传承桂林历史文脉新地标。甑皮岩国家考古遗址公园、靖江王陵国家考古遗址公园两个国家级考古遗址公园项目得以做强做大。中国传统村落保护工作成效显著，全市列入前四批中国传统村落名录85个。桂林对当地的文化保护得当，积极开发，用文化滋养城市，充分发挥了文化价值。

大同的历史文化之悠久、种类之丰富不亚于桂林，应当基于当地的文化资源进行合理的保护与开发，充分发挥文化力量，展现文化价值，让历史古都在新时代绽放魅力。

四、敦煌

1. 敦煌概况

敦煌位于甘肃省，是由酒泉代管的县级市，位于河西走廊的最西端，是丝绸之路的节点城市。以敦煌石窟、敦煌壁画闻名天下，是世界遗产莫高窟和汉长城边陲玉门关、阳关的所在地。入选2012年度中国特色魅力城市200强，2019年入选首批国家全域旅游示范区，是国家历史文化名城、东亚文化之都。

2. 文化事业、公共文化

2019年，敦煌市举办各类群众文艺演出246场次、展览展出21场次、体育赛事活动38项次。年末共有民间艺术表演团5个、文化馆1个、博物馆9个、公共图书馆1个，公共图书馆图书总藏量24.1万册。有广播调频转播发射台1座，全年4套调频广播共发射2.4万小时，广播节目播出时间5100小时，广播人口覆盖率99%。

近年来，敦煌市按照公益性、基本性、均等性、便利性的要求，不断发展壮大公共文化事业，助力敦煌文明城创建。通过树立"三馆一中心"品牌、深化全民健身理念、推进惠民项目等措施不断加强公共文化设施建设，完善公共

文化服务体系。

敦煌市文化馆、美术馆、图书馆、非遗中心自正式开放以来，不断完善功能载体，创新服务方式，飞天剧院年平均演出 120 场次，观演年均超过 6 万人次；敦煌市图书馆被评为国家一级馆，被中国图书馆学会授予全民阅读示范基地称号，是全省县级馆中日开放时间最长、日进馆人数最多的图书馆。敦煌市博物馆、非遗中心 2019 年累计接待游客 32.66 万人次，成为文化旅游新热点。"三馆一中心"品牌文化活动引起了国内外的广泛关注，为敦煌旅游业发展提供了文化看点。

文化惠民演出不断创新，特别是连续举办的敦煌曲子戏大奖赛、敦煌社火大赛、乡村春晚等活动，以以奖代补形式调动和鼓励社会团体创排剧目、自导自演，群众反响强烈；积极搭建群众展示平台，新建百姓大舞台 2 个，组织开展了各类声乐大赛、器乐大赛、舞蹈大赛等文化惠民演出。

3. 文化产业发展情况

2019 年，敦煌市文化产业增加值 13.3 亿元，同比增长 10%。文化与旅游等相关产业的深度融合带动第三产业比重近 60%，文化产业在全省率先成为国民经济新的支柱产业。

近年来，敦煌市坚持以大平台构筑大格局，积极融入"一带一路"和华夏文明传承创新区两大国家战略，编制了《敦煌国际文化旅游名城建设发展规划纲要》，着力推动敦煌国际文化旅游名城建设，为文化产业的发展带来千载难逢的战略机遇。

文化创意园区方面，敦煌市发布了《敦煌文化产业园区发展规划》，科学定位了园区"一核五区"开放式的空间布局，确定了以文化旅游为首位产业、文博会展为核心产业、文化创意为主攻产业、文化培训为配套产业的四大产业支撑。

敦煌市坚持把项目建设作为推动文化产业发展的主抓手，围绕丝绸之路（敦煌）国际文化博览会，立足国家级文化产业示范园区建设，加快推进文博会配套项目，从文化遗产数字化与产业化、文博会展、文化贸易、文娱演艺、旅游服务等方面，确定了 10 多个具有创新性和引领性的战略性产业支撑项目和重点任务。

此外，敦煌市凭借敦煌文化这个世界级品牌的效应，不断丰富和培育文化业态，围绕文化旅游、文化会展、文化演艺等新兴业态，着力打造学术敦煌、出版敦煌、舞蹈敦煌、影视敦煌、美术敦煌、音乐敦煌、书法敦煌、旅游敦煌、服饰敦煌、饮食敦煌、数字敦煌等系列品牌，举办了 2012 年"音乐敦煌"演出季等大型文化活动，新拍摄了《丝路》《千年莫高》等影视作品，实施文化创意产业园、文化雕塑博览园、雷音寺扩建等文化旅游项目。

4. 文化保护利用、非遗保护传承情况

近年来，敦煌市成功申报国家级非遗保护项目 1 个、省级非遗保护项目 14 个、酒泉市级非遗保护项目 52 个、敦煌市级非遗保护项目 68 个，省级非遗项目代表性传承人 10 人、市级非遗项目代表性传承人 40 人。征集到了 180 余条普查线索，对其进行普查后，整理出文字 20 余万字、图片 3000 余张、视频资料 3000 余分钟，建立了比较完备的非遗资源档案。除此之外，文化馆还配备了非遗数字化管理办公室，建立了以国家级项目敦煌曲子戏为主的数字化资料。

近年来，敦煌市主要进行抢救性保护，对敦煌曲子戏、敦煌民歌、敦煌彩塑、敦煌舞蹈等非遗项目进行挖掘，以整理成书、设立传习所、传播进校园等方式进行保护。目前，保护方式还在不断创新，部分项目已从抢救性保护进入到生产性保护阶段。

5. 旅游、文旅融合发展情况

2019 年，敦煌市旅游接待人数 1337.33 万人次，同比增长 24.14%；实现旅游收入 149.69 亿元，同比增长 30.16%。

近年来，敦煌市将文化旅游产业作为经济发展的龙头产业，注重首位产业引领效应，大力发展旅游产业，提高供给质量，从旅游城市功能、交通通达能力、旅游产业融合、周边市县联动四个方面下手，着力增强首位产业对经济发展的引领带动作用。

6. 对大同城市文化建设的经验借鉴

（1）积极运用新技术，重视文物保护

从 20 世纪 70 年代末开始，莫高窟文物保护就开始运用新技术、新材料加固石窟，研究壁画彩塑病害机理、修复材料及工艺并进行修复，研究应用计算机数字信息技术，对珍贵的壁画资料进行高保真、永久保存。进入 21 世纪，敦煌研究院以更先进的理念、广阔的国际视野，开展管理工作，包括数字化存储等。

敦煌市在文物保护方面，依托新兴技术，极大地提升了保护的效率与效果。莫高窟内外部都已部署现代物联网技术监测设备，实时监测石窟外部气象、风沙、水环境、噪声等情况，以及洞窟内部温度、相对湿度、二氧化碳等，能够及时感知到风险因素，将安全问题预防在先，防患于未然。此外，敦煌研究院结合大数据、GIS 地理信息、物联网等诸多新兴科技，助力石窟文物保护。

对于大同来说，在对云冈石窟、悬空寺、古城墙、古建筑群落进行维护时，可以适当参考敦煌的成熟经验，根据文物留存的具体现状采取合适的技术对其进行保护，让文物保护技术与时俱进。

（2）聚集文物保护系统化研究

敦煌研究院已逐步形成了集古代壁画和土遗址保护基础研究、理论创新、技术与装备研发、合作交流、人才培养、成果推广与应用于一体的产学研用发展模式，取得了大量的创新型成果，多项技术成果获国家和省部级奖励。这些成果已经推广应用于甘肃、西藏、新疆、宁夏、青海、山西、河北等 10 余省自治区 100 余项全国重点文物保护单位的保护工程，取得了良好的社会效益，也正在向"一带一路"沿线国家推广。

与敦煌一样，大同也是一座拥有许多历史文化资源的文化名城，在经年的研究、实践中，各类经验得到积累、整理、记录，这些都是属于大同的宝贵的文化资产，应当予以妥善运用。大同应当借鉴敦煌经验，大力开展云冈学的科学研究，致力于云冈石窟的保护和云冈文化的普及传承，深入挖掘云冈历史文化内涵，在弘扬中华优秀传统文化中增强文化自信，打造国内一流、世界知名的云冈学中心。

（3）着力推进数字化，拓展智慧文旅

2020年4月21日，由敦煌研究院与腾讯联合开发的文旅产品云游敦煌小程序，上线两个月，浏览量累计突破1200万人次，相当于甘肃2019年国庆假期全省接待量的一半以上。敦煌研究院加速推进数字化，联合腾讯提前两个月上线云游敦煌，不仅把千年壁画一举搬到拥有10亿级用户的微信和QQ小程序上，创造性推出今日画语，吸引用户"天天登门"，还在上线一个月后进行重大版本更新，首创可配音的敦煌动画剧。用户不仅可以近距离地领略敦煌石窟艺术风采，还可以定制专属敦煌色彩、敦煌石窟主题内容，体验众多文化创意项目，还可以结合藻井图案元素定制敦煌诗巾，并进行线上购买。

互联网＋不断深化，互联网＋文旅为文旅产业带来了源源不断的活力，除此之外文旅＋电商等形式也在拓宽着文旅新样态。大同也应当顺应互联网的潮流，无论是与互联网公司合作，还是开发自己的应用程序，积极推进文旅数字化无疑能让当地旅游及文化产业收获更多关注，推动产业升级优化。

（4）拓展文化旅游业态，丰富游客旅游体验

敦煌市的旅游发展业态不断融合扩展。《敦煌盛典》《又见敦煌》《丝路花雨》等大型精品实景演艺改版升级，敦煌铁花、曲子戏等民俗文化常态化演出；全国沙滩排球赛、国际双遗马拉松赛、千人走戈壁国际徒步节等精品赛事成功举办。敦煌研究院推出"念念敦煌""九色鹿星空"等研学产品，开发了彩塑、壁画临摹，古装穿越，钻木取火等体验性研学产品。建立规范了纯享乐游、星光、胡杨汇等一批户外俱乐部、沙漠露营基地、自驾车营地，打造了独具特色的户外运动项目品牌。旅游产品结构更为丰富，游客在敦煌的平均游玩时间从2015年的1.5天延长到现在的2.6天。

敦煌如此丰富的文旅业态非常值得大同借鉴参考，大同不仅可以根据当地固有的文化旅游资源开发项目，更可以引进与当地文化、地理、气候相契合的业态进行拓展。云冈石窟以及矿区等都可以开发相关主体的演艺体验类产品，以及文创产品、亲子研学产品等，古城墙区域可以尝试定向越野赛事以及主题会展开发等，根据景点的具体情况进行拓展，以丰富有创新的旅游业态吸引游客、留住游客。

（5）联合周边县市实现一体化发展，共同打造大同文化旅游经济圈

2018 年酒泉开始推进旅游一体化联动发展，按照"游敦煌莫高窟、走瓜州玄奘路、赏哈萨克姑娘追、住雪山蒙古包"的工作思路，整合敦煌市、瓜州县、肃北蒙古族自治县、阿克塞哈萨克族自治县等文化旅游资源，突出特色产品挖掘，完善旅游要素供给，提升旅游消费水平，共同打造大敦煌文化旅游经济圈，把文化旅游产业打造成敦煌市的首位产业，其他县市的支柱产业。以敦煌带动周围三县，由点及面，促进区域文旅产业的发展。

大同可借鉴这种旅游资源一体化的发展路径，整合大同各区县的文旅资源，在城市内形成一个有机旅游圈。推动大同整体文旅产业发展，继而促进当地经济发展。同时，加强与京津冀、晋冀蒙等周边省市及山西省北中部城市的旅游经济合作，共同打造精品旅游路线，共同开辟国内外客源市场，努力把大同建设成国际知名文化旅游目的地、京西长城文化旅游城镇群和晋冀蒙交汇区旅游圈的核心区。

参考文献

［1］徐东东.利马：用"美食"改变城市［J］.新城乡，2018（05）.

［2］齐镭.国外旅游城市群发展研究：意大利托斯卡纳文化旅游城市群［J］.中国旅游报，2015（06）.

［3］吴煜.探索文化新经济时代带来城市的发展方向：以巴塞罗那城市更新模式为例［J］.房地产世界（城乡规划·设计），2020.

［4］姜峰，张磊.借鉴圣彼得堡经验推动吉林省旅游产业提升［J］.现代交际，2019（22）.

［5］金涛.一个多色调的国家：秘鲁［J］.国外见闻，1987（08）.

［6］陶燕.佛罗伦萨经验对桂林文化发展的启示［J］.社会科学家，2016（06）.

［7］张颖.加州旅游业发展的历史考察（1960—1980）［D］.长春：东北师范大学，2012.

［8］罗文标.马来西亚旅游业快速发展的政策因素及启示［J］.商业时代，2013(10).

［9］王月，张璐，张冰，刘嘉赢.基于使用者行为模式的文化遗产地旅游规划策略研究［A］.中国城市规划学会，东莞市人民政府.持续发展 理性规划：2017中国城市规划年会论文集（09 城市文化遗产保护）［C］.2017(10).

［10］翁锦程，李怡婉.马来西亚历史文化遗产保护经验对我国的启示：以马六甲和乔治市为例［A］.中国城市规划学会.城市时代，协同规划：2013中国城市规划年会论文集（11 文化遗产保护与城市更新）［C］.2013(09).

［11］徐婉君，杜晓帆.东南亚文化遗产保护利用现状探析［J］.中国文化遗产，2019(02).

［12］郁阳.博物馆在马来西亚社会教育中的作用［J］.中国博物馆，1989(02).

［13］张榕.多元社会背景下的马来西亚法律与文化［D］.北京外国语大学，2017.

［14］Nazauddin HJ.Mohd Jali Ma'rof Redzuan，赵艳，黄瑶.马来西亚的主要政策［J］.法治湖南与区域治理研究，2011，4(04).

［15］苟利武，胡莉．泰国文化创意产业发展现状研究［J］.现代经济信息，2016(07).

［16］徐婉君，杜晓帆．东南亚文化遗产保护利用现状探析［J］.中国文化遗产，2019(02).

［17］唐奇展，杨凤英．CAFTA框架下广西与泰国文化产业合作发展研究：基于双边文化产业合作发展条件的SWOT分析［J］.广西大学学报(哲学社会科学版)，2016(06).

［18］王莲花，Kotchakorn Limsakul.清迈文化旅游产业对清迈经济发展的正负面影响［J］.传播力研究，2019(03).

［19］周立黎．泰国知识园对我国公共图书馆建设的启示［J］.图书馆工作与研究，2017(05).

［20］陆蓓蓓．新加坡旅游业发展中的政府行为对我国的启示［J］.城市旅游规划，2015(10)下.

［21］刘文颖，李华成，日本京都古城旅游对荆州的启示［J］.长江大学学报（社会科学版)，第42卷.

［22］荣冬梅，卜倩．新加坡自然资源管理经验对海南自贸区和国际旅游岛建设的启示［J］.国土资源情报，2018(12).

［23］申静书．他山之石：文化引导下的新加坡滨水更新对成都市区府南河水系更新的启示［J］.四川建筑，2017(10).

［24］孔琛琛．城镇化进程中农村文化建设创新研究［D］.山东农业大学，2015.

［25］刘雅楠．地方政府涉外文化管理问题研究［D］.山东大学，2015.

［26］王腾．城市主题文化塑造研究［D］.山东大学，2011.

［27］高秀丽．山东境内大运河沿线地区儒家文化保护及其产业化发展路径研究［J］.文物鉴定与鉴赏，2019(23).

［28］高秀丽．新时代文化强国战略背景下济宁运河文化对外传播路径研究［J］.中国民族博览，2018(12).

［29］周建华．济宁儒文化产业集群培育问题研究［J］.山东干部函授大学学报，2018(05).

［30］常晔．创新转化："文化+"助力城市升级［J］.山东画报，2017(12).

［31］李婧燕 . 济宁市推动儒家文化融入"一带一路"建设的研究［D］. 山东师范大学, 2017.

［32］王珊 . 体验经济视角下的文化产业发展：以济宁文化产业为例［J］. 管理观察, 2017(25).

［33］徐瑾, 满孝平 . 地方文化旅游产业发展策略：以山东济宁市为例［J］. 环球市场信息导报, 2017(14).

［34］徐旭忠 . 弘扬优秀传统文化 培育文化新业态 增强文化自信［J］. 中国经贸导刊, 2017(07).

［35］何光海 . 把文化资源优势化为经济增长的"新引擎"：济宁市文化产业调查［J］. 中国经贸导刊, 2016(34).

［36］夏梦洁 . 非遗视域下的扬州漆艺传承人现状研究［J］. 艺术研究, 2020(01).

［37］王资鑫 . 扬州, 盛唐时期的文化标杆［N］. 扬州日报, 2020-12-09(007).

［38］李问水 . 让东亚文化因扬州更绚丽多彩［N］. 扬州日报, 2020-11-25(002).

［39］毛建国 . 从扬州文化独特韧性中汲取力量［N］. 扬州日报, 2019-03-10(001).

［40］甄德云, 李新 . 为文化创意产业发展注入新动能［N］. 扬州日报, 2019-02-22(003).

［41］姜师立 . 以特色传统文化推动高质量发展［N］. 扬州日报, 2019-02-22(003).

［42］李广春 . 展示运河文化形象的"扬州探索"［N］. 扬州日报, 2019-01-25(003).

［43］姚雅倩, 沈钰 . 文化空间视野下扬州戏曲音乐类"非遗"的保护与传承［J］. 智库时代, 2018(45).

［44］张飞越, 靳璨 . 互联网时代扬州运河非遗数字化传承与传播［J］. 传播力研究, 2018(2).

［45］王仲, 高悦 . "非遗"视野下的扬州文化创意产业发展模式探析［J］. 设计, 2016(09).

［46］吴慧敏 . 聚焦新文创时代扬州文化"走出去"［J］. 文化产业, 2020(33).

［47］吴进红, 王梓 . 扬州玉文化产业发展路径研究［J］. 中国市场, 2020(13).

［48］崔敏静. 扬州"创意＋文化"旅游模式可行性分析［J］. 现代营销 (信息版)，2019(12).

［49］仇诗琦. 徐州市文化产业发展研究［J］. 汉字文化，2020(22).

［50］郑历兰. 关于深入发掘两汉文化遗产打造徐州城市文化符号问题研究［J］. 淮海文汇，2020(01).

［51］马茜. 徐州文化与旅游融合发展的对策研究［J］. 淮海文汇，2020(01).

［52］张敬斋. "互联网＋"背景下徐州汉文化产业特色挖掘与品牌打造［J］. 智库时代，2019(40).

［53］胡春媛. 徐州特色文化资源开发与文化产业发展研究［J］. 长江工程职业技术学院学报，2019(03).

［54］徐琪. 徐州市文化创意产业发展模式研究［J］. 创新创业理论研究与实践，2019, 2(17).

［55］谢梦，孟召宜. 区域特色文化产业形成机理的微观透视：以江苏大风乐器为例［J］. 市场周刊，2019(04).

［56］于文希，吕倩. 历史文化背景下徐州特色小镇发展研究［J］. 现代营销，2019(03).

［57］张培奇，王方方. 徐州市文化创意产业集聚区品牌传播策略研究［J］. 中国民族博览，2019(03).

［58］司元雷，梁赛平，肖永杰. 校企融合下文化创意产业发展及人才队伍建设探索［J］. 黄冈职业技术学院学报，2018(06).

［59］本报评论员. 作风大转变促进效能大提高［N］. 商丘日报，2018-09-13(001).

［60］本报评论员. 人才大引进集聚发展大能量［N］. 商丘日报，2018-09-06(001).

［61］魏宁. 创造更多高质量发展"徐州经验"［N］. 徐州日报，2018-07-28(002).

［62］本报评论员. 创造徐州经验和徐州典型 推动高质量发展［N］. 徐州日报，2018-07-10(002).

［63］宋阳煜，曹国华，苏红. 徐州修复山水生态，推动城市转型发展［J］. 城乡建设，2020(14).

［64］刘雨晴.徐州潘安湖采煤塌陷区转型模式及综合效益研究［D］.中国矿业大学，2020.

［65］韩逸采，陈利洪，舒帮荣.乡村振兴下资源型农村绿色转型：以徐州市马庄村为例［J］.农业工程，2020(10).

［66］冯姗姗，罗萍嘉.面向空间规划体系变革的资源型城市生态转型规划策略研究：以徐州市为例［J］.上海城市规划，2020(01).

［67］绍兴市国民经济和社会发展第十四个五年规划和二〇三五年远景目标纲要［N］.绍兴日报，2021-02-09(003).

［68］沈卫莉.解读文化绍兴的新魅力［N］.绍兴日报，2020-12-30(009).

［69］王自牧.古城文化发展要植入更多创新基因［N］.绍兴日报，2020-10-25(002).

［70］王涛，傅盈盈，严梦雨，徐智慧.江南水乡古桥文化景观空间解译与特色认知研究：以绍兴安昌古镇为例［J］.农村经济与科技，2021，32(01).

［71］周能兵.东亚文化之都：绍兴走向国际化的新平台［J］.文化月刊，2021(01).

［72］黄燕.黄酒文化与绍兴市文旅产业发展战略研究［J］.现代营销（经营版），2020(10).

［73］方燕妹，贺文婷.基于生态视角的佛山文化产业发展现状与机制创新［J］.广东轻工职业技术学院学报，2020，19(04).

［74］陈燕霞.新时代乡村文化振兴中存在的问题及发展路径：以广东佛山为例［J］.新西部，2020(Z7).

［75］林润栋.城市进阶 文化佛山与国际湾区共精彩［N］.佛山日报，2020-07-27(A10).

［76］林润栋.提升佛山文化软实力 锻造湾区城市竞争硬实力［N］.佛山日报，2020-07-20(A06).

［77］刘蓉.用好红色资源 讲好红色故事 初心如磐打造佛山品牌红色文化［N］.佛山日报，2020-07-20(A07).

［78］陈姝颖."文化湾区"建构中的佛山文化软实力提升建议［N］.佛山日报，2020-06-15(A11).

［79］谭宏伟.将佛山特色文化融入产品和城市服务中［N］.佛山日报，2019-10-

14(A06).

［80］张群.借力大湾区建设传承弘扬佛山红色文化［N］.佛山日报,2019-06-12(F02).

［81］刘捷.佛山武术文化传承与软实力提升策略［N］.佛山日报,2019-05-06(F02).

［82］陈姝颖.提升文化软实力 迎接粤港澳大湾区建设红利［N］.佛山日报,2019-04-08(F02).

［83］佛山文化产业大有可为［N］.佛山日报,2018-11-30(A14).

［84］陈艳霞.以文化佛山建设助推城市功能品质提升［N］.佛山日报,2018-08-23(F02).

［85］陈姝颖.培育生态文化 提升佛山生态文明［N］.佛山日报,2018-08-14(F02).

［86］盛慧,姚明强.抓住大湾区文化产业合作机遇 加快发展佛山影视产业［N］.佛山日报,2018-07-17(F02).

［87］王亚杰.开封市特色小镇的文化产业化发展路径研究［J］.开封教育学院学报,2019(06).

［88］卫会芳.文化创意产业对古都城市更新的影响［D］.河南大学,2019.

［89］丁卓.产业融合视角下开封市文化旅游发展路径研究［D］.信阳师范学院,2020.

［90］沈英历,何忠,杨扬继翔.襄阳市体育产业与相关产业的融合发展研究［J］.产业创新研究,2020(22).

［91］张东慧,代希,郭菲.基于需求层次理论下的城市文化产业发展研究:以湖北省襄阳市唐城影视基地为例［J］.文化创新比较研究,2019(03).

［92］陈文君,马敏.襄阳文化创意产业发展途径探究［J］.西部广播电视,2018(21).

［93］马佳.襄阳地域文化资源产业化开发思考［J］.艺术科技,2013(04).

［94］朱运海.襄阳文化旅游产业发展研究［J］.湖北文理学院学报,2012(11).

［95］周权,康玲.基于SWOT分析的乡村旅游可持续发展研究:以襄阳市为例［J］.农村经济与科技,2020(17).

［96］肖岚.襄阳市旅游经济的发展现状研究［J］.老字号品牌营销,2019(05).

［97］闫宁宁，杨怡涵．知识协同视角下景德镇陶瓷文化产业集聚的发展分析［J］．
现代商贸工业，2021(04).

［98］唐继刚．景德镇陶瓷文化保护传承与旅游业发展策略［N］．中国旅游报，
2020-11-06(003).

［99］段荣瑞，宁帅．浅析景德镇艺术瓷在文化产业背景下的设计创新思路［J］．
陶瓷学报，2020(02).

［100］李晖．数字化时代下景德镇陶瓷文化创意产业的发展现状及前景［J］．景德
镇陶瓷，2020(02).

［101］魏望来，张春华．"一带一路"视域下景德镇陶瓷文创产业的发展对策［J］．
景德镇学院学报，2019(04).

后 记

党的十九届五中全会对文化建设高度重视，从战略和全局上做了规划和设计。《中共中央关于制定国民经济和社会发展第十四个五年规划和二〇三五年远景目标的建议》，明确提出到二〇三五年建成文化强国。

2020 年 5 月 11—12 日，习近平总书记视察山西时强调，"要充分挖掘和利用丰富多彩的历史文化、红色文化资源，加强文化建设"。在云冈石窟考察时强调，"云冈石窟体现了中华文化的特色和中外文化交流的历史"。"这是人类文明的瑰宝，要坚持保护第一，在保护的基础上研究利用好。""历史文化遗产是不可再生、不可替代的宝贵资源，要始终把保护放在第一位。""要让旅游成为人们感悟中华文化、增强文化自信的过程。"总书记的重要讲话为大同市的历史文化传承保护和文化旅游业发展指明了方向。

《中共山西省委关于制定国民经济和社会发展第十四个五年规划和二〇三五年远景目标的建议》提出，二〇三五年全面建成文化强省。

《中共大同市委关于制定国民经济和社会发展第十四个五年规划和二〇三五年远景目标的建议》基于古都大同的历史文化优势及云冈、古城、恒山、长城等核心景区的引领带动作用，提出"文化强市"战略。

大同市全面贯彻落实习近平新时代中国特色社会主义思想，以打造国际一流全域旅游目的地为抓手，加快建设"文化强市"已成为转型发展的重要战略目标。基于上述背景与要求，大同市委宣传部就"文化强市"建设工作率先立项，进行专题研究，这也是大同市对中央提出二〇三五年建成文化强国，山西省委提出二〇三五年全面建成文化强省目标的理论性、系统性、针对性的研究与呼应。我们承担本课题研究任务后，经过反复研讨、充分论证，确定了如下研究思路：

1.追踪理论前沿。以习近平总书记关于社会主义文化建设的精神为指导，贯彻习近平总书记视察山西重要讲话精神以及习近平总书记在云冈石窟的重要讲话精神。

2. 坚持问题导向、目标导向、结果导向。综合运用文化产业学、产业经济学、艺术管理学、文化经济学、数理统计学等多学科的理论与方法，围绕大同市"文化强市"建设进行拓展性与交叉性研究。

3. 突出整体性研究。系统分析大同市不同地区的社会经济、文化资源、人文环境等，全面揭示区域文化事业的真实状况和发展规律，完善城市文化事业发展理论的知识网络体系，突出"文化强市"建设战略研究的系统性。

4. 聚焦软实力建设。从大同市实际出发，以城市文化软实力建设为突破点，寻找适合本市"文化强市"建设的方法和路径，为本市经济社会发展转型升级提供针对性的决策支持，强化研究的可操作性。

5. 借鉴成熟经验。充分借鉴国内外文化历史名城的先进建设经验，对标国内外典型案例，放眼国际文化建设、追踪学术前沿，提升"文化强市"建设研究的前瞻性。

我作为课题主持人、本书的主编，组建了研究团队，提出了报告的研究思路和基本框架，制定了研究报告的主题思想、研究方法、报告体例、内容结构等。课题组成员、执行主编靳斌同志负责了报告撰写。科研团队经过充分调研和研讨，撰写了《大同市"文化强市"建设发展战略专题报告》。在此基础上，进行了修改和润色，形成了《大同"文化强市"建设研究报告》。

本报告第一章至第六章由靳斌编写，第七章第一节由陶本聪编写、第七章第二节由裴文卿编写，第八章美洲城市、欧洲城市、新加坡、日本京都、土耳其伊斯坦布尔由陶本聪编写，马来西亚马六甲、泰国清迈由杨珊编写，第九章东部城市由夏紫芸编写，中部城市由裴文卿编写，西部城市由敖甜甜编写，最后我对全书进行了统编。参与调研及其他研究工作的还有王秀萍教授（山西传媒学院）、魏晓阳教授（中国传媒大学）、白桂梅教授（太原市委党校）、葛振国副教授（山西大学）等同志。

本课题报告在研究和撰写的过程中，得到了中共大同市委宣传部和市委、市政府等相关部门的倾力相助，在前期调研、数据获取等方面给予了大力支持；

山西传媒学院党政领导高度重视，院办、财务处、科研处、文传中心等部门的领导为课题研究的开展提供了优质的科研条件和服务；山西人民出版社张慧兵编辑殚精竭虑，精心编辑，使本书增色不少，在此一并对他们为本书所做的贡献表示衷心的感谢。由于时间仓促、水平有限，错误和不足之处敬请谅解，并请批评指正。

张汉静

2021 年 6 月于山西传媒学院